民族民間文化论坛

Forum of National Folk Culture

·第五辑·

主办单位　上海社会科学院文学研究所
内蒙古民俗文化研究基地
华东师范大学民俗学研究所

主编◎ 田兆元　扎格尔　黄江平

上海社会科学院出版社

卷 首 语

《民族民间文化论坛》作为专业论坛，是汇聚上海乃至全国民俗学和非遗保护研究者交流科研成果、推进学术发展和提升教学水平的重要学术平台。本论坛至今已历七载，发表了一批本领域的重要研究成果；一批年轻学者在前辈学者的提携勉励下不断在这一平台上崭露头角，并日益成为本研究领域的骨干和中坚力量。

当前，我国民俗学和非遗保护研究正面临着前所未有的发展机遇和巨大挑战。传统意义上的民俗学研究，研究对象主要是文化传统、地方习俗和包括神话、传说、民歌、民谣在内的民间文学，以及传统文化在现实生活中的传承和流变。随着我国经济快速增长，工业化和城市化进程带来的现代生活方式正在极大地威胁着传统文化的传承和发展。如何保护和传承好中华传统文化，已成为建设社会主义文化强国进程中的一个重大理论和实践问题。这一重大挑战正现实地摆在所有民俗学研究者和非遗保护工作者面前，当仁不让地承担这一使命是民俗学研究者的职责所在，也是民俗学研究者以自己的专业知识和技能为国家和民族发展作出贡献的不二选择。

从中国民俗学学科自身发展看，一方面，保护和传承中华传统文化这一重大现实问题为民俗学和非遗保护研究提供了用武之地和巨大的发展空间；另一方面，作为研究对象，保护和传承中华传统文化这一领域的丰富多样性和复杂性，也对中国民俗学学科体系建设提出了新的挑战。

作为重大学术问题，如何保护和传承中华传统文化，不仅吸引了民俗学研究者的目光，同样也成为众多不同学科背景学者的研究对象。民俗学研究者要在这一学术竞争领域发出声音，而且要在实践层面以更多的优秀成果扎实推进中华传统文化保护和传承，迫切需要以更开放的心态和视野，进一步扩大民俗学的学术资源，广泛吸收古今中外各学科先进思想观点和科学理论方法，在与哲学、历史学、考古学、文学、语言学、经济学、社会学、宗教学等人文社科各学科的交流互动中，进一步完善和丰富民俗学作为学科的基本概念、理论和方法体系。

在新的时代条件下，中国现代民俗学要在学术研究服务于保护和传承中华传统文化的同时，进一步致力于中国特色人文社会科学学术话语体系建设。一是中国现代民俗学学科发展要在继承前辈学术精神的基础上，以跨学科交叉互动的方法,持续拓展研究领域和深化理论方法,形成符合时代发展需要、体现中国民俗学学派特色的综合研究新方法新理论;二是要积极开展国际交流和合作研究,力图把握国际学术研究前沿,为中国现代民俗学在国际学术界占据一席之地作出更大努力。

值此本论坛成果第五次正式出版之际,祝愿本论坛更好地发挥团结和凝聚本学科专家学者的桥梁纽带作用,通过精心策划选题和组织高质量稿件,积极推动这一领域的学术交流、成果展示和科研进展;同时,期待本论坛在所有同道的直接参与和协力支持下,越办越好,真正成为我国民俗学研究的学术高地。

荣跃明

2015 年 12 月 18 日

目　录

特辑：非遗图谱研究

海洋文化研究

城市文化研究

民间文艺研究

域外学术研究

青年学者园地

首届海上风都市民俗学论坛

2013 年 8 月 26—27 日，华东师范大学首届海上风都市民俗学论坛召开。共有 26 位来自山东大学、中山大学、华中师范大学、云南大学、上海大学、温州大学、华东师范大学等高校的同学在论坛上宣讲论文。　　摄影　程鹏提供

特辑：非遗图谱研究①

① 本特辑所有文章均为国家社科基金重大项目——《我国非物质文化遗产名录体系与资源图谱研究》(项目编号:12ZD019)的前期研究成果。

中国非物质文化遗产资源图谱的编制实践及理论建设

蔡丰明*

摘　要：非遗图谱理论是非遗图谱编制事业中一个重要组成部分，也是非遗图谱学学科建设的一个重要基础。从较为宏观的研究范畴来看，当今时代的非遗图谱编制的理论建设主要包含了本质论、方法论和价值论三个方面的维度。要想使非遗图谱的编制工作向着更加完善的目标发展，就必须提高对于非遗图谱的自觉意识、规范程度和科学水平，就必须加强对于非遗图谱编制的理论研究，更好地认识与理解非遗图谱的本质特征与发展规律。

关键词：非物质文化遗产资源　图谱　实践　理论

“非物质文化遗产”是一个在20世纪90年代末联合国教科文组织提出的学术概念，其内涵是指人类所创造的各种具有深厚历史积淀与群体传承基础的，通过语言、行为、活动等一些“非物态”的形式所表现出来的文化表达形式及文化载体(空间)。1997年11月，联合国教科文组织第29次全体会议通过了《人类口头和非物质遗产代表作宣言》，正式提出了“人类口头和非物质遗产”这一概念，并将其界定为：“Oral and Intangible Heritage of Humanity”。从这一概念中可以看出，非物质文化遗产最为鲜明的特点，就是“口头性”(Oral)与“无形性”(Intangible)。2003年10月，联合国教科文组织第32届大会又通过了对世界非物质文化遗产保护具有重要意义的《保护非物质文化遗产公约》(Convention for the Safeguarding of the Intangible Cultural Heritage)，对非物质文化遗产这一概念作了进一步的界定：“指被各群体、团体、有时为个人视为其文化遗产的各种实践、表演、表现形式、知识和技能及其有关的工具、实物、工艺品和文化场所。”主要包括以下五个方面的内容：一是口头传说和表述，包括作为非物质文化遗产媒介的语言；二是表演艺术；三是社会风俗、礼仪、节庆；四是有关自然界和宇宙的知识和实

* 蔡丰明：男，上海社会科学院文学研究所研究员，民俗学专家，国家社科基金重大项目“我国非物质文化遗产名录体系与资源图谱研究”负责人。

践;五是传统的手工艺技能。① 虽然"非物质文化遗产"是一个 20 世纪 90 年代以后新提出的学术概念,但是其内涵却有着深厚的历史文化基础,它实际上是在"民间传统文化""民族文化""民间创作"等这样的一些传统学术概念基础上发展出来的。在中国,"民间文化"这一概念很早就在学界与社会上得到了广泛的运用,其内涵很大程度上与当今联合国教科文组织提出的"非物质文化遗产"相重合。

在我国,非物质文化遗产(以下简称"非遗")资源的蕴藏量极为丰富,截至 2010 年,我国非遗资源中被列入普查统计的总量就已达到近 87 万项。这些资源散布在约 960 万平方公里的整个中华大地,江河湖海、高山平原、村落城镇、街衢巷陌,无处没有非遗资源的身影。我国广大的内陆地区,是中华传统农业文明的主要区域,这里长期以稻、麦、黍、菽等农作物为主要经济支柱,当地民众的生产方式、生活方式,以及文化方式无不与这种农业文明的基因相联系,因此,我国内陆地区的非遗资源也较为鲜明地体现了农业文明的特色,诸如各种农耕生产习俗、蚕桑生产习俗、手工棉纺技艺、庙会、社戏、龙舞,以及神农、药王等神灵祭祀活动等,都是这种农耕文明的产物。我国的东南沿海地区,濒临大海,岛屿众多,当地的经济产业中具有一定的海洋经济与海洋文化因素,诸如晒盐、捕鱼、造船等,都是在适应濒海地区的生态环境中产生的。为适应这种海洋生态环境,沿海地区的非遗资源也带有了一定的海洋文化因素,诸如流行于浙江、福建、上海、江苏、山东等沿海地区的各种开洋节、谢洋节、海洋号子、码头号子,以及妈祖、海神祭祀等各种仪式活动等,无不是海洋生态环境中的产物。在我国的一些大都市,如北京、天津、西安、上海、广州、重庆等城市中,由于商业经济发达,手工业门类集中,因此这些地区的非遗资源较为鲜明地体现了艺术文化特性较强、手工技艺形式众多的特点,例如北京的景泰蓝制作技艺、木版水印制作技艺、玻璃烧制制作技艺、花丝镶嵌制作技艺、剧装戏具制作技艺;上海的乌泥泾手工棉纺制作技艺,印泥制作技艺,金银细工制作技艺,素食制作技艺,毛笔、墨制作技艺等,都是在城市手工业经济的基础上发展起来的。在我国的东北、西北以及西南部地区,居住着大量的少数民族居民,他们有着与汉族居民不同的经济文化模式,因此也相应地形成了许多非常有自己民族特色的非遗资源,例如民族史诗(如《格萨尔》《江格尔》《玛纳斯》《嘎达梅林》《阿诗玛》《梅葛》等)、民族歌舞(如藏族的弦子舞、锅庄舞、热巴舞、傣族的孔雀舞、维吾尔族的萨玛舞、赛乃姆等)、畜牧业生产习俗(如蒙古族的狍皮制作、马具制作,牛羊肉烹制,驯鹿、养驼技艺,赫哲族的鱼皮制作等)。总之,中国地

① 2003 年 10 月联合国教科文组织《保护非物质文化遗产公约》。

大物博的特点，致使中国的非物质文化遗产展现了一种形态丰富、各具特色的地域分布格局，充分反映了中国非物质文化遗产资源的多样性与广泛性。

面对浩如烟海、规模庞大、分布广阔的非物质文化遗产资源，当前迫切需要进行的一项工作就是对于这些资源的整理与归纳。积极开展对于我国非遗资源的整理与归纳工作，不仅可以使大量的非遗资源得到更好的保护与保存，同时也可以使各具特色的地域文化资源更好地被纳入中华民族的统一文化体系之中，成为国家实现多元文化管理的一个重要组成部分。其中有关非遗资源图谱的编制是整个非遗资源整理工作中的一个重要组成部分，也是一项主要以图为对象来进行整理、归纳与研究的基础性工作。编制非物质文化遗产资源图谱的主要任务，就是将现今已经搜集到的大量非物质文化遗产资源进行图谱化处理，使其具有更为直观性与可视化的效果，具体方法主要包括对非物质文化遗产资源进行图形化、谱系化、信息化、数字化等。非物质文化遗产资源图谱将运用图形、图像、地图等表现方式来对大量的非物质文化遗产资源进行数据的汇集与理念的阐释，以使中国非物质文化遗产资源呈现出鲜明的可视化特点。通过编制非遗图谱的方式，一方面可以使大量的非遗资源以一种非常直观的形态展现在人们的面前，另一方面又可以把大量的非物质文化遗产资源列入一种“谱系化”的体系中去进行考量，以使各种资源之间反映出诸如承接、递进、演化、交互等多种逻辑关系。正是由于这些特点，使得这项研究具有鲜明的创新性与学科前沿性特点。

在当今中国非物质文化遗产资源图谱的编制实践中，已经作出较多探索与尝试的是有关“非物质文化遗产资源分布图”的编制。非遗资源分布图是非遗资源图谱中一种以空间形态呈现的图谱形态，其主要特点就是将各种非遗资源信息与其相关地区放到一个统一的空间概念中去进行考察，通过对资源的生成发源地区、流布传承地区、辐射影响地区等信息的分析与考察，使其形成一种地理上的对应关系。早在 2007 年，苏州市就编制创作了首张非遗资源分布图。该图分为正反两面。正面绘制的是苏州非物质文化遗产分布图，图文并茂，简单介绍了国家级、江苏省级、苏州市级非物质文化遗产代表作，每一项非物质文化遗产的地理位置、代表形象以及所属区域都清楚地标在地图上，并配有一个与此相关的专门图标。反面绘制的则是苏州的物质文化遗产分布图。继苏州以后，全国有相当一部分地区先后在对自身的非遗资源进行整理与研究的基础上编制出了一系列非遗资源分布图，例如浙江省宁波市非遗分布图、浙江省桐乡市非遗分布图、湖南省益阳市非遗分布图、河北省武安市非遗分布图、河北省唐山市非遗分布图、陕西省乾县非遗分布图、湖南省湘西土家族非遗分布图等。2010 年时，湖南省政府还以下达文件的方式，专门制定了编制该省非遗资源分布图的系统规划，计划共分《普查资源分布图》《特色资源分布图》《普查资源目录汇编》等几种类型，对全省的非遗资源进行了全面的整合。

总的看来，自2007年以后我国的一些由某一地区自行编制的非遗资源分布图主要具有以下几个特点。

1. 门类丰富齐全。在我国现已编定的一些地区性非遗资源分布图中，其门类大都体现了较为丰富齐全的特点。例如被列入湖南省益阳市非遗资源分布图中的项目，其门类细分为戏剧、曲艺、民间杂技、传统美术、传统技艺、生产商贸习俗、消费习俗、人生礼俗、岁时节令、民间信仰、民间知识、传统体育、游艺与竞技、传统医药、民间文学、传统音乐、传统舞蹈、民族语言及其他等各个类别，基本上涵盖了我国非遗资源分类体系中的所有门类。

2. 地域特色鲜明。在我国现已编定的一些地区性非遗资源分布图中，大都呈现了较为鲜明的地域性特色，纳入图中的项目与内容，多为当地民间特有的，与当地民众社会生活密切相关的文化遗产形式。例如在浙江省宁波市非遗分布图中，具有宁波走书、宁海平调、四明南词、奉化布龙、渔民谢洋节、姚剧甬剧、梁祝传说、徐福东渡传说等一大批颇具宁波本地特色的文化遗产形式，它们体现了浓郁的宁波地方文化艺术特色，也反映了独特的宁波地方民间生活风情。

3. 表现直观形象。非遗资源图谱作为一种以非遗资源为表现对象的图谱，在形式上具有十分鲜明的直观形象性，这一点在我国现已编定的许多地区性非遗资源分布图中有着十分清楚的体现。例如在苏州与宁波编制的非遗资源分布图中，都运用图标将各种项目在地图上进行了醒目的标注，旁边再配以简单的文字说明，以使图谱简单明了、直观形象。

如果说，以上这些主要由地方文化部门发起组织的非遗资源分布图的编制，在技术上还大多停留在较为传统和经验性的层面，那么近年来主要由一些高校或者研究机构承担与组织的非遗资源分布图编制实践，则把这项工作引向了更为现代和学理性的层面。其中由北京师范大学主持的“数字故事民俗地图”的编写与研究工作的开展，是非常具有代表性的一例。在这项研究工作中，作者把有关民间故事和民俗的研究成果与具有现代高科技特点的计算机数字化技术以及地理信息技术（如GPS定位技术、GIS分图层存储技术等）相结合，创制出了一套“数字故事民俗地图”的应用模式，使现今我国留存的大量民间故事与民俗事项可以通过数字化技术的处理在电子地图上得到精确呈现。通过这种表现方式，大量的民间故事与民俗事象可以被转化成为数字化的信息，并在地图上得到多层、多元、多空间、多图形的表达。[①] 这种具有现代数字技术意义的制图技术在民俗学以及非物质文化遗产保护领域中的实际运用，使我国的民俗事项与非物质文化遗产的分布图研究进入了一个新的“革命性”时代，其意义与价值不可小觑。

除了分布图编制以外，近年来我国也有一些学者从更加宏观的意义上对非遗图谱的编制进行了探索，并且希望运用数字化与信息化技术的手段，来建立一套较为完整的非遗图谱编制技术系统。如武汉大学信息资源研究中心在近年来开展的有关非物质文化遗产的可视化图谱研究工作，就是其中较为突出的一例。在这项研究工作中，研究者提出了具有数字化与信息化技术意义的“可视化非遗图谱”设计理念，并运用一些相关的非遗实例对这项研究进行了实证性的探讨。所谓“可视化图谱”，简单而言就是使用可视化方法实现的、描述原始事物图形的一种方法。这种图形在不同程度上反映了事物的细节，并且遵照事物的内在关系加以组合。诸如人物关系图谱、动植物谱系图谱、历史图谱、地学图谱、思维图谱等都属于这一类型。“可视化图谱”主要是通过对数据进行加工、抽象化描述而得到的，较为注重对于图的分析方法的应用。研究者又把具有可视化特点的非遗图谱分为“非时序图谱”与“时序图谱”。前者不考虑时序的概念，主要从相对静态的层面对非遗进行描述；而后者则主要强调时序的概念，反映各种事物在不同时间阶段的演化。[②]

由此可见，中国的非遗图谱编制工作，在近年来已经迈出了很大的步伐，从一种由一个地区、一个部门发起、组织的地方性非遗资源分布图编制，到具有较强学理性与技术性特点的数字民俗地图制作，再到提出有关非遗图谱制作体系的构想，标志着中国的非遗图谱编制正在走向一条逐渐完善与成熟的道路。中国非物质文化遗产图谱编制的发展轨迹，与中国整个图谱编制事业的发展轨迹是完全一致的，它体现了图谱制作逐渐由写实性的手绘线描向抽象性的信息集聚这一发展演化特点，也反映了我国在文化遗产保护以及文化信息储存方面的不断探索与进步。

值得指出的是，虽然我国在非遗图谱编制实践方面已经取得了一定的成果，但是也存在着一些不足与问题。其中较为主要的有：

1. 范围相对狭小，缺乏全国层面的整体性成果与样本。目前我国虽然已经具有了一批较为可观的非遗图谱成果，但是其范围大多还局限在某一地区或者某一部门，覆盖的地域与范围相对狭小，社会影响力也相对有限，

---

① 赖彦斌，董晓萍. 数字故事民俗地图志[M]. 北京：学苑出版社，2012：3.

② 周耀林，程齐凯. 非物质文化遗产的可视化图谱表示[J]. 信息资源管理学报，2012(3)：67－72.

从全国层面上对非遗资源进行整合与表现的图谱成果颇为少见。

2. 规则不够统一,缺乏宏观层面的体系构架。现有非遗图谱编制文本在材料选择、规则制定,以及体系构建等方面,大多是按照编制者自己的思路来设计与编创的,缺乏一个更为宏观层面的编制体系的统辖,因此往往是各自为政,自成一体,显得较为零碎而不成系统。

3. 信息不够多元,缺乏多视角的信息表达与展现。现有非遗图谱编制文本在对于信息的搜集以及表现方面还显得较为单一与狭隘,和非遗资源本身的丰富性相比还有较大的距离。例如现有的许多非遗资源图谱成果大多只重视了非遗资源的地域分布信息情况,却对非遗资源的历史源流、表现形式、生态环境、行为方式、代表作品、传承人及其相互关系等其他诸多方面信息因素缺乏关注,由此造成这样的现象:现有的非遗图谱大多是非遗资源分布图,而其他非遗资源图谱形式,如非遗资源传承图、非遗资源流变图、非遗资源类型图等却较为鲜见。

4. 专门特色不浓,缺乏对非遗项目或者资源自身个性的强调。现有非遗图谱编制文本大多将许多门类的非遗资源集中在一幅图中进行表现,而较为忽视对一些具有鲜明个性特色的项目或者资源的专门性研究,导致迄今为止,还很少看到一些能够具体反映某个非遗项目或资源详细信息的专门性图谱文本形式(如皮影戏图谱、越剧图谱、田山歌图谱等)。

值得进一步指出的是,虽然我国在非遗图谱编制的应用实践领域中已经取得了一定的成果,但是与其相应的非遗图谱编制理论研究却仍然处于较为滞后的状态。从现有的非遗图谱编制成果来看,绝大部分都显示了应用性、经验性较强而理论性、学科性较弱的特点。具体而言,现有的非遗图谱成果大多还停留在对于个别地区、个别部门的非遗项目的图谱形态制作,以及技术性手段运用的探索尝试阶段,而缺少对一些更加深层和抽象的非遗图谱编制理论问题,如非遗图谱编制的内涵范畴、分类标准、研究方法、功能价值等方面的深入探讨,更缺少对于有关非遗图谱编制理论体系构建方面的整体性思考。这一事实所造成的结果是:一方面我国在有关非遗图谱的编制事业中难以超越个别与具体的实践局限,形成一种更为深刻、宏观,更具有整体性与普遍性意义的学术思想体系与非遗图谱科学;另一方面使现已出版的各种非遗图谱成果大多标准不一,自成一体,难以形成一个较为完整与规范化的编制体系。

笔者认为,非遗图谱理论应该是非遗图谱编制事业中一个重要组成部分,也是非遗图谱学学科建设的一个重要基础,它具有着超越具体实践经验的规律性、普遍性、整体性意义,并可对非遗图谱的编制实践起到归纳、提升与指导作用。充分重视非遗图谱编制的理论研究,不但可以使我国的非遗图谱编制事业超越个别与具体的经验局限，逐步上升到更加具有宏观性、整体性与普遍性意义的学科研究层面，形成独树一帜的非遗保护体系与非遗图谱学科体系，同时也可以在很大程度上促进非遗图谱的编制实践向着更为规范化的方向发展，使其达到更加科学、规范与有效的程度。

从较为宏观的研究范畴来看，当今时代的非遗图谱编制的理论建设主要包含了三个方面的维度：一是本质论，其理论研究取向主要包括非遗图谱编制的概念与内涵、范畴与形式、特点与分类、体系与结构等；二是方法论，其理论研究取向主要包括非遗图谱编制的研究分析方法、归纳整理方法、分类综合方法、数据统计方法、可视化表现方法、数字化存储方法等；三是价值论，其理论研究取向主要包括非遗图谱的保存价值、认知价值、研究价值、开发价值等。在当今我国非遗图谱的编制实践逐渐推进的过程中，充分重视与强调这些方面的非遗图谱的理论建设是非常必要的，它可以促进非遗图谱的编制实践向着更加自觉、规范、科学的方向发展。只有对非遗图谱的概念、特点、形态等各种理论元素有了较为理性的认识，才能更好地把握非遗图谱的本质，使非遗图谱的编制更加符合非遗学科发展的规律，体现文化遗产保护的特点。只有有了对非遗图谱编制的统一规范与标准，才能使非遗图谱的编制工作取得更高的效率，避免重复、遗漏与矛盾。同样，只有强调了非遗图谱编制的科学价值与科学方法，才能使非遗图谱编制的内容与形式更加符合客观实际的情况，更好地维护非遗研究工作的真实性与可靠性。总之，要想使非遗图谱的编制工作向着更加完善的目标发展，就必须提高对于非遗图谱的自觉意识、规范程度和科学水平。而要想提高对于非遗图谱的自觉意识、规范程度和科学水平，就必须加强对于非遗图谱编制的理论研究，更好地认识与理解非遗图谱的本质特征与发展规律。

活态的文化传承：传统节日类非物质文化遗产概述

李宏利*

摘　要：传统节日是人们在长期的历史社会生活中逐渐形成的划分日常生活时间段的特定人文符记，承载着丰厚的历史文化内涵，是民众精神信仰、审美情趣、伦理关系与消费习惯的集中展示与传承载体。无论是从数量还是从意义上来看，传统节日都在非物质文化遗产中占有至关重要的位置。当代节庆体系充满了复杂性和多样性。

关键词：传统节日　非物质文化遗产　文化传承

传统节日是人们在长期的历史社会生活中逐渐形成的划分日常生活时间段的特定人文符记。这种时间段落的划分不仅是由人们主观的时间观念决定的，它还是自然时间过程与人文时间意识的有机结合。我国传统节日具有岁时的特征，所以，我们一般将传统节日也称为岁时节日。随着历史社会的变化，岁时节日不断地调整着自己的文化主题，在早期社会它主要表现为人对自然的时间顺应，以及对神灵的祭祀。后来随着人们主体意识的增强，社会力量的强大，人们更强调国家与社会在人们生活中的影响与地位，岁时节日中的自然时间性质日渐淡漠，季节性祭献的时间仪式也逐渐世俗化为家庭或社会的聚会庆祝活动，岁时节日主要成为社会性与政治性的时间表达。从节日与人类的关系来讲，将神秘的天时回归到自然季节流转的属性，从早期社会时间意识升华出适应真正人性需要的现代时间观念，建立一套以服务当代人们生活需要的新的时间生活体系，离不开传统节日民俗，它只能是在传统节日生活基础上的继承与发展。①

我国是拥有五千多年历史的多民族国家，文化资源非常丰富，特别是作为世界上唯一在文化上未曾断裂的国度，沉淀在传统节日中的文化演变痕迹极具特色。同时，由于传统节日还“活”在当下，这无疑成为我们认识传统

---

* 李宏利，男，博士，上海社会科学院科研处。

① 萧放.传统节日：一宗重大的民族文化遗产[J].北京师范大学学报(社会科学版)，2005(5)：50-56.

文化、保护传承传统文化的绝佳途径。下面就我国非物质文化遗产中传统节日项目与资源类型进行梳理，从而了解传统节日在非遗项目中的重要性及其所蕴藏的丰富文化内涵。

一、非物质文化遗产中传统节日的总量

联合国教科文组织于 2003 年 10 月发布了《保护非物质文化遗产公约》，将节庆仪式等纳入了非物质文化遗产的保护范围。非物质文化遗产运动促进了节日的文化品牌效应和文化传统的国家认同与民族认同。传统节日承载着丰厚的历史文化内涵，是民众精神信仰、审美情趣、伦理关系与消费习惯的集中展示与传承载体，传统节日在非物质文化遗产中占有至关重要的位置。

就国家级而言，统计三批命名的非遗项目中，传统节日类共有 106 项，除去春节、清明、端午、七夕、中秋、重阳、元宵这七大节日外，共有各地方、民族、区域性传统节日（包括节日民俗）99 项；就省级而言，不包括已命名的国家级项目，各省共有传统节日类非遗项目 143 项；因此仅国家和省这两级名录中，便有民俗节日类非遗 239 项。另外，还有各地市州以及县市名录命名的节日项目，以及尚未纳入命名系统但已作为地方文化资源处理的节日或节俗。因此，全国民俗节日类非遗项目之多，节日资源数量之庞大，确实有待科学系统地整理。

就区域分布而言，民俗节日类非遗项目呈现出非均衡性特点，即南方比北方多，少数民族地区比汉族地区多，沿海比内陆多。节日总量上贵州、云南、广西、四川这西南四省占去近一半。就节日民俗而言，浙江、福建、广东这东南三省是主要集中地；而山东、西藏、新疆、内蒙古、海南、黑龙江这类沿海或边疆地区，特色节日较多；中原地区节日类项目较少，这是因为民俗节日非遗的申报常常以独特的民族性和独特的民俗内容为依据，因此中原腹地作为汉文化中心地带，民俗节日数量固定、节日内容传统，不具备申报优势；而少数民族地区族群众多，宗教信仰复杂，环境多变，酝酿了丰富多异的时节形式；而汉文化边缘的沿海或边疆地带常常出现节日内涵变迁、节俗形式多样的特点。

下面通过传统节日在非遗总项目中所占比例的列表（表 1 和表 2[①]），具体说明传统节日的重要性。

---

① 源自蔡丰明主持的国家社会科学重大项目《我国非物质文化遗产名录体系与资源图谱研究》（12ZD019）阶段性成果。

表 1　国家级传统节日项目数量占比列表

批　次	全国(国家级)总项目数(个)	传统节日项目数(个)	占全国(国家级)总项目比例(%)
第一批	518	49	9.46
第二批	510	45	8.82
第三批	191	12	6.28
总　计	1 219	106	8.70

表 2　省市级传统节日项目数量占比列表

地区及省份		省市传统节日项目数量(全国 239 个)	占全国省市级项目总量的比例(%)	占本地区省市级项目总量的比例(%)
华东地区(38)(15.26%)	江苏省	4	1.61	10.53
	浙江省	11	4.42	28.95
	安徽省	1	0.40	2.63
	福建省	12	4.82	31.58
	江西省	3	1.20	7.89
	山东省	4	1.61	10.53
	上海市	3	1.20	7.89
华南地区(39)(15.66%)	广东省	7	2.81	17.95
	广西壮族自治区	21	8.43	53.85
	海南省	8	3.21	20.51
	港、澳、台	3	1.20	7.69
华中地区(12)(4.82%)	河南省	1	0.40	8.33
	湖北省	3	1.20	25.00
	湖南省	8	3.21	66.67
华北地区(12)(4.82%)	北京市	1	0.40	8.33
	天津市	0	0	0
	河北省	2	0.80	16.67
	山西省	7	2.81	58.33
	内蒙古自治区	2	0.80	16.67

（续表）

地　区　及　省　份		省市传统节日项目数量（全国 239 个）	占全国省市级项目总量的比例（%）	占本地区省市级项目总量的比例（%）
西北地区（28）（11.24%）	宁夏回族自治区	0	0	0
	新疆维吾尔自治区	16	6.43	57.14
	青海省	4	1.61	14.29
	陕西省	0	0	0
	甘肃省	8	3.21	28.57
西南地区（99）（39.76%）	重庆市	1	0.40	1.01
	四川省	24	9.64	24.24
	云南省	26	10.44	26.26
	贵州省	44	17.67	44.44
	西藏自治区	4	1.61	4.04
东北地区（11）（37.93%）	黑龙江省	6	2.41	54.55
	吉林省	5	2.01	45.45
	辽宁省	0	0	0

从国家级非物质文化项目总量来看，民俗节日类平均占比达 8.7%；从省市级民俗节日项目所占非物质文化项目总量比例来看，华东地区为 15.26%，华南地区为 15.66%，华中地区为 4.82%，华北地区为 4.82%，西北地区为 11.24%，西南地区为 39.76%，东北地区为 37.93%。其中华中、华北因处于内陆腹地，占比平均约为 5%，其他地区均高于 10%，可见传统节日在非遗项目中的比重及其重要性。

二、传统节日的类型与特征

传统节日萌芽于先秦时期，至汉代初步形成。每到立春、除夕、元旦、人日、元宵、上巳、寒食、清明、浴佛、端午、七夕、中元、中秋、重阳、春秋社日、腊日、冬至等这些重要的节日来临，从官方到民间，从城镇到乡村，各地民众总是全身心地投入节日庆典活动之中。通过丰富多彩而又独具特色的诸多活动附着相应节日的传说，以及物质的、行为的、情感的记忆符号，周期性地共同重温民族与国家的历史,复述和传承中华文明的集体记忆。

当代节庆体系充满了复杂的多样性,目前正呈现出多样性发展的趋向。首先表现在传统节庆体系和政府主导的官方节庆体系的相互调整以及双方的互相渗透等,其次还表现在传统节庆体系对外来节庆的抵制以及官方和媒体对外来节庆的监控与模棱两可的态度等方面。尽管如此,由于传统节日蕴涵着多数国人的幸福观、人生观和世界观之类的终极性价值和意义,作为传统文化和中国人传统生活方式的一部分,其价值和意义眼下又正在得到越来越多的国民的重新认识①。鉴于传统节日的实际内容以及对未来节日发展趋势的判断,本文将传统节日分为生产节日类、祭祀节日类、综合节日类、纪念节日类、岁时节日类、社群节日类以及社交娱乐节日类。具体分类如表 3。

表 3　传统节日分类及代表性项目列表

一级内容类别	二级内容类别	代表性项目
生产节日	农事节日	塔吉克族引水节和播种节,朝鲜族农夫节、洗泥节、梅源开犁节
	渔事节日	(渔民)开洋节、谢洋节、渔灯节、周戈庄上网节、清水江杀鱼节
	手工业节日	那桐农具节
	商贸节日	七里夺标民俗节、豆腐节
祭祀节日	神灵祭祀	老佛节(江山老佛节),俄罗斯族巴斯克节、雪顿节,拉萨萨嘎达瓦节
	祖先祭祀	新疆蒙古族祖拉节、瑶族盘王节、雷山苗族鼓藏节、侗族萨玛节
	先贤祭祀	清明节(介休寒食清明习俗)、端午节(屈原故里端午习俗)
	鬼灵祭祀	中元节(潮人盂兰盛会)
综合节日	综合节日	春节、端午节、元宵节、三月三
纪念节日	地域性	水城南开三口塘苗族跳花节、云南苗族花山节、纳西族(摩梭人)转山节
	民族性	纳西二月八节、锡伯族西迁节、满族颁金节、瑶族婆王节
	人物性	东岙普渡节、七月十五汤和节

① 刘魁立,萧放,张勃,等. 传统节日与当代社会[J]. 民间文化论坛,2005(3): 1－13.

（续表）

一级内容类别	二级内容类别	代 表 性 项 目
岁时节日	岁时节日	中秋节（秋夕）、春节（查干萨日）、六月六尝新节、宁德畲族三月三节俗
社群节日	女性节日	七夕节（乞巧节）、羌族瓦尔俄足节、广元女儿节、苗族姊妹节
	老人节日	从江侗族老人节
	儿童节日	清镇瓜灯节、彝族“阿依蒙格”儿童节
社交娱乐节日	体育竞技	蒙古族那达慕大会、那坡彝族挑弓节、信都龙舟节、赛马节
	文艺表演	瑶族耍歌堂、布依族查白歌节、景颇族目瑙纵歌节、苗族芦笙节
	游戏娱乐	水族卯节、苗族采花节、傣族泼水节

传统节日的发展大致经历了三个阶段。第一阶段是先秦到汉代，是节日形成和发展的初期，节日保留着较多的原始文化风尚，主题是人与自然的和谐；第二个阶段是魏晋南北朝至唐宋时期，是传统节日的成熟阶段，节日体系趋于完备，开始关注“人际和谐”，成为和“人与自然和谐”并列的又一主题；第三个阶段是元明清时期，人伦教化色彩加强，人际和谐的主题占了更重要的位置。因传统的影响，传统节日具有以下三大特征。

第一，传统节日具有贵人伦、重亲情的特点，浓厚的人情味已成为维系中国社会人际关系的重要感情纽带。春节最能体现传统节日注重人伦亲情的主题。临近春节的春运人潮堪称中国式的朝圣，对大多数人来说，无论经历怎样的困难也一定要“回家过年”。这种“回家的情愫”不逊于任何一种信仰。除夕之夜，一家人的团聚是本年最圆满的结束和新年最美好的开始。其他如中秋节、重阳节、清明节、端午节等也都注重家庭团聚，具有调节人际关系的功能。

第二，传统节日注重人与自然的和谐。传统节日大都为岁时节日，所谓岁时节日就是与天时、物候的周期性转换相适应，有固定的节期和特定民俗活动的时日。古人认为这些日子是天象气候转变的关键节点，以为这些划分都是神灵的意志使然，便在这些日子施行巫术、占卜，祈求神灵保佑风调雨顺、五谷丰登、人们健康平安①。岁时节日的产生是出于“人与自然和谐

① 黄涛.保护传统节日文化遗产与构建和谐社会[J].中国人民大学学报，2007(1)：58.

相处”的追求。从传统节日总体来看,包括综合节日、农事节日、渔事节日、游戏娱乐节日以及岁时节日,都具有注重“人与自然相和谐”的特征。

第三,传统节日的祭祀特征。就春节祭祀而言,很早就形成了两大祭祀文化传统:一是感念大自然的恩赐而举行的祭祀。如祭祀灶神,是对灶火烧食之功的感念;祭祀土地神,是对大地母亲繁衍万物的回报;祭祀井神、河神是对生命之水的感恩;对牛、马、鸡等各种家畜的善待和祭祀,则表达了对帮助人类生存发展的动物们的酬谢等。这些祭祀,是中国人一年一度与大自然沟通、对话的方式和渠道。二是敬仰古圣先贤和宗族祖先而举行的祭祀。慎终追远的尊祖情怀是中华文明的一条重要根脉,宗族家长们率领儿孙虔诚祭拜列祖列尊,感念祖先的恩德,这充分体现了中华民族永不忘本的传统精神①。就传统节日整体来看,每个节日基本上都具有祭祀的内容,或者祭祀神灵,或者祭祀先祖,或者祭祀先贤人物,祭祀使传统节日具有了神圣的意义。

三、传统节日文化内涵及衍变

从传统节日在非遗项目总量中所占的比例及其类型、特征来看,节日不仅涉及文化的方方面面,还是非遗项目中极其重要的代表者。传统节日所包含的文化信息有节令饮食、节令服饰、仪式用品、工艺品等物质文化,有祭典、礼仪、表演、技艺等行为文化,还有口头文学、年画图案、伦理道德、民间信仰等精神文化。萧放先生将传统节日的文化内涵归纳为物质生活层面的传统、社会生活层面的传统和精神生活方面的传统②。可以说,传统节日所蕴含的文化内涵渗透在我们生活中的各个方面。从传统节日在全国各地的衍变来看,同样的节日因在不同的地域也呈现出不同的文化内涵。正如联合国教科文组织《世界文化多样性宣言》(2001 年 11 月 2 日第二十次全体会议根据委员会的报告通过决议)指出:“人类的共同遗产文化在不同的时代和不同的地方具有各种不同的表现形式。这种多样性具体表现为构成人类各群体和各社会的独特性。文化多样性是交流、革新和创作的源泉,对人类来讲就像生物多样性对维持生物平衡那样必不可少。从这个意义上讲,文化的多样性是人类的共同遗产,应当从当代人和子孙后代利益予以承认和

① 王文章,李荣启.中国传统节日的文化内涵[J].艺术百家,2012(3):5-10.

② 萧放.传统节日:一宗重大的民族文化遗产[J].北京师范大学学报(社会科学版),2005(5):50-56.

确定。”传统节日文化，正是文化多样性的重要体现。下面以“年”“元宵节”和“端午节”为例，具体介绍不同地区、不同民族对同一节日的不同庆祝方式及其所蕴含的不同文化内涵。

（一）“过年”的不同表现

同样是“过年”，不同的民族却有着不同的时间划定与过法。对于大多数国人过的“春节”即农历新年来说，农历十二月三十日半夜子时即为“年”的分界点。临近春节，人们要办年货，扫房屋，贴年画，贴春联，祭祀有关神灵等。除夕时，全家团聚在一起吃年夜饭，饭后，小辈给长辈拜年，长辈给孩子们发“压岁钱”，而后一家人团坐“守岁”。子时（现在是十二点）交年时刻，鞭炮齐响，辞旧岁、迎新年的活动达到高潮，新的一年便在隆隆的鞭炮声中到来。之后，农历新年的节庆时间将持续到正月十五，其间伴随着对先祖的祭祀，大多数人还会拜访亲戚、朋友、同事等，以增进人伦感情，当然最重要的还是家人的团聚，人们也会参加或观看当地组织的春节民俗活动。

对于贵州省丹寨县、雷山县的苗族而言，他们的“年”——“苗年”则是另一番景象。苗年的时间划定并不相同，从农历九月至正月不等。一般历时三五天或十五天。节前农家除准备甜酒、粑粑、粉面等丰富的副食品外，还要杀鸡宰猪、祭祖、开财门、敬年神。节日早起鸣放鞭炮以驱邪避祸。节日活动有跳芦笙舞、跳场、跳年、跳月、斗牛、赛马、踩花山等。

四川省茂县、汶川县、理县、北川羌族自治县的羌族过的则是“羌年”。每年农历十月一日举行，一般为三至五天，有的村寨要过到十月初十。按民间习俗，过羌年时要还愿敬神，敬祭天神、山神和地盘业主（寨神）。节日里，家人团聚，各户都要用面粉做成各种形状的鸡、羊、牛等祭品用以祭祖，然后把羊肉分给各家各户，再邀请亲友邻里到家，饮自酿的“咂酒”，边饮边歌，还要跳“锅庄舞”“兰寿舞”“皮鼓舞”和举行“推杆”比赛。

还有，云南省西双版纳傣族自治州傣族泼水节则是傣族的新年，相当于公历的四月中旬，一般持续三至七天。第一天傣语叫“麦日”，与农历的除夕相似；第二天傣语叫“恼日”；第三天是新年，叫“叭网玛”，意为岁首，人们把这一天视为最美好最吉祥的日子。泼水有文泼和武泼之分。入夜，村寨鼓乐相闻，人们纵情歌舞，热闹非凡。整个节日期间，除有赛龙船、放高升、放孔明灯、泼水、丢包等传统娱乐活动外，还有斗鸡、放气球、游园联欢、物资交流等新的活动。云南民族村的傣族、佤族男女也身穿盛装与游客一起欢度泼水节。泼水节的意义是祝福、爱情、力量、舞蹈、高升。

（二）“元宵节”的不同表现

对于大部分的中国人来说，元宵节亦称上元节、元夕或灯节，时间是每年的农历正月十五。元宵节是农历新年的第一个月圆之夜，是祭月、赏月的日子。正月十五家人一起吃元宵,是中国由来已久的习俗,元宵节还有送花灯、赏花灯、耍龙灯、耍狮子、猜灯谜、踩高跷、划旱船、扭秧歌、走百病、迎紫姑、逐鼠等习俗活动。

青海省乐都县七里店地区的元宵节以九曲黄河阵灯俗为主题。按传统,九曲黄河灯习俗于每年农历正月十四日至十五日举行,由当地七里店、李家庄、马家台、水磨湾四个村子共同主办,届时每户依既定路线栽灯杆,用塑料搓成的细绳将各个灯杆串联起来,形成一座灯城。其布局据说以九宫八卦图演化而来,是以乾、坎、艮、震、巽、离、坤、兑八方的八城和中央的戊巳土城,为九宫,分别是中央紫禁城(戊巳土)、东北城(艮方)、东中城(震方)、东南城(巽方)、中南城(离方)、西南城(坤方)、西中城(兑方)、西北城(乾方)、中北城(坎方)。正月十五,九曲黄河灯会正式推向高潮。来自临近村社、南北二山区和邻县的香客及游人等,在灯场组指挥人员引导下,转九曲黄河灯阵。转灯伊始,鞭炮阵阵。

山西省柳林县的元宵节以柳林盘子会为主题。柳林县每年正月都要精心搭建"盘子",所谓"盘子"是一种制作精美的组合型阁楼式仿古建筑模型,被人们称为"放大的神阁子"。围绕"盘子"举行民俗文化活动,从农历正月十三至二十六,各街巷张灯结彩,遍搭彩盘,彩幔遮天,旺火耀目。柳林盘子会期间,乡村集镇红火热闹,处处神会,万民云集,斗龙灯、耍狮子、闹秧歌、踩高跷、抬竹马、跑旱船、堆旺火。家家户户吃元宵,远处爆竹声声,近处轻歌曼舞。唢呐喧闹,小戏连台,街上摩肩接踵,满城欢声笑语。

北京市怀柔区、密云县的元宵节以敛巧饭习俗为主题。敛巧饭是怀柔区琉璃庙镇杨树底下村流传了一百八十多年的习俗。每到正月十六前夕,村中少女到各家敛收食粮、菜蔬。待正月十六日这天,由成人妇女将其做熟,全村人共食。其间,锅内放入针线、铜钱等物。食之者,便证明求到巧艺及财运。另外,巧字,是当地人对麻雀、山雀等的别称。在人们吃"敛巧饭"之前,要扬饭喂雀儿,口念吉祥之词,一是为向叼啄谷种的雀儿谢恩,二是为祈求来年丰收。饭后,人们还要在冰上行走,曰"走百冰(病)",即去掉百病。每到此时,还有戏班及花会助兴演出。

河北省蔚县的元宵节以蔚县拜灯山习俗为主题。张家口市蔚县拜灯山活动的基本内容有点灯山、拜灯山、耍社火、唱大戏四部分。点灯山时,首先准备好祭祀供品和点灯山用的灯捻儿、灯盏、麻油等。点灯山的人由三到五名有文化的村民组成,在灯山楼内的层层木架上由上向下将数百个灯盏摆出花边儿和文字图案,把浸过麻油的灯捻儿插入灯盏,注满油。夜幕降临后,用蜡烛将摆成图案的灯盏一一点燃,呈现出灯火字画。拜灯山时,选一名父母双全的男童扮为"灯官",坐在由四名青壮年村民扮成的"衙役"抬着的独杆轿上，村里戏班的演员粉墨浓妆伴其左右，率村民及观光者一路敲锣打鼓到灯山楼前祭拜。拜灯山后，祭拜队伍返回途中在堡中心伴随锣鼓点开始耍社火，或舞蹈，或嬉戏，表演者和观众共同沉浸在欢乐喜庆之中。最后是唱大戏，当祭拜队伍和群众由堡内涌出堡外时，戏楼前已经张灯结彩，这时，鞭炮鸣，鼓乐起，大戏开，由村戏班子演员为村民演绎历史故事或神话传说。

山东省烟台市的元宵节以渔灯节为主题。渔灯节是烟台市沿海渔民特有的传统民俗节目，距今已有五百多年的历史，主要流传于山后初家、芦洋、八角等十几个渔村。以前每年正月十三或十四午后，当地渔民便要以一家一户为单位，自发地从各自家里抬着祭品，打着彩旗，一路放着鞭炮，先到龙王庙或海神娘娘庙送灯、祭神，祈求鱼虾满舱、平安发财；再到渔船上祭船、祭海；最后，到海边放灯，祈求海神娘娘用灯指引渔船平安返航。这便是所谓的“渔灯节”。现在的渔灯节日除了这些传统的祭祀活动外，还增添了在庙前搭台唱戏及锣鼓、秧歌、舞龙等种种群众自娱自乐活动。

福建省龙岩市连城县的元宵节以闽西客家元宵节为主题。闽西为客家人的祖籍地，是客家民俗形成地之一。客家人在由北向南的长途跋涉和频繁迁徙中，把古老的中原文化习俗带到闽西，并与当地文化相互渗透，形成风情万种、独具特色的客家文化，元宵节庆习俗是其中重要的组成部分。客家元宵节的“游大龙”“走古事”“赏花灯”“烧炮”等习俗沿袭至今，仍保持着古老、自然的文化形态。

（三）“端午节”的不同表现

端午节为每年农历五月初五，又称端阳节、午日节、五月节等。先秦时代，人们普遍认为五月是个毒月，五日是恶日，相传这天邪佞当道，五毒并出，因此采杂药、插艾草、点雄黄，佩香囊、长命锁等是这个节日特有的习俗。又因相传端午节是为纪念战国时代楚国诗人屈原（他在五月初五这天投汨罗江自尽殉国）而设，因此赛龙舟、包粽子也成了这个节日的普遍习俗，且深入人心。

湖南省汨罗市的端午节以汨罗江畔端午习俗为主题。该习俗涵盖了屈原文化、龙舟文化、节庆文化等多重内容。汨罗江畔端午节习俗，除办家宴、吃粽子、插艾挂菖、喝雄黄酒、赛龙舟、观龙舟、回娘家、辞端午外，还包括偷神木、雕龙头、唱赞词、龙舟下水、龙头上红、朝庙等具有独特文化内涵的祭龙、祭屈习俗，同时，也留下了“宁荒一年田，不输五月船”等许多端午民谣。

湖北省黄石市的端午节以西塞神舟会为主题。西塞神舟会是黄石市西塞山区道士洑村民庆贺端午节的传统盛会，主要活动有制作神舟、唱大戏、祭祀、巡游、送神舟下水等系列仪式和活动。从每年农历四月初八之日举行龙舟的开工仪式，扎制神舟，到五月初五子时由道士主持仪式为神舟开光，直到五月十五至十八的神舟会正式会期，整个活动历时 40 天，是目前国内端午节时间较长的祈福和祭吊活动。

浙江省杭州市余杭区五常区域的端午节以五常龙舟胜会为主题。五常龙舟胜会是杭州西溪湿地五常区域特有的端午节民俗庆典活动，延续至今已有五百多年的历史，具有广泛的群众性和民间传承性，与其他龙舟赛的最大区别在于竞技巧、闹龙舟。相传，清乾隆皇帝南巡，观赏五常龙舟，称之为“龙舟胜会”，自此，西溪声名远播。也有民间说法，明朝尚书洪钟隐居五常，在农闲之时的五月，将乡民们劳作用的小木舟配以龙头，举行龙舟比赛，后演变为“闹龙舟”。五常龙舟胜会的活动十分隆重，分为“喝龙船酒”“请龙王”“披红”“赛龙舟”“谢龙王”等流程。

上海市宝山区罗店镇的端午节以罗店划龙船习俗为主题。罗店端午划龙船习俗盛行于上海宝山区罗店镇。明清时期，罗店地区常受风雨之害，乡民出于对灾难的恐惧，每逢岁时节令多作避邪消灾活动。罗店端午划龙船保持着江南古老的原始宗教等民俗形态，同时也因人文环境的不尽相同，刻上了罗店鲜明的地方烙印，主要体现于祭祀仪式、船体装饰、水上表演三个基本部分。整个划龙船活动以端午正日为始，通常进行五到七天，主要活动有立竿、出龙、点睛、接龙、送标、旺盆等。旧时罗店划龙舟时避忌妇女儿童，充满神秘的气息，意在驱除瘟疫病灾，使一方水土获得洁净。如今，罗店划龙舟已经成为当地民间一种具有文艺娱乐特色的节庆民俗活动。

江苏省苏州市的端午节以苏州端午习俗为主题。与其他地区不同的是，它纪念的是春秋时期吴国名将伍子胥。纪念伍子胥的端午节是苏州一年一度最为盛大的民间节日，具有一整套与当地自然气候条件、日常生产生活习惯、经济文化特征相适应的民俗活动，如包粽子、赛龙舟、挂菖蒲、戴香囊、挂钟馗像驱鬼等传统项目。苏州的老传统除了悬艾草菖蒲外，还有给孩子穿戴虎头鞋帽。苏州一些老字号药店，配有特制的中药香料，淡淡的药草香气提神醒脑，形状有老虎头、南瓜娃娃、糖娃娃等，成为传统节令产品中的一枝奇葩。

福建省石狮市的端午节以石狮端午闽台对渡习俗为主题。每逢端午节，蚶江与台湾鹿港两地民众身着节日盛装，在海上举行各种各样的活动，祈求风调雨顺。时值春夏之交，天气炎热，便驾船竞渡，追逐泼水，驱热消暑，祈求吉祥，寓为人与船的大洗礼。后逐步演变为通过泼水活动，倾吐思念、交融情谊。

嘉兴的端午节以嘉兴端午习俗为主题。嘉兴当地民间过端午节一直以来较为隆重，习俗活动也是各种各样，其普遍活动主要有四大类。一是有规模盛大的祭祀伍子胥活动；二是在南湖举行龙舟竞渡和摇快船等节日娱乐活动；三是民间裹粽子习俗；四是有挂菖蒲艾叶、燃熏苍术、白芷，佩香袋，吃“五黄”（黄瓜、黄鱼、黄鳝、黄泥蛋即咸鸭蛋、雄黄酒），吃“五白”（白干、白鳌、白菜、白切肉、白斩鸡），吃煨蛋等节日饮食习俗。嘉兴端午习俗来源于民间的约定俗成，具有鲜明的地域性和广泛的群众性，尤其是每年端午节，群众赶到南湖边观看龙舟竞渡，十分壮观。

从以上传统节日的案例不难看出，同样的节日在不同的地域呈现出不同的内容与特征，甚至在一些核心的层面也有不同的表现。如苏州的端午节祭祀的是伍子胥，而非屈原，这对于内陆腹地的普通民众还是会觉得有些新奇。我国作为典型的大陆型国家，一般在腹地或以汉民族为主体的地区，其传统节日内容比较相近，而在沿海和少数民族聚居的地方则有不同的表现。如烟台的渔灯节就具有典型的海洋文化特征，又兼具元宵节“灯会”的特征，体现出与元宵节一致性的特点。这种文化的多样性与一致性在传统节日中具有很好的体现，特别是传统节日作为一种“活在当下”的文化载体，对于我们保护非物质文化是非常重要的渠道。

非遗资源视域下节日传统的民俗资本化路径

苏长鸿*

摘　要：从文化的自然变迁来看，传统节日、民俗文化常常是没有边界的，因为它的存在就来自传承和传播，但是在遭遇民族国家语境以及行政地方的现代科层制度时，民俗文化很快地被裹挟进了资本化的逻辑中。这里的资本化其实就是基于一种市场逻辑的思考，因此基于权力分配图式下的遗产申报、传承与保护目前饱受争议，这不得不让我们思考在市场逻辑与资本场域中，民俗的生存空间及其文化再生产的问题。

关键词：传统节日　非遗资源　民俗资本化　再生产

资本化的前提是社会关系中先验的市场逻辑和经济利益的理性计算，而民俗文化作为一种非公非私产权模糊的资源要素，很难被精确地计算出它的成本和收益。在市场主体中，民俗资源往往是谁都可以利用，谁都可以对民俗实施“拿来主义”，但权责很难明晰；同时，以经济利益算计为前台的社会表象，权力往往被藏于后台或隐喻地出现，谁代表着民俗传统，谁操演并将民俗视为提线木偶，似乎没有具体所指，而资本化的手段恰好借用这一漏洞，实现着民俗的再生产，这一再生产的文化图景在当今中国表现尤为突出，其中最为显著的就是新兴节日文化的生成。可以说，“民俗文化资本的基础，在于维护社会、肯定社会，反对权力的过分集中，反对过分急功近利”①，新民俗、伪民俗、民俗主义现象、民间叙事传统、节日研究以及非遗生产性实践等学术探索，都是在回答当下民俗资源在向民俗资本的转变过程中谁之民俗、民俗何为、民俗向何处去的问题。资本与权力纠集所实现的分类学和价值建构的话语，导致作为整体、过程图式展现的“民俗”在学科研究对象上的脱阈，民俗学不得不思考从文本到语境的转换，即开始面向一个传承人、一次社会事件、一类仪式运作、一段故事讲述或是一家实体企业的情

---

* 苏长鸿：华东师范大学社会发展学院民俗学研究所硕士研究生，研究方向：经济民俗学。

① 何振科．“阿尔及利亚影像”中的民俗与政治——布迪厄民俗知识体系资本化与其学术创业的内在关联[J]．民俗研究，2014(5)：52－59.

景研究。这一转变是为了让个体化、格式化、碎片化的民俗获得重新嵌阈的机会，也是为了让学科范式完成从类型学到特质论的转变，并最终基于资本化的事实建构当前知识生产与文化阐释的民俗学范式。

一、何为节日传统：以中秋节为例

民俗资本化的承载方式有很多种，比如民间叙事样式、民间美术和艺术形式、民间手工技艺等，这些是民俗传承的客观形式，也是一种物质性的承载，在民俗资源的开发中，这类承载物也是最容易被发现和推广的，因为它具有可感受、直观的特点。而节日消费是民俗承载最集中的体现。节日是对时间模式和集体行动的惯性认知，有了这个前提，节日传统的民俗资本化才具有发展空间。同时，节日传统的形成依赖于时间、空间、叙事三位一体的结构模式。为了论述的方便，我仅以中秋节的三维结构为例。

就时间传统而言，中秋节为农历八月十五前后、仲秋之中，又称仲秋、秋夕、月夕、八月节、拜月节等。《周礼》记载，我国先秦时期已有帝王官吏祭月的传统；到了唐代，文人吟诗赏月已成习俗，加上月饼的发明，中秋的民俗内涵基本定型；宋代市民社会发展使中秋节作为民间习俗更加盛行；明清之际，中秋节已和元旦（春节）一样，成为一年中最重要的节日，至今亦是中国、东亚乃至世界华人华侨的节日。

从空间传统来看，中秋节的习俗主要分布于我国汉族地区，江南一带偏好赏月的乐趣，华南、东南强调拜月追远，北方则回归农神祭祀。如：福建的请月姑、拜天公，广东潮汕的拜祖先、吃芋头，江浙一带的烧斗香，北京的拜兔儿爷，山东的拜土谷神、祭祖等。在蒙、藏、壮、彝、侗等少数民族地区也有类似的节俗举行。另外，朝鲜、日本、越南、马来西亚等东亚、南亚国家均十分重视中秋节的庆祝。中秋节作为传统节日习俗，已有多项国家级及省级非遗项目予以传承，如：福建厦门中秋博饼，香港大坑舞火龙，浙江杭州中秋西湖赏月等。

从叙事传统来讲，节日的文本叙事、物象叙事、行为叙事以及当代展演都是重要民俗叙事维度。中秋节因其独特的精神内涵而有着广泛的社会影响，所以与之相关的传说异文、书籍著作有上百种，还有以“嫦娥奔月”为剧目的京剧、评剧、民族舞剧及电视剧；同时，有汉画石、瓦当、月宫镜、金纱、帛书、玉坠等古代器物，以及当今仍流传的兔儿爷、月饼、嫦娥年画等展示这一主题；另外，全国各地日益复兴的节日习俗，如北京月坛的祭月、拜兔儿爷，其他地区的中秋博饼、赏桂、烧瓦塔、走月亮等活动异彩纷呈。另外，月饼作为重要物质载体和节日食俗亦对传承起到了重要作用，如上海杏花楼的月饼早已成为几代人的集体记忆，其制作技艺五代传承人的谱系十分完整。2006 年，中秋节被列入我国首批国家级非遗名录，2008 年正式成为我国法定节假日。

总之，中秋节的主要内容是围绕月亮和团圆展开，如民间口头传承已久的嫦娥奔月、玉兔捣药、吴刚伐桂等传说，已成为拜月、祭月、赏月等仪式活动的脚本源码，此外还有家庭团聚、吃月饼、赏灯、博饼、拜兔儿爷、烧斗香、舞火龙等互动性内容。中秋节的传统是基于长时段的历史流变，基于一元时间认同、多元习俗共生而言的，节日的基本格式如祭月、赏月、吃月饼是固定的。

二、传统的发明：以元祖食品的节日实践为例

以资本介入和市场逻辑为前提的传统回归究竟是不是一种民俗生产行为？特别是新兴节日文化和饮食文化上的打造，既是商家推广的结果，也是消费者自主选择的结果。如果说民众对民俗的期待是基于文化和社会领域的，那么权力与资本的介入肯定会破坏民俗本身的文化社会结构，换言之，由于有了对传统和民俗文化的产业开发，导致民俗变得不那么“纯”，或者“变了味”。这种现象是不是民俗资本化的必然后果？

在讨论这一问题之前，我们以著名民俗节令食品品牌元祖食品的市场实践为例，讨论市场层面的民俗观与对传统回归的具体做法，以洞察民俗机制在经济行为中的意义和变化。元祖食品最典型的做法是它在其官方网站首页用民俗月历的方式介绍了每个月的民俗活动及饮食文化，这种直观的图文表达对消费者来说很有亲和力，而且每点击一个月份，都会有相应的节日介绍。以其“九九重阳节，元祖敬老情意浓”的月令牌为例：

> 秋高气爽菊花香，彩云追月贺重阳，又是一年登高处，元祖祝您寿安康。
>
> 重阳节，农历九月初九，二九相重，称为“重九”。汉中叶以后的儒家阴阳观，有六阴九阳。九是阳数，固重九亦叫“重阳”。民间在该日有登高的风俗，所以重阳节称“登高节”，还有“重九节”、“茱萸”、“菊花节”等说法。由于九月初九“九九”谐音是“久久”，有长久之意，所以，人们常在此日祭祖与推行敬老活动，故此重阳节又被称为老人节，是子女表达孝心的重要节日。常回家看看，让老人尽享天伦之乐，是每个子女应

尽的义务。带一盒入口即化的元祖重阳糕，或拎一盒表达感谢的祝寿蛋糕，在全家团圆共享美味的同时，寄予长辈们延年益寿的美好意愿。①

它用诗歌与节日介绍的方式来呈现，这既是一种软性的广告植入，也是一种让消费者了解民俗文化的方式，另外它还隐约地传递着元祖食品所代表的一种社会价值观，这种提升民俗文化价值的叙事方式，看似只是一种代言，其实是在向受众表达自己的文化品位与社会关怀。比如《舌尖上的中国》所呈现的关于食物的民俗学，实乃田园牧歌、乌托邦、怀乡式的饮食想象，但它之所以流行，是因为民俗学意义上的“舌尖”不仅是吃饭与果腹，还留存着对记忆的追溯和对美味的珍惜，酸甜苦辣的味觉体验亦是喜怒哀乐的生命历程。

节日文化再生产表现在新兴节日的不断出现，但传统民俗佳节并未有人抛弃。从节日消费的角度看，民众每年的节日消费总支出是在不断加大的，老百姓感受到的也只是经济上的压力，而不会去深究这些不同的节日到底有什么区别，而民众选择只过其中的某些节日也主要是基于大的舆论环境和个体需求，比如国家提倡回归传统节假日，民众会马上回归传统；再如有孩子的家长会特别重视儿童节，而有教师身份、女性身份者会有教师节、妇女节的节日体验；在外打拼的年轻人会越来越重视母亲节、父亲节，而在给父母亲过节的问题上，除了春节、中秋等传统要求的团聚性节日外，选择父母亲生日还是利用现代的父亲节、母亲节表达孝顺之心，则多和城市乡村的观念有关。这些都是十分重要的命题，很值得专题研究。

在元祖食品一年一度的糕点推广中，中秋节的比例一直是最大的，我们以某直营区 2012 年中秋推广活动为例，其主题是“元祖梦工坊之中秋月团圆”，它的主要活动有三类：一是网络推广，二是免费体验，三是公益宣传。

第一类：一封家书，元祖食品浓情传递

开设专题帖，号召网友回复自己的“家书”，文体不限，网友可尽情发挥自己的文采，不要求辞藻华丽，挑选最具感情，最具创意，最打动人的几封获得本次活动的奖品。

第二类：元祖月饼至尊试吃

邀请网友走进门店进行现场自制月饼游戏，同时举办“民俗大讲

① 元祖食品公司民俗月令牌，主要用于二十四节气相关民俗节令饮食文化的展示及营销软性广告植入，程培提供。

堂：中秋送礼大学问”的讲座，以娱乐节目与视频采访结合的双方位的宣传。

第三类：爱心慰问，关爱“国际聋人日”

走进聋哑学校，组织相关公益组织，征集网友爱心慰问，互动活动，并以话题热帖、软广告、视频、专题等形式进行整合推广。①

上述三个活动总周期是一个半月时间，从 2012 年 9 月 1 日到 10 月 15 日，就这些活动内容而言，其实并没有太多的传统化的节日程式，它的营销采用的方式是基于现代日常生活的模式，尤其是没有仪式性的活动，但是，在这些活动的细节中还是充分展现了元祖作为民俗文化的代言人的社会关怀，比如网上写家书、讲授送礼学问、关爱弱势群体等。消费者在中秋节参与到企业所组织的这些活动中去，其实已经具备民俗行为上的文化回归了，只是这些活动借助了媒介、广告、互联网这些现代性的体验方式而已。其实就元祖食品每年的推广活动来看，类似的节日推广活动还有很多。元祖的推广节日如下。

民俗节令：春节、元宵、清明、端午、七夕、中秋、重阳、冬至

元祖六季：樱花季、冰品季、抹茶季、桂花季、咖啡季、红豆季

现代节日：情人节、女性节、母亲节、儿童节、父亲节、教师节、万圣节、圣诞节

这三大类节日形态是基于民俗学的分类而言的，通过分类我们能清晰地看到元祖公司战略的三大维度：对传统民俗节日的回归、对西方现代节日的追随以及对自我品牌节日的建构。虽然不同类型的节日在民俗学看来是完全异质的民俗事象，但这些季、节、档到了企业眼里却都是十分重要的营销窗口，公司不会放过任何一次节日营销的机会，因为资本和市场的逻辑就是利益最大化，因此在资本的裹挟下，民众其实自觉不自觉地参与了资本的再生产。回到元祖公司的节日系统中来，可以看到当下这类大众消费品类型的公司品牌都会注重对消费者忠诚度的培养，而新兴的节日文化便开始与粉丝文化逐渐接轨，每家公司都有自己固定的消费群体。狂热的品牌认同就会产生“粉丝节”，比如苹果、小米、华为手机分别都有自己的“果粉”“米粉”“花粉”。对应本案中的元祖食品，元祖六季就是元祖公司消费者的

① 访谈对象：程培(元祖食品行销协理)；访谈时间：2014 年 11 月 7 日；地点：赵巷镇；访谈人：苏长鸿。

专属季节，这一传统的发明打破了民俗节日中对地域、社区概念的依附，也就是说，十里不同风、百里不同俗的逻辑会在资本化主导的生产消费逻辑中遭到改写，而且由于互联网时代的到来，由资本逻辑所主导的网络人的出现，也会打破传统的族群边界和族群概念。新兴节日在未来很大程度上是由不同企业、产品、品牌的边界来进行区分的，而且网络空间意义上的品牌粉丝在物理数量上会是一个庞大的族群。因此要探讨新技术和新产业带来的民俗资本化和文化再生产问题，最重要的不是将其和传统类比嵌套，而是要关注这些民众新兴民俗生活的背后，有哪些现代性的技术手段建构并发明了传统，民众又是如何自觉不自觉地参与建构的。

三、民族类节日传统的保护与开发：以香格里拉县为例

香格里拉县的传统节日类非遗资源具有十分明确的地域性和族群性，且带有强烈的自然崇拜和宗教信仰色彩，在各民族聚居的乡镇形成独具特色的民俗节庆传统。其历史悠久，集中反映在他们的音乐、舞蹈、服饰和手工技艺上。该县目前共有典型民俗传统节日 10 项。其中藏族有藏历新年、丹巴、俄仲花、格冬、达拉、转山等节日，纳西族有二月八和敬歌对酒节，傈僳有盍什节，其他如赛马、情舞、龙潭节等属于多民族集中参与的节日。节日类型包括祭祀、歌舞、竞技等。现有传承人 20 余人，主要以地缘和业缘传承为主。展示该县节日类非遗的文化空间主要有独克宗古城、松赞林寺、云登寺、迪庆州民族文化博物馆、三坝白水台、金江镇黑龙潭以及相关雪域神山。

表 1　云南省迪庆州香格里拉县民俗节日一览表

项目名称	节日时间、空间简介	流传区域	传　承　人	相关文物、遗址、陈列馆、博物馆等
二月八（纳西）	农历二月初八在白水台圣地，纳西族人举行“朝白水”仪式	三坝纳西族乡	和志本（国家级第一批）、杨正文、和树荣、和树昆（三坝纳西族乡白地村）	1. 白水台（三坝纳西族乡白地村） 2. 纳西族文化博物馆（三坝纳西族乡）
丹巴节（藏）	农历七月十五，尼汝藏族举行集体祭祀山神、仙人洞和育嘛呢经仪式，消灾驱邪	洛吉乡尼汝村	阿扎达·鲁茸培楚、小向丹·拉茸七珠、孙诺培楚（洛吉乡尼汝村）	扎拉胜嘎神山、关门山、阴河、仙人洞（洛吉乡尼汝村）

（续表）

项目名称	节日时间、空间简介	流传区域	传　承　人	相关文物、遗址、陈列馆、博物馆等
俄仲花节(藏)	“俄仲花”汉语为报春花,每年农历的三至六月份,村组推选出德高望重、能歌善舞的老者,带上洁白的哈达和美丽的俄仲花前去其他村子邀请全村的人们前来过节	五境乡霞珠村	雄处、三保（五境乡霞珠村）	神川铁桥、宗古古城堡（五境乡仓觉村）
赛马节(藏)	农历五月初五,民众聚集在中甸草场观看各地骑手的精彩表演,赛马有比速度、比步法、比马上枪旗、跑马拾物等。赛马会其实是藏民们在春天里的一次盛大集会	建塘镇依拉草原	七林定主、张继王（建塘镇）	1. 春宗社达坝塘（建塘镇解放村） 2. 迪庆州民族博物馆、香格里拉县民族体育中心陈列馆（县城）
藏历新年(藏)	藏历新年第一天举行各种宗教活动,然后相互拜年,晚上,围着篝火跳起弦子舞和锅庄舞	藏族聚居区	杨庆科（建塘镇）	1. 松赞林寺（县城） 2. 大宝寺（县城东15公里）
盍什节(傈僳)	盍什节也叫年节,它是傈僳族最盛大的节日,但各地过年的时间前后不一,安排在农历十二月五日到次年正月初十。过年时,大家都聚集在村寨广场上,举行对歌、跳“锅庄”舞和射弩比赛,这时也是青年男女谈情说爱的好机会	傈僳族聚居区	1. 和正文（上江乡格兰村） 2. 李仕达（金江镇兴隆村） 3. 浩润生（虎跳峡镇红旗一家村）	迪庆州民族博物馆（县城）
格冬节(藏)	“格冬节”意思为九样食物烩煮聚餐之意,主要活动是进行面具舞,气氛神秘,藏历十二月二十六至二十九日在松赞林寺举办	藏族聚居区	崩主活佛、克斯活佛（县城松赞林寺内）	松赞林寺（县城）

（续表）

项目名称	节日时间、空间简介	流传区域	传　承　人	相关文物、遗址、陈列馆、博物馆等
敬酒对歌节（纳西）	农历七月十五在白水台，纳西族妇女集会互相对唱古老的纳西民歌，举行撕火草、纺麻线、织麻布、编草鞋等民间工艺制作仪式	三坝乡	杨富春（三坝纳西族乡白地村）	白水台（三坝纳西族乡白地村）
火把节（彝、傈僳、白）	夏历七月前后，彝族、傈僳族、白族点燃火把举行盛大集会，用狂欢的方式禳灾祈福	虎跳峡镇	1. 陈母撒（虎跳峡镇宝山村） 2. 黄文胜（虎跳峡镇松鹤村） 3. 浩润生（虎跳峡镇红旗一家村）	虎跳峡镇文化站陈列室（虎跳峡镇）
龙潭节	农历三月十五在金江镇吾竹村龙潭前广场举行祭祀龙神的节日	金江镇	1. 王常顺（金江镇车轴村） 2. 杨双全（金江镇吾竹村） 3. 和学成（金江镇新建村） 4. 李仕达（金江镇兴隆村）	吾竹村黑龙潭、城隍庙、金江镇文化站陈列馆（金江镇吾竹村）
祭山跑马节	农历九月十五，洛吉乡各村小组会轮流组织祭祀活动，仪式上有村民赛马、斗牛、歌舞、敬山神等项目	洛吉乡尼汝村	拉茸七主（洛吉乡尼汝村）	扎拉胜嘎神山（洛吉乡尼汝村）
达拉节（藏）	农历六月十五，水草丰盛、牛肥马壮的时候，藏族群众都会放下手中的农活，自发组织起来，欢聚在草原上，用唱歌、跳舞、赛马等活动欢度达拉节	小中甸镇	1. 给玛（小中甸镇联合村） 2. 次吾（小中甸镇联合村） 3. 诺宗拉姆（小中甸镇和平村） 4. 汪堆（小中甸镇和平村）	千湖山（小中甸镇团结村）

(续表)

项目名称	节日时间、空间简介	流传区域	传承人	相关文物、遗址、陈列馆、博物馆等
转山节(藏)	按照宗教教历,东旺藏历新年里要转山朝佛,正月初十的朝山节,各村落的人们举家上贡松神山朝山,一般由寺院喇嘛带领僧众举办祭祀山神仪式,同时地方民众也自发组织转山会,禳灾祈福	东旺乡	1. 曲扎·江初(东旺乡新联村) 2. 阿娃娘念(东旺乡新联村) 3. 达珍区批(东旺乡新联村)	1. 云登寺(东旺乡跃进村) 2. 贡松神山(东旺乡胜利村)
情舞节(藏、普米、纳西)	每年逢农历三月初八、五月初五等重大节日,都会举办情舞节,期间大锅庄、黑土陶、精美的木器制品及其绚丽的民族服饰都会一一展演。这个节日中保存了藏、普米、纳西民族的生活记忆,而情舞传说就是格萨尔王手下的一名将领所创	尼西乡	1. 肖巴(尼西乡江东村) 2. 青主:(尼西乡汤满村) 3. 鲁茸定主(尼西乡江东村)	1. 茶马古道上桥头段(尼西乡上桥头村) 2. 西归石棺墓(尼西乡西归村)

开展非遗保护工作主要由迪庆州非遗中心领导,县文化馆及各乡镇文化站均有人员负责非遗资料的搜集申报和传承人的保护工作,同时全县开展的“一乡一品”也涉及节日类非遗的传承和展演,另外在三坝纳西族聚居区,还有一支成立15年的纳西族东巴学校,加上各地老人协会等民间组织,以及各中小学校,各旅行社、风景区,均是该县参与节日非遗保护的主要力量。我们通过采访迪庆州非遗中心斯那顿主、香格里拉县文化馆和丽娟、金江镇文化站张立国、三坝纳西东巴学校和树荣等地方文化精英,勾勒出官方话语内部的自我矛盾,即以非物质文化遗产保护为政绩需求的民族地方同时又面临着加大工商业发展的任务,这两者无疑是矛盾的,矛盾产生的巨大张力促使着民族社区从内部到外部、从官方到民间不断地自省与调适,这个调适过程其实就是文化发现的过程,聊以安慰的是2011年《中华人民共和国非物质文化遗产法》终于出台,文化权取得了国家层面的合法性,而不再是一种偶然性的话语资源了。

文化实践理论强调文化持有者拥有对其民俗生活和文化身份进行运

作、包装、转义和分享的权利，且持有者本身并非一个被动的群体。他们常常主动利用各种有利因素，迅速“开发”出属于他们自己的文化。这种“开发”是文化系统自足性的一种表现，也是作为社会过程的文化不断展演，前台与后台不断勾连，外界与内部不断交互，文化主体不断被修正、反思和重构的一种过渡仪式，尤其在信息意识形态和大数据时代到来时，文化权的让渡和调适会在消费文化中不断被定义和修正。据我们的观察，在最近十年来的旅游开发和文化展演过程中，香格里拉县逐步找到了属于自己文化话语的各种节日品牌。这些来之不易的节日平台为本地区的旅游市场注入了强大的活力，随着社会变迁和旅游业的快速发展，香格里拉县会迅速从一个文本想象变成一个可以触摸并消费的实体。文化的“开发”本身就是（作为过程的）文化。也更应该看到，旅游开发不同于工业开发来得这么猛烈，但其内在逻辑是一致的。旅游或其他工商业开发可能不会从物理意义上消灭社区，但却能从文化意义上消灭社区。由于香格里拉县的民族宗教历史和自然人文生态的复杂性、脆弱性，如何利用节日类非遗资源，将其纳入地方民族文化生态保护实验区的发展中（开发与保护双赢），呈现其独特性和多元价值，将是该县这一文化多元性社区未来面临的问题。而由国家赋予的文化权（非遗模式）如何落地成为社区民众真正的权力，这将继续在新的“开发”征程中展现它的张力，而这一过程相对于社会共识的凝聚来说，微妙而更加复杂。

保护与开发行为是一种管理系统问题，而这个问题对于政府、商家、学者、游客、社区、族群来说，都会有各自立场完全不同的答案。可以想见的是，利益性的博弈是绝对的，这个场域里的最大赢家可能是投资者，但是从学者与游客这类“旁观者”的视角出发，这个开发与保护（话语交织）的社会互动的过程本身就是“文化”的过程，而在这一过程中公民的文化观、遗产观、民俗观等软性话语的在场也将是有意义的。

四、结语

权力与资本主导下的现代社会民俗文化发展主要有两种路向，一是以国家和精英为代表的追求文化多样性的保护，二是以企业和民俗行业从业者为代表的追求文化产业化的发展。产业化发展的最大争议来自对文化多样性的担忧，但由于经济利益的裹挟，国家和精英权力话语下的文化多样性往往也只是一种幻想，在实践中仍然存在利益之争的现象。以传统节日为例，我国目前共有传统节日类国家级非遗项目 106 项（包括扩展项目），这些项目分属于不同的省、市、区,相应的省/市级项目就更多。由于政府或企业策划的不断“打造”,节日原本丰富多元的功能内涵会逐渐单一化和格式化。在国家层面,民俗资本化首先体现在将民俗事象经过科学化和媒介话语处理,纳入非物质文化遗产名录,这是一种将民俗政治资本化的处理方式。在社会层面,民俗的艺术或技术都会成为某些民众处理社会关系以及彰显族群认同的手段,这种关系再生产的方式就是民俗的社会资本化。在学术层面,民俗经验不断被科学话语建构,成为一种现代意义上的知识,这种知识的传递和传播则成为一种文化资本。因此民俗资本化的行为除了获取经济效益外,还会产生相应的政治、社会、文化效益,无论这些效益是正面的还是负面的,它都具备了提供某种文化再生产的可能,这也是民俗学亟待研究的命题。

编制民俗图谱的必要性、构成要素与重点

——以手工纺织类非遗为例

王海冬*

摘　要：近年，中国通过普查，已收集非物质文化遗产资源87万项，大部分是民俗项目，为了有效保护、开发这些重要的文化遗产，应及时实现民俗资源的图谱化。本文以遍及全国的手工纺织工艺为例，说明编制民俗图谱的必要性与构成要素；着重以上海奉贤区庄行镇的手工纺织工艺的实地调查为例，阐述民俗图谱的编制重点。任何民俗的产生有其特殊的自然与人文条件，这些民俗相关的背景单靠文字很难描绘，有图谱就一目了然；民俗中的工艺单靠文字就更难记录和保存，有图谱表达更清楚。因此，自然背景、人文条件、工艺程序应是相关民俗图谱的编制重点。

关键词：民俗资料　图谱化　手工艺　保护开发

一、以编制全国手工纺织图谱论民俗图谱的必要性

图谱是人们将图像、图案、图表等根据其内在的逻辑联系予以系统的编排，并辅以简洁的文字来说明这种内在联系的一种记录形式。这是使复杂信息可视化、系统化的记录。蓬勃发展的非物质文化遗产（下简称"非遗"）保护运动，与迅速发展起来的非遗理论与实践创新研究，对于资源图谱编制的理论与实践提出了全新的要求。

手工纺织民俗图谱化具有全国范围的全局性。一是手工纺织工艺与民俗遍及全国。穿衣是实用性和一定历史阶段的社会审美理念的体现，甚至和人类的繁衍紧密相连，各民族都形成了自己的手工纺织工艺与民俗；二是手工纺织工艺的图谱化不仅是保存有关资料所必须的，而且是发展中国特色文化产业的重要内容，关系到中国的经济增长转型与整个文化产业的大局。

* 王海冬，日本国立千叶大学大学院人间环境设计学科地域文化设计专业博士，上海社会科学院文学所副研究员。

在笔者已有的2份全国的手工纺织工艺图表中①,其中一幅图表上纳入了国家级非遗保护项目25项,扩展项目6项,除了大家熟悉的江南汉族地区的手工纺织外,还有壮族、藏族、蒙古族、维吾尔族、苗族、彝族、侗族、白族8个少数民族的手工纺织工艺,分布在广袤的地区;另一幅是全国省级的手工纺织工艺图表,有96项,汉族的工艺已经从江南地区扩大到河北、山西、陕西、四川、云南、广西、北京、宁夏、甘肃、广东、湖北、江西、河南、安徽、江苏、山东等省份,还有布依族、畲族、景波族、傈僳族、布朗族、纳西族、东乡族、裕固族、黎族、壮族、藏族、蒙古族、维吾尔族、苗族、彝族、侗族、白族、回族18个少数民族的工艺分布。

实际上,据笔者田野调查,东北的少数民族满族、锡伯族、朝鲜族等农耕民族也有自己的手工纺织工艺,就是以游猎、放牧为主要经济形态的鄂伦春族、鄂温克族、赫哲族也形成过自己的手工纺织,所以说手工纺织几乎普及了全国。手工纺织工艺的图谱化具有全国性。

据考古发现,新石器时代的遗址中就曾出土有葛、麻织物,说明当时先民的纺织材料是葛、麻纤维。秦汉以后,葛因生长期长,加工困难,逐渐被一年三季收割的麻所取代。唐代,海南和西南各地的棉织工艺已发展到了很高的水平,在制作工艺上和印染、刺绣相结合,在纺织原料上与丝相搭配,尤其以海南黎族为典型,古籍《泊宅编》等有记载。甚至有些民族的手工纺织影响到了族称,如布依族之所以自称为“布依”,主要是因为他们以发明创造土布衣服著称。布依族同胞纺花、织布起源于何时,史书上没有记载,但千百年来他们都是通过口传心授,母传女,师传徒,使土布制作工艺传承至今,不断发展,并分布在册亨县境内布依村寨聚居的所有地区。

手工纺织工艺的形成和发展,是中华各民族文化交流必不可少的内容之一,促进了多元一体的中华民族的形成。黄道婆是元代棉纺织革新家,松江府乌泥泾(今属上海)人。元贞年间,她把在崖州(今海南岛)学到的黎族纺织技术带回故乡并进行改革,制成一套扦、弹、纺、织工具(如搅车、椎弓、三锭脚踏纺车等),提高了纺纱效率。这一技术很快遍及江南。乌泥泾所在的松江,成了全国的棉织业中心,赢得“衣被天下”的声誉。黄道婆的成功是民族文化有效交流的结果。

乌泥泾的手工棉纺织技术,是上海的第一批国家级非物质文化遗产保护项目,如今掌握手工棉纺织和印染技艺的传承人都已是七八十岁的高龄,记载有关技术的专门书籍、影像资料又严重缺失,传统手工艺面临失传的危

① 王超.试论贵州省册亨县布依族土布制作技艺的发展历程[J].剑南文学(经典教苑),2012(8):191.

险。如何实现有效保护呢？笔者认为：及时将黄道婆手工棉纺织技术产生的自然与人文背景和其手工艺的主要过程图谱化，是保留这份珍贵文化遗产的必要工作。

二、手工纺织民俗图谱编制的构成要素

手工纺织工艺形成一定的民俗民风。2009 年笔者曾经去上海奉贤区庄行镇考察，目睹了那里的土布染色、经布工艺。当地的土布工艺是元代黄道婆棉纺织工艺在当地的发展，因此土布品种繁多、花色丰富，并形成了相关的民俗：当地农家将藏之土布视为最重要的财富，若有女儿出嫁，陪嫁土布越多，越显娘家之富。如今，庄行仍是奉贤农户收藏土布最多的地区。类似庄行的民俗在汉族地区普遍盛行。

手工纺织工艺也形成相关的生产信仰民俗。如：哈尼族妇女认为染布是一门技术活，不是每个人都会染的，所以把染布看做是一件神圣和极其重要的事，产生了一系列禁忌。据当地人说她们在染布前要举行一个仪式，要请摩批①占卜选定一个日子，在这天开始染布才能保证土布染成且质量上乘，否则布就染不成。由此可见，染布是哈尼人日常生活中的一个重要事项，同时也可看出其一度在哈尼人生活中扮演着重要角色。在制作染液过程中，男人要回避且在晚上进行。过一个晚上就可以开始染布了，实际上是给予液体充分的发酵时间，以达到最佳的染制效果。一般在席面上，人们会把鸡肠子让给在座的女孩吃，据说多吃鸡肠子，织的布会像鸡肠子一样又滑又直，织布技术会越来越好。“染布的缸子是不可以随意搬动的。”……在制靛过程中，放入石灰之后，直到靛出来这道工序一般不让外人看，说是外人看了会成不了，如果成不了，那么就只能重新采摘板蓝根枝叶再做。②

手工纺织形成相关社会文化习俗。如壮族的求婚习俗和他们自己生产的土布有关：81 个画在土布上的奇特图案符号代表了 81 首感人肺腑的情歌——《中国富宁壮族坡芽歌书》，是流传于云南省文山壮族苗族自治州富宁县壮族地区，以图案符号将壮族民歌记录于土布上的民歌集。当地壮族歌手削竹为笔，以仙人掌果实为红墨，将 81 个物象图画符号绘于土布上，每一幅图案代表着一首特定的山歌。81 个符号，81 首山歌，762 行歌词，抒情、浪漫到极致。据悉，这部“骆越族群原生自创的图画文字，壮乡儿女天籁

---

① “摩批”是哈尼语音译，意为“智慧超群的长者”。

② 刘玉红. 哈尼族“土布”织染技艺遗产的传承与保护研究[D]. 云南民族大学，2009：26－31.

欢歌般的情爱密码”,被称为与东巴文相媲美的活着的图画文字。《坡芽歌书》已被列入国家 985 工程少数民族古籍、少数民族古文字系列丛书。① 这些鲜活的民俗资料只有靠图谱才能更加有效得以保存,才能更好地得以保护与传承。

图谱有 4 大构成要素。

构成民俗图谱第一个要素是图像,它是最基本的。一般包括民俗所记录的手绘画像与照相。需要指出的是,它不同于一般的图像,是人们在社会活动中留下的原始纪录,反映着人类社会发展到一定阶段上的物质文化和精神文化成就,具有原始纪录性这一本质属性,因此它具备原始资料的本真属性。这种图像不是作者的创作,而是人类社会活动的一种历史纪录。第二个要素是图形,由需要表达的民俗事象调查报告或研究论文的一览表、时间顺序表之类的表格与照片、形状示意图、地点示意图、位置示意图等组成,对展示的民俗记述实现了视觉化、条理化,并绘制在地图上。第三个要素是图示,由图上的标注——如箭头、圆圈、线条等组成,由需要表达的民俗事象的发生、传播、演变等客观情况所决定。也绘制在地图上。第四个要素是图表,由民俗事象的传承谱系为主要内容,是体现时空系统的图录。

这四大要素使图谱在保存民俗资料中具有不可替代的重要性,能将如手工纺织工艺所形成的民风、信仰、文化等丰富的民俗面貌,形象而全面地保存下来,流传于世。

三、从上海庄行土布工艺看有关手工纺织民俗图谱的编制重点

上海庄行镇地处奉贤西部,自元代起,由于黄道婆棉纺织工艺传入该地,民间涌现出众多的能工巧手,织布工艺精湛,而庄行地区又以家家植棉、户户做布,成为上海土布的发祥地之一。乾隆年间《奉贤县志》记载:“今世布之佳者,首推松江,而松江之布尤推奉贤庄行云。”这和庄行镇的自然与人文背景有关。庄行镇的土地、气候等自然条件适合棉花的生长。南宋以后,由于棉花开始广为种植,当时的庄行地方普遍植棉,如今在庄行镇的农地中还有棉花的种植。这种自然背景(如雨水、日照、温度、土质等)在记录中不用图谱后人就很难理解。

除了黄道婆棉纺织工艺在庄行镇流传发展这个最重要的人文条件外,

① 熊照宇.《坡芽歌书》:壮乡儿女爱情组歌[N].中国文化报,2009-4-1(1).

当地的生产方式、社会结构也是重要的人文条件。笔者看到棉纺织工艺都是在农舍里进行的，如果不将农舍及其农舍里的工具、原料、人员进行土布纺织过程图谱化，很难讲得清其生产方式、社会结构。

据笔者调查，庄行的棉纺织工艺要通过植棉、染色、经布、织布等系列工艺，可以生产出大布、小布、带布三种规格的布匹。品种有包衫布、衬衫布、床单布、被夹里布、头饰（首巾）布、杂用白布（俗称本色布）等。色彩上有以洋蓝色和白色为主的细条纹及细小方格纹，多为男性衬衫用料；掺入红色、绿色和青莲色纱者为女性衬衫用布；以洋蓝、毛蓝为主的宽幅条纹及大格子者，多为床单和被夹里用布；洋蓝、毛蓝、宝蓝掺入白纱、红纱、绿纱宽格子布多为头饰（首巾）用布等。大类式样有宽形条纹、细形条纹、方格纹、骰子花纹、芦苇花纹、鸡眼纹、井字纹及提花等。生产这些品种繁多的土布需要复杂的工艺，没有图谱去配合文字的解释和说明是很难被理解而传承下去的。因此，图谱编制的重点是其自然与人文背景和其手工艺的主要过程。

庄行的棉纺织工艺有明确的世代和传承人，同样用图谱就能一目了然。

笔者通过调查还了解到近年奉贤区和庄行镇为当地棉纺织工艺的保护与传承所作的努力，如近年庄行群艺馆设立了土布馆，已接待中外游客 8 万余人；成立了庄行土布时装表演队，经常到各地举行“乡村恋”土布时装巡回展示。2009 年 3 月在上海奉贤菜花节上，举办了“农家土布打擂台”活动，来自该镇 15 个村 60 多位农家织布女送来的 100 多匹土布，在千年古镇庄行老街展示，受到当地群众与游客的热烈欢迎。2012 年庄行土布馆已搬到该地的旅游中心新屋内，成为该镇农业旅游的门面。这一切都说明保护与传承这项传统工艺，对当地的农业旅游事业与新农村建设的长远积极意义。所以我们要及时采取有效措施，尽早实现庄行镇的棉纺织工艺图谱化，这样科学化地保护有关资料。

四、结语

非遗是国家文脉的载体，寓含着民众在漫长的历史进程中形成的生活智慧、文化心理。民俗文化是非遗的主体。无论是历史还是现状或是远景，无论是繁荣还是衰落或是崛起，都可以用图谱展现出来。从古论今，国内外的很多经验都告诉我们，要保护、开发好这些宝贵的文化资源，必须对其进行图谱化。

中国传说类非物质文化遗产项目概述

毕旭玲*

摘　要：2013 年 5 月底前，我国省市级传说类非遗名录共有 401 项。按照内容的二级分类方法，这些项目可以分为 7 大类 34 小类。全国省市级传说类项目中数量最多的是人物传说，共有 279 项，其次是地方风物传说 89 项。史事传说、鬼精怪神兽传说、综合传说、动植物传说、社会风俗传说数量都比较小，分别有 14 项、8 项、8 项、2 项和 1 项。

关键词：非物质文化遗产　传说　二级分类　内容构成

传说类非物质文化遗产是民间文学类非物质文化遗产①的重要组成部分，在中国非物质文化遗产名录体系中，它与神话、故事、歌谣、史诗、长诗、谚语、谜语、其他 8 个亚类并列于民间文学类非物质文化遗产下。2006 年至今我国共公布民间文学类国家级非物质文化遗产名录三批，125 项②，其中传说亚类有 50 项③，占全部民间文学类项目的 40%，其重要程度可见一斑。刘锡诚先生在谈到国家级民间文学项目中传说占多数的现象时说："在'民间文学'的各种体裁和类别里，'传说'之丰富是我们的国情所决定的，也是一些历史较短的民族和国家所无法比肩的。"④本文是国家社科基金重大项目《中国非物质文化遗产名录体系与资源图谱研究》的前期成果之一，以我国非物质文化遗产四级名录体系⑤中的省市级名录为主要研究对象，对我国传说类非物质文化遗产（以下简称"非遗"）项目的内容分类及构成情况进行介绍。选择省市级非遗传说项目作为本文的主要研究对象的主要原因是：第一，省市级传说项目的数量适中，作为研究样本比较合适。这样的样

---

* 毕旭玲，女，文学博士，上海社会科学院文学研究所副研究员。

① 《国家级非物质文化遗产名录》将非物质文化遗产分为 10 大类：民间文学、民间音乐、民间舞蹈、传统戏剧、曲艺、杂技与竞技（体育与杂技）、民间美术、传统手工技艺、传统医药、民俗。

② 此统计不包含补充批次的国家名录项目。

③ 其中，第二批国家级名录"徐文长故事"介于故事与传说之间，具有浓厚的传说特征，本文将其作为传说进行统计。

④ 刘锡诚．"非遗时代"的民间文学及其保护问题[J]．民间文化论坛，2013(5)：5－14.

⑤ 我国非物质文化遗产名录体系有四级，即国家级、省市级、地市级和区县级。

本量既具有一定的代表性，也可能完成逐项研究的任务；第二，根据非遗项目的产生方式，省市级传说项目是地市级传说项目与区县级传说项目层层筛选的结果，因此可以反映地市级、区县级传说的一般情况。

一、我国传说类非遗项目与资源的内容二级分类体系

根据本文的统计，截止到 2013 年 5 月底，我国大陆 31 个省、自治区和直辖市已公布的省市级传说类非遗名录有 401 项①，传说内容相当丰富。为了研究这些传说的内容构成，本文必须首先确立一种内容分类体系。

作为社会科学研究的一部分，传说的内容分类一般采用完全列举法加部分列举法的双重方法。一般而言，对于从内容角度进行的一级分类（即第一次分类），学者倾向采用完全列举法，如我国学者对民间传说的内容分类大约有三分法、四分法、五分法和六分法等几种。三分法即将民间传说分为人物传说、历史事件传说和风物传说②，四分法即将民间传说分为人物传说、事件传说、风物传说和习俗传说③，五分法即将民间传说分为人物传说、史事传说、名胜古迹传说、地方物产传说、风俗传说④，六分法即将民间传说分为人物传说、历史事件传说、地方风物传说、民俗传说、土特产传说、社会生活传说⑤。但在民间传说的二级分类（即第二次分类）中，部分列举法则是其常见的分类方法。如："史事传说包括统计集团内部斗争的传说、抵御外来侵略的传说、族源传说与迁徙的传说、民族团结的传说等"⑥。"风俗传说有许多类型：有以节日庆典为中心的风俗传说，……有以人生礼仪为中心点的传说，……有以饮食惯制为中心的传说，……有以服饰为中心的传说，……"⑦。部分列举的分类方法，虽然出于介绍和叙述的方便，却为定量分析研究传说制造了障碍。出现这种情况的原因是民间传说的内容异常丰富，尤其是二级分类众多，在没有进行大范围调查的情况下难以完全列举。

---

① 本文以非遗项目的名称作为统计标准，各省市的补充名录名称与正式名录重复，故不计算在内。

② 李景江等. 中国各民族民间文学基础[M]. 吉林：吉林大学出版社，1986：118－134.

③ 汪玢玲主编. 民间文学概论[M]. 北京：中央广播电视大学出版社，1996：134.

④ 田兆元，敖其. 民间文学概论[M]. 上海：华东师范大学出版社，2009：66.

⑤ 吴蓉章. 民间文学理论基础[M]. 成都：四川大学出版社，1987：90－92.

⑥ 辽宁大学文化传播学院民俗学教研室编著. 民间文学概论新编[M]. 大连：辽宁师范大学出版社，2001：180.

⑦ 刘守华，陈建宪. 民间文学教程[M]. 武汉：华中师范大学出版社，2009：53.

为了定量研究的便利，本文首先确立了一种完全列举的分类方法。这种完全列举的分类法的根据有两个：第一是理论依据即前人的研究成果，本文在前人对传说内容的分类基础上寻找一种完全列举的分类方法；第二是现实依据，即 2013 年 5 月底以前的国家级传说类非遗名录、省市级非遗名录、部分区县级非遗名录及资源。本文在对这些名录与资源整理的基础上，进行提炼分类。据此，本文确立了一种对传说内容的二级分类体系。第一级共 7 大类，分别是：人物传说、史事传说、地方风物传说、社会风俗传说、动植物传说、鬼精怪神兽传说与综合传说。

人物传说是以人物为中心记叙人物事迹的传说，传说中融合了讲述人的个人情感，并带有民众的普遍价值判断；史事传说从某个角度或某个侧面记录历史事件的一个片段，往往与人物传说有所交叉，但侧重点在记事；地方风物传说具有较强的解释性，用以解释各地山川名胜、乡土特产、地方灵异以及地名的由来；社会风俗传说是以某个风俗习惯为中心建构的民间叙事；动植物传说是描述动植物的情状和形态及其由来的民间叙事作品；鬼精怪神兽传说是以鬼、精怪和神兽为主角建构的民间叙事，主要内容是解释它们的情状、形态和由来等；综合传说是内容包含两种以上类型传说的复合传说。这里需要解释一下"综合传说"。在各地申报民间传说代表性项目的过程中出现了将不同内容的传说打包申报为一个项目的现象，这个"传说包"里可能包含人物传说、风物传说、史事传说等不同内容，很难对其进行准确分类，为了研究的便利，本文将这些"传说包"归入综合传说类。这一类传说数量很少，全国 401 项中仅有 8 项，分别是：四川省的傈僳族民间传说，重庆市的巴文化传说，内蒙古自治区的科尔沁蒙古族传说故事、阿拉善蒙古族传说故事、鄂尔多斯蒙古族传说故事、托克托传说故事，黑龙江省的鄂温克族民间传说，山西省的广武传说。这些传说内容复杂，本文暂存不论。

二级分类体系的第二级共 34 类，分别是：始祖传说、爱国将领及英雄传说、帝王将相传说、先贤传说、文人传说、清官传说、名医传说、能工巧匠传说、商贾传说、神仙道佛传说、名女传说、爱情传说、孝子孝妇传说、趣味人物传说、现代无产阶级革命家传说、农民起义传说、反抗外来侵略者传说、历史战争与革命战争传说、民族起源传说、氏族礼仪传说、山川传说、名胜古迹传说、乡土特产传说、地名传说、地方灵异传说、岁时节日传说、宗教性习俗传说、娱乐活动传说、日常习俗传说、动物传说、植物传说、鬼传说、精怪传说、神兽传说。

这里需要强调的是：本文保留了一些在 2013 年 5 月之前的省市级传说项目中未出现，但在地市级、市县级的传说项目或者是各地传说资源中存在的小分类。比如社会风俗传说下的宗教性习俗传说、娱乐活动传说、日常习俗传说，以及鬼精怪神兽传说下的鬼传说，这些小类在地市级、市县及或者是没有列入各地名录的传说资源中存在。日常习俗中的人生礼仪相关传说在全国各地都很普遍，如“生孩子送红蛋的来历”（福建省松溪县等地）、“招郎的传说”（广西壮族自治区富川瑶族自治县）、“抢亲的传说”（云南省双柏县）等；鬼传说资源也较多，如“水鬼的传说”（河北省蠡县）、“锁水阁赌鬼的传说”（四川省开远县）等。

表 1 较为清晰地显示了本文对传说内容的二级分类。

表 1　传说内容的二级分类体系表

一级分类		二级分类	
序号	类型名称	序号	类型名称
1	人物传说	1	始祖传说
		2	爱国将领及英雄传说
		3	帝王将相传说
		4	先贤传说
		5	文人传说
		6	清官传说
		7	名医传说
		8	能工巧匠传说
		9	商贾传说
		10	神仙道佛传说
		11	名女传说
		12	爱情传说
		13	孝子孝妇传说
		14	趣味人物传说
		15	无产阶级革命家传说
2	史事传说	16	农民起义传说
		17	反抗外来侵略者传说
		18	历史战争与革命战争传说
		19	民族起源传说
		20	氏族礼仪传说

(续表)

一级分类		二级分类	
序号	类型名称	序号	类型名称
3	地方风物传说	21	山川传说
		22	名胜古迹传说
		23	乡土特产传说
		24	地名传说
		25	地方灵异传说
4	社会风俗传说	26	岁时节日传说
		27	宗教性习俗传说
		28	娱乐活动传说
		29	日常习俗传说
5	动植物传说	30	动物传说
		31	植物传说
6	鬼精怪神兽传说	32	鬼传说
		33	精怪传说
		34	神兽传说
7	综合传说		

二、我国传说类非遗项目的内容构成

根据本文统计,全国省市级传说类项目中数量最多的是人物传说,共有279项,占全国省市级传说项目的65.98%。其次是地方风物传说,89项,占全国省市级传说项目的22.19%。史事传说有14项,占全国省市级传说项目的3.49%。鬼精怪神兽传说8项,综合传说8项,动植物传说2项,社会风俗传说1项,这些类别占比均在2%(含)以下。下图显示了全国省市级传说项目的内容构成。

1. 人物传说

从图1来看,人物传说的数量远远大于其他内容的传说,这种情况的形成可能有如下几种原因:第一,传说作为一种叙事性民间文学体裁,所叙之事必然有主角,某人或某物。作为人类,民众自然倾向于塑造具有人类形体

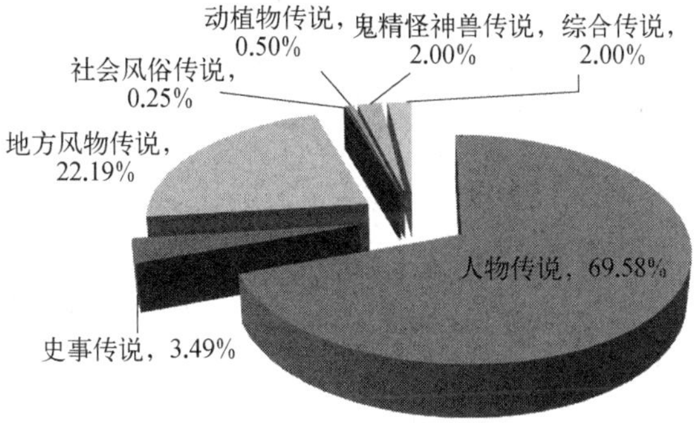

图 1　全国省市级传说的内容构成比

特征的主角，这是人物传说成为传说主要类别的重要原因；第二，可能与民众的崇敬、倾慕等感情相关。人物传说的主角大都在道德、行为等方面能起到榜样作用，或在技术技巧上处于常人不可超越的层次，甚至是具有超自然的各种能力，由此引发民众的崇敬、倾慕等情感，创造了大量的人物传说来赞扬他们。至于那些批判类的人物传说，如各地流传的秦桧传说等传说资源，也可以看作由崇敬、倾慕等感情引发的道德批判。被批判的人物往往是作为民众崇敬、倾慕的人物的反面存在的。比如秦桧传说中对秦桧的批判往往是为了褒扬英雄岳飞，法海传说中对法海的批判往往是为了赞颂白蛇与许仙的爱情；第三，可能与民众的好奇心理有关。大量的人物传说叙述的是那些与普通民众生活相距甚远的历史人物、幻想人物，因为距离很远，所以引发了民众的好奇心理，民众因而创造了许多传说来解释这些人物的各种事迹。民众的解释自然从民众自己的生活出发，所创造的历史人物就如同街坊邻居一般，这也是不少历史人物、幻想人物在传说中变得和蔼可亲的原因。

我国学者从人物传说的内容角度所作的分类很多，有些学者将其分为历史人物传说、神话宗教人物传说、巧匠名医传说、文人传说 4 类。①。有的学者将其分为帝王将相传说、清官良将传说、民族英雄与革命领袖传说、能工巧匠传说、文人传说、名医传说、虚构人物传说 7 类②。有些学者将其分为帝王将相传说、民族英雄传说、清官传说、农民起义英雄传说、近代革命领袖传说、文人传说、工匠传说、神医传说、宗教人物传说 9 类③。本文对人物

① 田兆元，敖其. 民间文学概论[M]. 上海：华东师范大学出版社，2009：66 - 67.

② 辽宁大学文化传播学院民俗学教研室编著. 民间文学概论新编[M]. 大连：辽宁师范大学出版社，2001：177 - 181.

③ 刘守华，陈建宪. 民间文学教程[M]. 武汉：华中师范大学出版社，2009：52.

传说进行了完全列举的划分，分为15类，详见表1。这里需要解释的是先贤传说、文人传说、趣味人物传说三类。先贤传说主要是指对秦以前有才德之人事迹的民间叙事，如河南省的老子传说、列子传说，甘肃省的苏武传说，山东省的孔子诞生传说、庄子传说、鬼谷子传说等；文人传说主要指对秦以后的文人轶事的民间叙事，如山西省的司马光传说，江苏省的施耐庵与《水浒》传说，浙江省的张阁老传说、王羲之传说等；趣味人物传说则重在突出人物诙谐幽默的特点，如山西省的李佬人传说，重庆市的吴癞子传说，河南省的杞人忧天传说，山东省的东方朔民间传说等。当然，先贤传说里也有轶事，甚至不乏诙谐，但侧重点则在表达由先贤的德行而引起的民众的崇拜。不少文人传说也有谐趣，但诙谐并非文人传说的主要特点，此类传说要表达的还是民众对文人才华的仰慕。趣味人物传说的主角有些是文人，但更多的则是民众中的智慧人物，民众从传说中获取乐趣是此种传说讲述的主要目的。人物传说下的二级分类各类别的具体数量请见图2。从数量来看，人物传说的分类中排名靠前的5类是神仙道佛传说54则，始祖传说39则，爱情传说36则，文人传说29则，帝王将相传说29则，最少的5类是无产阶级革命家传说0则，名医传说3则，清官传说4则，商贾传说4则，趣味人物传说5则。

本文发现：人物传说下各类别的数量大体与它们的主角距离民众生活

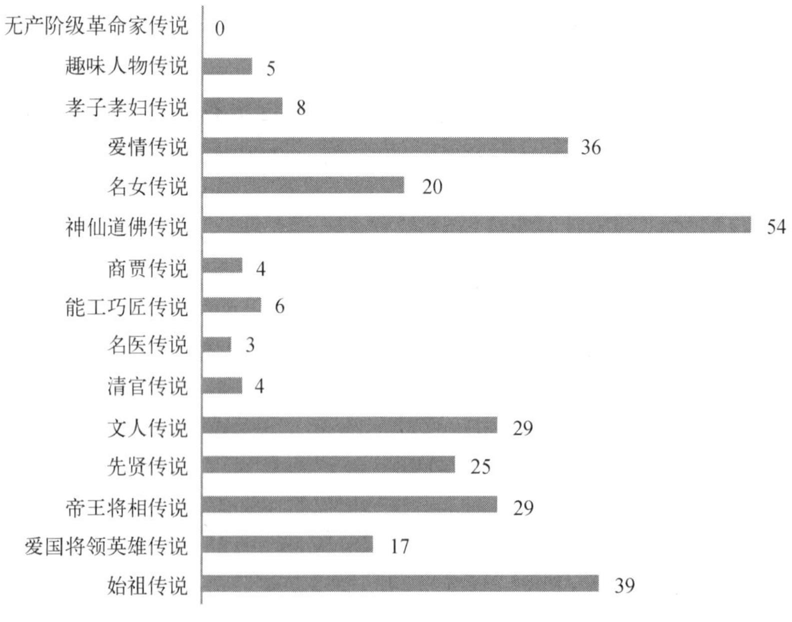

图2　人物传说各小类数量比

的远近呈负相关关系。也就是说，那些离民众日常生活越远的人物，他们的传说数量越多。相反，离民众日常生活越近的人物，他们的传说数量越少。比如，所有传说人物中，当代民众最熟悉的是无产阶级革命家，他们的传说数量也最少①。名医传说、商贾传说与能工巧匠传说，这部分传说的主角为传统社会各职业的“技术工种”，实际上处于社会的下层，与民众生活关系比较密切。趣味人物与孝子孝妇，有时就是民众本身，所以关于他们的传说数量也不多。相反，神仙道佛与始祖大都是民众依靠幻想塑造的人物，这些人物的传说数量最多。而那些感天动地的爱情，在传统社会多以父母之命、媒妁之言为媒介缔结婚姻的情况下，是可遇而不可求的，所以距离普通民众的生活也很遥远，因此这部分传说的数量很多。帝王将相、先贤与文人，他们距离民众的日常生活也很远，他们的传说数量也不少。

2. 地方风物传说

除人物传说之外，我国省市级传说类非遗项目中数量最多的要数地方风物传说。我国幅员辽阔，历史悠久，山川秀丽，物产风物，为地方风物传说的大量产生创造了良好条件。民众面对丰富的物产和壮丽的山川，总要去追溯一个由来，这是全国省市级传说名录中，地方风物传说数量较多的重要原因之一。此外，地方风物传说数量众多，还与地方民众的地方自豪感有关。当地的物产和风景名胜都会激发起民众热爱本地风物的热情，从而创作出许多充满自豪感的神奇传说，这一类地方风物传说往往附会著名历史人物，以突出本地风物的神奇瑰丽。如江苏省的汉王拔剑泉和马扒泉传说，将当地的两眼泉水与著名历史人物刘邦联系起来。传说记述：刘邦军队战败并被项羽军队围困，又渴又饿中刘邦将宝剑插入身旁的石头缝隙中，当他拔出剑的时候，一股清泉喷涌而出。与此同时，他的战马在急躁不安中也用马蹄扒地，扒出了泉水。刘邦的兵马饮泉水解渴，精神大振，随即杀出重围。

与人物传说不同，地方风物传说的边界其实比较模糊。地方的自然物产与自然风景传说，名胜古迹传说，独特的地名传说，地方灵异的传说，甚至与民众生活密切相关的社会风俗，有时也可以归入地方风物传说。有些学者就将社会风俗传说归入地方风物传说，成为其中的一类，将地方风物传说分为自然风物传说、风俗传说和物产传说②。或者将地方风物传说分为山

① 当然，无产阶级革命家传说诞生的时间最短，积累最少也是导致其数量最少的重要原因。

② 辽宁大学文化传播学院民俗学教研室编著. 民间文学概论新编[M]. 大连：辽宁师范大学出版社，2001：177－181.

川景物传说、名胜古迹传说、物产传说、风俗传说①。这里值得分辨一下：社会风俗传说究竟能否归入地方风物传说中。“地方风物传说”指的是那些地方特色鲜明的传说，虽然一部分社会风俗传说具有地方特色，但更多的社会风俗传说则是区域性的，甚至是全国性的，比如大部分岁时节日传说。也就是说社会风俗传说的地方性特征并不鲜明。山川传说、名胜古迹传说、乡土特产传说、地名传说等明显可以归入地方风物传说下的小类别主要是与“物”(山川景物、名胜古迹、物产等)相关的叙事，而社会风俗传说则是与民众日常生活相关的叙事。也就是说社会风俗传说与民众日常生活密切相关的特点特别突出。田兆元主编的《民间文学概论》就将地方物产传说与风俗传说分开归为两类②。本文也将社会风俗传说独立于地方风物传说之外另列一类。

本文将地方风物传说分为山川传说、名胜古迹传说、乡土特产传说、地名传说、地方灵异传说 5 类。根据统计，全国省市级民间传说项目中有 89 项地方风物传说，其中，山川传说 45 项，如江苏省花果山传说、浙江省的钱塘江传说；名胜古迹传说 32 项，如福建省的洛阳桥传说、广东省的望烟楼传说；乡土特产传说 6 项，如江西省的景德镇瓷窑的传说、广西壮族自治区的合浦珠还民间传说；地名传说 5 项，如河北省的仁义胡同的传说、安徽省的六尺巷的传说；地方灵异传说 1 项，如河南省的河图洛书传说。

3. 史事传说、鬼精怪神兽传说、动植物传说与社会风俗传说

在全国省市级传说类非遗项目中，史事传说、鬼精怪神兽传说、动植物传说与社会风俗传说的数量较少，本文在此一并介绍。这几类传说项目数量较少的主要原因有如下几种：第一，产生于传统农业社会的鬼精怪神兽传说等类型充满了大量的幻想成分，常被指为“封建迷信”而遭到批判。在传说资源的收集、整理，项目的申报方面可能遭遇阻碍；第二，产生于传统农业社会的史事传说等类型含有与当代主流价值观不符甚至相悖的观念与意识，在传说资源的收集、整理方面容易被否定；第三，动植物传说与社会风俗传说等类型的地方特色不鲜明，可能因此影响这些传说申报的优先等级。也就是说，各地申报非遗项目时，优先申报的是那些在当地有重要影响或者能代表当地文化形象的传说项目，地方特色不鲜明及在当地没有重要影响的传说项目往往被忽视。

因为上述原因的存在，难以对以上各类传说的内容构成进行详细分析，本文仅采用完全列举法进行分类，并给出第二级分类中各类别的具体

---

① 李景江等. 中国各民族民间文学基础[M]. 吉林大学出版社，1986：118－134.

② 田兆元，敖其. 民间文学概论[M]. 上海：华东师范大学出版社，2009：70－71.

数据。

（1）史事传说。我国学者对史事传说的分类很多。比如简单的分类分为：反对外来侵略的传说、表现农民起义的传说、革命历史事件传说①，详细的分类分为：统治集团内部斗争的传说、抵御外来侵略的传说、族源传说与迁徙的传说、民族团结的传说等②。上述分类法基本采用了部分列举，不适合定量分析，本文吸取前人研究成果，用完全列举法将史事传说分为农民起义传说、反抗外来侵略者传说、历史战争与革命战争传说、民族起源传说、氏族礼仪传说 5 类。在全国省市级民间传说项目的 14 项史事传说中，历史战争与革命战争传说 6 项，农民起义传说 3 项，民族起源传说 2 项，氏族礼仪传说 2 项，反抗外来侵略者传说 1 项。

（2）本文将鬼精怪神兽传说分为鬼传说、精怪传说和神兽传说 3 类。全国省市级民间传说项目中有 8 项鬼精怪神兽传说，其中鬼传说 0 项；精怪传说 2 项，分别是江苏省的巫支祈传说、山西省的白马拖缰传说；神兽传说 6 项，分别为湖南省的桩巴龙传说、山东省的麒麟传说、山东省的秃尾巴老李传说、黑龙江省的秃尾巴老李传说、黑龙江省的扎龙的传说、山西省的鱼跃龙门传说。

（3）本文将动植物传说分为动物传说和植物传说 2 类。全国省市级民间传说项目中有 2 项动植物传说，其中 1 项为动物传说，即广西壮族自治区的美人鱼传说；1 项为植物传说，即山东省的牡丹传说之武则天贬牡丹的传说③。

（4）本文将社会风俗传说分为岁时节日传说、宗教性习俗传说、娱乐活动传说、日常习俗传说 4 类。全国省市级民间传说项目中仅有 1 项社会风俗传说，即陕西省的长安斗门石婆庙七夕传说，为岁时节日类传说。

以上是对全国省市级传说类非遗项目的内容构成情况的介绍。下面对以上的研究过程和数据进行一些说明。

第一，本文的研究数据截止日期为 2013 年 5 月底前。在此之前，我国大陆 31 个省、自治区和直辖市中，有 26 个公布了省市级传说类非遗项目，上海市、天津市、宁夏回族自治区、云南省、贵州省 5 个省级行政单位除外。根据省市级非遗名录的产生过程推测，这些没有传说类非遗项目的 5 个省级行政单位，其下属的地市与区县所公布的传说类非遗项目也相对较少。

---

① 吴蓉章.民间文学理论基础[M].成都：四川大学出版社，1987：90－92.

② 辽宁大学文化传播学院民俗学教研室编著.民间文学概论新编[M].大连：辽宁师范大学出版社，2001：177－181.

③ 山东省第二批非遗项目“牡丹传说”为复合传说，其中比较主要的是“武则天贬牡丹的传说”与“曹州牡丹传说”，前者为植物传说，后者为爱情传说，本文将其分为两个传说进行统计。

实际情况也是如此。以上海市为例,上海市各区县公布的非遗名录中,仅有青浦区有传说类非遗项目“小刀会传说”,其余区县均未公布传说类非遗项目。

这5个省级行政单位及其下属地级市、区县,没有或者少有传说类非遗项目的原因较多,首先可能与传说类项目申报过程中所需的传承人、传承关系等情况较难厘清,限制了传说项目申报的情况有关;其次可能与这些地区的传说类项目与其他类别的非遗项目相比,优势和地区特征不明显的情况相关;再次,可能这些地区的传说类资源存量较少,而代之以史诗、故事、民歌民谣等其他民间文学形式。后面两种情况在少数民族地区比较常见。上述5个省级行政单位除上海、天津两个直辖市外,其余的宁夏回族自治区、云南省、贵州省中,少数民族民众都占比不少。

第二,各地非物质文化遗产项目的申报过程不够严谨,往往出于申报的便利而将传说项目进行组合,为传说项目的分类带来一些困扰。本文所指的“综合传说”就是各地对传说进行组合打包申报而形成的一种新分类。还有一些非遗项目虽以组合的形成出现,但其中既包含传说,也包含故事,而且显示具体的传说名称。如甘肃省第三批省级非物质文化遗产名录中编号Ⅰ-7的项目为“甘肃民间故事”,并在括号中具体标注了4项,分别是貂蝉传说、苏武传说、金瓜与银豆、嘉峪关故事传说,其中的3项为传说体裁。对于这种比较清晰的组合申报,本文给予拆分并分别统计。也就是说在具体的统计过程中,将甘肃省的民间传说项目从1项增加至3项,当作3个独立的项目进行统计。又如山东省的项目“牡丹传说”,从申报内容来看,是由2个独立的,内容各自不同的与牡丹相关的传说构成:武则天贬牡丹的传说与曹州牡丹传说,前者是植物传说,后者是爱情传说,本文也予以分类统计。

《白蛇传》传说图谱编撰的原则

余红艳[*]

摘　要： 图谱是“图”与“谱”的结合。“图”是非遗资源的表达形式，同时也是可视化的内容，它包括地图、图表、图示、网络图等多种形式。“谱”是联接“图”的内在逻辑，是内容之间的关系。有“谱”无“图”则难以更为直观、清晰地呈现内容；有“图”无“谱”则是“碎片化”的图像展示。《白蛇传》传说的图谱编撰必须在谱系化原则的基础上，以图像标识核心情节、以地图指示空间流布、以图表呈现历史演化、以网络图示展演交互关系，将“白蛇传”传说的千年传承、广阔流播，以及非遗资源之间的交互影响、渗透的复杂关系，以可视化的图谱形式呈现，作为《白蛇传》传说非遗保护与研究的资料性成果。

关键词： 图谱　白蛇传　谱系　原则

非物质文化遗产（以下简称“非遗”）图谱的编撰是近年来非遗保护中的热点问题。这主要基于两个方面的缘由：一是源于庞大的非遗资源数据的记录、整理，以及管理与研究的客观需求；二是非遗整体性保护原则的体现。整体性保护强调的是既要保护文化事象本身，也要保护它的生命之源；既要重视文化的“过去时”形态，也要关注它的“现时”形态和发展；既要重视文化的价值观及其产生的背景和环境，又要整合和协调各方面的关系及其利益诉求，还要尊重文化共享者的价值认同和文化认同等。[①] 而“非物质文化遗产资源图谱”的制作，实际上就是对非遗内部及其之间交互关系的谱系梳理与可视化的逻辑呈现。

目前，学界对非遗图谱的编撰已有一定的探索。如赖彦斌、董晓萍编著的《数字故事民俗地图志》，“在故事类型理论基础上，实现研究资料和研究成果的地图可视化表现形式”，[②]其基本方法是“从故事文本中提取故事地

---

* 余红艳，女，民俗学博士，江苏大学文法学院中文系。

① 刘魁立. 非物质文化遗产及其保护的整体性原则[J]. 广西师范学院学报：哲学社会科学版，2005，25(4)：1－8.

② 赖彦斌，董晓萍. 数字故事民俗地图志(绪论)[M]，北京：学苑出版社，2012：3.

名作为主要的制图要素，通过故事节日等相关联民俗要素取得史料联系和历史联系，采用计算机技术，进行故事地名、历史地名、节日地名、今地名等不同类型地名之间的转换，以此整合民间文艺资料”。[①] 因而，“地图”是其采用的主要可视化形式，“地名”是研究关注的核心要素，故事与节日的交互关系是处理数据时的文化视角的标准之一。这在探寻故事民俗传承、扩展和变迁的地方性以及非遗资源信息的交互关系的可视化表达上为我们提供了非遗图谱编撰的空间谱系和关系交互谱系的研究视角。但是，单一的地图表现形式又在一定程度上限制了图谱的形象性与直观性。图谱形式多样，主要包括地图、谱系、网络关系交互图等多种形式，在呈现非遗资源的历史演进、传承关系、信息交互关系等推演式谱系时，地图的表现功能便存在很大的局限性。因而，唯有以多元化的图谱表现形式才能更为准确地描述与整理非遗资源。

《白蛇传》传说是我国四大民间传说之一。唐人传奇《白蛇记》已初具故事雏形，演化至今已有千年的流播历史；其传播媒介涉及口头、书面、戏剧、影视和网络形态五种介质。据 1959 年的数据显示，全国 360 多个戏曲剧种和 300 多个曲艺曲种中均有《白蛇传》传说的剧目和曲目，[②]现代以来影视版本至今共计 25 部，已搜集到的民间口传版本约 237 篇；流布地域涉及全国 14 个省市以上；[③]此外，与《白蛇传》传说紧密关联的节日、信仰等民间习俗在江浙一带仍有较为广泛的影响。历史演化的复杂性、地域分布的广泛性、传播媒介的丰富性、资源信息的交互性使《白蛇传》传说呈现出立体化的复杂形态，更为保护与管理增添了困难。作为《白蛇传》传说的非遗申报与保护单位之一，江苏省镇江市民间文化艺术馆对《白蛇传》传说的图谱式保护进行了实践性的尝试。馆内开设的“白蛇传民间工艺美术展”主要在两个方面体现了非遗图谱的保护理念：一是以传说基本母题为基础，配以相应系列图片，实现以图片为主要呈现形式的可视化路径；二是展示了以传说为中心的相关手工艺制品，表达非遗资源之间的信息交互关系。但是，馆内陈列的 7 幅围绕基本母题的图片在具备“图”的可视性特征外，尚未能形成较为完整的谱系化。同时，以《白蛇传》传说为原型进行的手工艺创作虽然一定程度上投射了传说作为一种资源信息所具有的强大辐射力与立体化的传承模式，但是非遗资源之间的交互关系未能得到明确地梳理。

谱系化是非遗图谱编撰的基本原则，“重图形轻谱系”的保护在实现非

---

① 赖彦斌. 数字故事地图的历史人文内涵[J]. 西北民族研究，2012(4)：128 - 134.

② 中国民间文艺家协会. 间文艺活动中研究动态(内部刊印)[M]. 1984：22.

③ 康新民. 白蛇传文化集萃(异文卷)[C]. 南京：江苏文艺出版社，2007. 本文数据根据该书整理而成。

遗资源可视化特征的同时，又存在将非遗“片段化”，从而割裂内在逻辑的可能。本文以谱系为中心，分别从情节谱系、空间谱系、时间谱系，以及关系谱系等四个方面探讨《白蛇传》传说的图谱编撰原则。

一、核心情节谱系——图像

核心情节是指民间叙事中具有组织连接故事功能且具有很强稳定性的情节单元。它不同于“母题”(motif)的概念。在民间叙事中，“母题”是“一个故事中最小的、能够持续在传统中的成分”，[①]它通常“被认为是一种情节要素，或是难以再分割的最小叙事单元，由鲜明独特的人物行为或事件来体现”。[②] “核心情节”与“母题”有共通之处，它们都强调在故事的变异发展中相对稳定的、能够串联起故事内在逻辑的稳定性特征，但不同的是，“核心情节”不一定是指“一个故事中最小的”的“母题”，它可以是一个单独的“母题”，也可以包含多个“母题”。在民间传说中，核心情节通常是以人物为中心的人物行为关系，正是传说中的核心人物关系、核心情节演变才使得该传说与其他传说形成鲜明的区分度，从而具有明确的标识性功能。因而，以传说的核心情节为人物行为关系的基础，以直观、可视的系列图像系统地呈现传说的情节演变，并辅之以相应的文字描述，即为核心情节图谱。

田兆元在分析神话的构成系统时指出：“神话是一个多层面构成的神圣的叙事体系……它首先是一个语言形式的叙事存在……除此之外，图像、雕塑在一定程度上(也)可以传承神话。”[③]他认为，神话包含语言叙事、图像叙事与行为叙事等三种叙事形式，它们或独立或共同讲述并传承着神话。这三类叙事形式同样存在于民间传说，核心情节图谱正是基于民间传说的图像叙事功能，它在剔除传说中变异性较为突出的异文情节，以及无关乎逻辑演变的一般性情节之后，以前后逻辑关联的图像对传说重要内容作出鲜明的标识。视觉是人类获取信息的主要来源之一，核心情节图谱通过一系列体现内在情节发展逻辑的图片，更加形象化地，以图像的叙事方式让人们对传说中较为稳定的核心情节有一个视觉上的感知。在具体的编撰中，可以在传统意义的“母题”基础上，适当扩展至核心情节，以便更为完整、系统地

---

① (美)斯蒂·汤普森. 郑海等译. 世界民间故事分类学[M]. 上海：上海文艺出版社，1991：499.

② 刘守华. 中国民间故事类型研究[M]. 武汉：华中师范大学出版社，2002：2.

③ 田兆元. 神话的构成系统与民俗行为叙事[J]. 湖北民族学院学报：哲学社会科学版，2011(6)：104－106.

呈现传说的图像叙事功能。

《白蛇传》传说公认的母题主要有“游湖借伞”“保和堂施药”“端午惊变”和“水漫金山”四个内容。这四个母题既是关乎传说情节演变的核心事件，同时也是历代变异中最具稳定性的情节，更是各地地方戏曲中经常演出的《白蛇传》曲目。但是，依据这 4 个母题尚不能实现图像叙事所承载的“讲述”传说内容的叙事功能，因而，核心情节图谱的编撰可以此四大母题为基础，扩展为如下 12 个核心情节：(1) 游湖借伞；(2) 赠银定亲；(3) 道士赐符；(4) 保和堂施药；(5) 端午惊变；(6) 勇盗仙草；(7) 水漫金山；(8) 断桥重逢；(9) 法海收钵；(10) 永镇雷峰塔；(11) 塔前祭母；(12) 小青倒塔。从 4 大母题扩展至 12 个核心情节，其内在谱系性得到较为充分地呈现。因而，在编撰《白蛇传》传说核心情节图谱时，应以传统母题为基础，补充其他重要情节图像，使得图像前后更具衔接性与内在逻辑性。

二、空间谱系——地图

现代民俗学从起步时便始终关注民俗的空间流布研究。顾颉刚在 20 世纪二三十年代所做的孟姜女故事研究中，分别从历史的系统与地域的系统分析孟姜女故事的流变。其中，地域的系统即是对民间传说及其异文进行地理空间分布的研究，顾颉刚甚至还曾提出希望能绘制一张孟姜女故事地域图和孟姜女故事演进图。① 尽管这终究还只是停留在一种理念上的构想，但现代民俗学者已经充分认识到，图谱的形式可以更为清晰、简洁地呈现民间传说的空间关系。其实，欧洲民俗学早于 19 世纪已将地理学的地图标志方法导入民俗学科，并收到了显著的效果。尔后，日本民俗学仿效欧洲，于 20 世纪 20 年代开始出现配有民俗地图的民俗学论文。20 世纪 50 年代后，民俗地图已被普遍用于日本民俗学界一般性的民俗调查记录和论文中，成为十分常见的民俗记述方法之一。民俗地图“客观显示民俗分布、表示民俗存在、变迁、移动的记录性手段。当民俗学者用它标示某种民俗研究结果，揭示某种民俗规律、阐述民俗理论时，民俗地图则成为研究性手段”。② 在标识民俗空间流布的地理性上，民俗地图的记述和分析方法为我们提供了很好的经验。

在具体编撰《白蛇传》传说的空间图谱时，有一个基本原则是不能忽视的，即《白蛇传》传说的故事来源。《数字故事民俗地图志》中绘制了一幅四

① 顾颉刚. 孟姜女故事研究集[M]. 上海：上海古籍出版社，1984：90－91.

② 何彬. 民俗地图小论[J]. 民间文化论坛，2005(2)：90－95.

大传说的“数字故事分布地图”，它“以地图的方式，表达故事搜集资源的地区分布，同时也是故事分类的讲述地点分布”。具体操作是“以中国行政区划数字地图为地理底图，含国界、省界、主要河流、省会点、省名和省会名等地理要素，以白色为底色，以突出显示四大故事的故事讲述地点分布”。① 其所运用的故事数据主要源于《中国民间故事集成》省卷本。由此可知，“数字故事分布地图”所标识的空间分布信息主要关注两个内容：(1) 故事搜集地的分布，(2) 故事讲述地的分布。这就必然使得该分布地图带有先天性的不足。以该书附有的“中国四大故事分布地图”中的《白蛇传》传说的分布区域图为例，地图中以亮黄色的圆圈作为《白蛇传》传说的故事讲述地分布标识，具体分布情况如下表所示。

表 1　《白蛇传》传说的故事讲述地分布表

省　份	讲述地点数量(个)	省　份	讲述地点数量(个)
福　建	6	陕　西	1
浙　江	5	河　北	3
上　海	4	北　京	2
江　苏	3	辽　宁	1
山　东	1	黑龙江	1
山　西	3		

由表 1 可知，其依据《中国民间故事集成》省卷本搜集的《白蛇传》传说故事讲述地点共计 30 个，分布区域主要集中在东部沿海与中部地区。其中，福建省的讲述地最多，为 6 个，而作为《白蛇传》传说的发源地之一——江苏省仅有 3 个讲述地，白蛇修炼地——四川省竟然是空缺。这在必然遭致质疑的同时，也为我们编撰《白蛇传》传说空间图谱的故事来源提出了更高的要求。

20 世纪 20 年代，中国民间文艺研究会浙江分会与江苏分会分别搜集并汇编了《白蛇传》传说的地方异文本，2007 年，镇江市民间文化艺术馆在此基础上整理出版了《白蛇传文化集萃・异文卷》120 篇，另外加上浙江分会未被选入的 8 篇异文，共计 128 篇。其中，江苏 59 篇，涉及讲述地 19 个；浙江 29 篇，涉及讲述地 18 个；上海 6 篇，讲述地 6 个；四川 6 篇，讲述地 3 篇；山西 5 篇，讲述地 5 个；福建 5 篇，讲述地 4 个；河北 4 篇，讲述地 4 个；河南和江西均为 4 篇，讲述地也各自为 4 个；安徽 2 篇，讲述地为 2 个；辽宁、

① 赖彦斌，董晓萍. 数字故事民俗地图志[M]. 北京：学苑出版社，2012：208.

北京、山东、陕西和湖北均搜集故事1篇,讲述地均为1个。① 其分布地图显示如下图所示。

图1 《白蛇传》传说的故事讲述地分布图

上图显示,《白蛇传》传说的口头讲述空间范围涉及15个省市,讲述地数量为69个。而这仅是局限于《白蛇传》传说的故事文本。《白蛇传》传说的传统传播形式十分丰富,地方戏曲、民间歌谣、叙事诗、谜语等,均在传播空间上拓展了其地域分布,在绘制《白蛇传》传说的地域分布图时,应该将各种形式的传播媒介都考虑在内。

此外,传说景观作为传说的物象存在,是传说在地化的集体记忆,《白蛇传》传说的空间图谱对各地留存的相关景观加以标注,可以在对比景观地的传说流播历史与现状中凸显传说景观对传说流播的重要影响力。

三、时间谱系——图表

不同于空间谱系对传说横向流布的地图式呈现,时间谱系强调的是同一事物在不同时间点上的演化过程。目前,学界已经开始尝试非遗时间谱

① 江苏、浙江两省由于故事数量较多、涉及讲述地较为丰富,故讲述地统计至市,上海为区县,其他均为县。

系的图示表达方法。周耀林、程齐凯（2011）提出了“时序图谱”的概念，认为“很多图谱形式都可以融入时序概念，从而将非时序图谱转换成时序图谱”，例如，在地图中引入时间概念，用不同的标识方法表明不同时间阶段上的非遗资源的变化情况。除了这种时序地图外，他们还指出“两种有前途的时序非遗图谱形式是非遗传承图谱和非遗演化图谱”。① 非遗传承与非遗演化的时间性与内在逻辑性十分明显，以图谱的形式加以展示可以更加明晰地呈现其在具体时间阶段上传承演化的过程。

对《白蛇传》传说历史演化过程的梳理是《白蛇传》研究的焦点之一，学界主要集中在对其主题流变与主要人物形象转化的分析上。目前，仍然以文字作为主要的分析工具。时间谱系以演化图表的图谱形式来呈现《白蛇传》传说在不同历史阶段的演化特征，可以实现更为直观、清晰的梳理实效。

表 2 《白蛇传》传说历史演化过程

<table>
<tr><th>时 代</th><th>代表性传承文本/形式</th><th>故事发生的主要地点</th><th>主 要 人 物</th><th>主要情节/该时段增加的情节</th><th>备 注</th></tr>
<tr><td>宋</td><td>话本《西湖三塔记》</td><td>杭州（西湖）</td><td>希宣赞、白衣娘娘、卯奴、婆婆、奚真人</td><td>1. 希宣赞清明游西湖
2. 带回迷路女孩儿卯奴
3. 白衣娘娘当场挖出旧人心肝
4. 奚真人镇压三妖于湖心</td><td></td></tr>
<tr><td>明</td><td>冯梦龙拟话本《白娘子永镇雷峰塔》</td><td>杭州（西湖）、苏州、镇江（金山寺）</td><td>许宣、白娘子、小青、法海</td><td>1. 地域拓展
2. 人物拓展
3. 宗教拓展</td><td>白娘子形象发生重大改变，由纯粹的恶转化以善为主，由纯粹的性欲转化为对人间情欲的追求</td></tr>
<tr><td rowspan="2">清乾隆三年（1738）</td><td>黄图珌戏曲本《雷峰塔》</td><td></td><td></td><td>1. 白娘子为西湖湖主
2. 江南佛道之间的矛盾</td><td>黄本基本承袭冯本</td></tr>
<tr><td>梨园旧抄本</td><td></td><td></td><td>首次增加“白娘生子得第”情节</td><td></td></tr>
</table>

① 周耀林，程齐凯. 非物质文化遗产的可视化图谱表示[J]. 信息资源管理学报，2012(3)：67－72.

（续表）

时　代	代表性传承文本/形式	故事发生的主要地点	主 要 人 物	主要情节/该时段增加的情节	备　注
乾隆三十六年(1771)	方成培戏曲本《雷峰塔传奇》			增加"夜话"、"端阳"、"水斗"	
嘉庆十四年(1809)	陈遇乾弹词《义妖传》				
民国	梦花馆主《前白蛇传》			视白蛇和小青为"巾帼须眉"	改编自《义妖传》
现代	高长虹独幕五场剧《白蛇》、向培良独幕诗剧《白蛇与许仙》、顾一樵话剧《白娘娘》……			爱情至上的改编理念与时代精神	现代
当代	田汉京剧《白蛇传》(20 世纪 50 年代)			1. 反封建主题的确定 2. 增加"小青倒塔"	
	电视剧《新白娘子传奇》电影《青蛇》《白蛇传奇》(20 世纪 90 年代至 21 世纪初)			影响较大的影视改本	

表 2 十分清晰地呈现了《白蛇传》传说自宋话本以来，人物形象、情节发展、主题思想、改编者甚至整个时代集体的情感倾向等多方面的历史演化过程。

当然，时间谱系的表达方式还可以是推演图示的形式，在具体列出图表时，还可以根据实际需求分类进行图示展演。

四、关系谱系——网络图示

关系谱系是将非遗资源视为一个互相关联的整体，从而对其进行立体式保护与研究的非遗网络谱系。具体到某一项非遗资源，其内部也同样是一个由某一中心点向不同文化形式辐射的交互影响的复杂关系。这些不同的文化形式既是中心点非遗资源的传承途径与表达形式，同时也因其渗透其他非遗形式而反过来对该非遗资源的更广泛的传承提供多样性的可能，甚至在中心点非遗资源已经失传时，仍然可以通过网络谱系的探寻，发现其多途径的传承模式。

就《白蛇传》传说而言，口头传说是这一非遗网络的中心点，由这一中心点拓展开的不同的传承形式有：戏曲型的表演传承、地方性的信仰传承、端午节日的节俗传承，以及不同手工制作的技艺类传承等。它们由中心点向多种文化形式辐射、转化，甚至渗透，不仅在表现形式上丰富了《白蛇传》传说，而且在地域性扩展上也扩大了传说的影响力。它们共同支撑并架构《白蛇传》传说的传承形态。

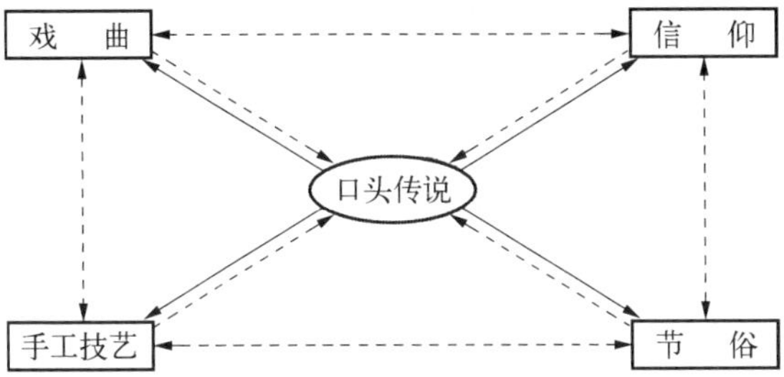

图 2　"白蛇传"传说的传承形态图

图 2 交互关系图谱不仅可以清晰呈现口头传说与其他文化形式之间的交互影响与相互渗透，同时，还可以通过其不同表达形式推演出背后不同阶层的广泛受众、地域之间的文化认同等更开阔的研究思路。

以图谱的形式对非遗资源进行整理与保护的优势是十分明显的，关键在于具体操作中，如何避免重"图"轻"谱"，以及选择最为合适的图示形式。谱系化是进行《白蛇传》传说图谱编撰的基本原则。在此基础上，以图像标识核心情节、以地图指示地域流布、以图表呈现历史演化，以及以网络图示展演交互关系是本文尝试的图谱设计实践。

华东师范大学“海洋民俗文化研究”暑期学校

“海洋民俗文化研究”暑期学校于 2015 年 7 月 17—25 日在华东师范大学成功举行，来自中国社会科学院、北京师范大学、华中师范大学、复旦大学、中国海洋大学、上海大学、山西大学、广西师范大学等 20 多所高校和研究机构的 40 余名同学参加了本届暑校。由中、日两国专家学者围绕海洋文化经济与海洋战略、民间文学与海洋信仰、东海海域文化交流等论题进行讨论。

摄影　程鹏提供

海洋文化研究

舟山群岛与日本、韩国的船崇拜及其比较

金　涛*

摘　要： 本文从海洋民俗学角度，通过实地采风和史料梳理，论证了舟山群岛及东北亚日本和韩国的船崇拜及其民俗事象，并在此基础上进行分析比较。

关键词： 舟山、日本与韩国、船崇拜、比较

舟山群岛位于中国大陆海岸线之东部，是中国历史上中外文化交流的主通道，并与日本、韩国同处在太平洋西海岸。日本是海洋岛国，韩国则是环海型国家。因此，在海洋船崇拜方面，舟山群岛与日韩诸国均有相同或相通之处。当然，也有差异。本文试就舟山群岛与日本和韩国的船崇拜及其船神信仰，进行分析比较。

一、舟山群岛的船崇拜

据民国时期《定海县志》载："舟山群岛，众山环屿，群港四达，外空大洋，内则屏障于海口"，舟山历来为中国第一大渔场和船舶集聚之地。若从地名考证，舟山之名，源于"山如舟形"。而在宋朝，舟山又名"昌国"。"昌"者，一为昌势国盛之意，二为独木舟的象形字。故而，"昌国"即为船之国，船之都。而在舟山海岛，"开门见海，出岛乘船"，则是"一日不可离船楫之利也"。因此，在舟山群岛，船的崇拜特别盛行。例如，舟山群岛的渔民把船崇拜为"木龙"，即木造的龙，并有龙灵、龙目之俗。据悉，舟山的渔民对造船十分考究，破木开工前要请阴阳生择个良辰吉日，并要供三牲福礼，置办"开工酒"等。安置"船龙灵"则在造船过程中进行。当水舱梁头合拢时，要装"船灵魂"。

* 金涛，研究馆员、民俗学家、海洋文化专家。现为上海社会科学院妈祖文化研究中心教授，韩国全北大学客座教授，浙江海洋学院特约研究员，定海海洋历史文化研究会副会长兼秘书长，出版著作有《舟山海洋民俗文化》《东海岛屿文化与民俗》等30余部，曾获"山花奖"、全国优秀民间文学著作二等奖等重大奖项。

何谓“船灵魂”?“船灵魂”即在新船的骨架搭成后,用一块小木头,挖个小孔,里面放进铜板、铜钱或银元等物,安置在水舱梁头里,象征船的灵魂。据说,铜或银等金属能镇邪驱灾,若是有金的或是乾隆通宝等帝皇尊号的金龙币者,则效果更佳。当时,就连钉小木头的那枚钉也是铜钉或银钉。因船是木龙,龙浴水才能运行自如,龙若离水,即为死龙了。为此,船灵魂都安置在水舱里。不过,有的小岛渔民因为穷,家中没有金币或银币,就用妇女身上的东西或生活用品,诸如头发、手帕之类,缚在铜钱上,一起放进小孔里。他们认为女人似水,身上的东西有辟邪作用。

在古时的舟山,当一艘新船外壳打造完工后,造船师傅要用上好木料精制一对船的眼睛,钉在船头的两侧,这个习俗叫“定彩”。定彩时,要择吉日良辰,并按金、木、水、火、土五行,用五色丝线扎在作为船眼的银钉上。然后,船主用红布把它蒙住,俗称“封眼”。新船下海时,船主把封眼的红布揭掉,叫做“启眼”。船启眼后,才神气十足地出海去了。

在舟山的船崇拜中,除了木龙崇拜,还有船神的崇拜。船神又称“船菩萨”“船老爷”。在舟山海岛直至台湾和香港渔船上,都有一个圣堂舱,是专供船菩萨的地方。船菩萨两旁还有两个小木人,一是千里眼,二是顺风耳。船菩萨的前身是谁?传说不一。船菩萨有男也有女。有说男的是关公,又叫船关老爷,女的是寇承御。有说男的是鲁班,是造船祖始神,女的是妈祖,是天后娘娘。而福建、台湾渔船大多供奉妈祖。

在船崇拜方面,在舟山海岛还盛行着“供”“请”“敬”“谢”船菩萨及“散福”等船俗。所谓“供”,则在打造新船时,先把船菩萨在龙王宫里供着。当新船打造完毕后,再把船菩萨请到船上来,谓之“请”。平常有鱼有虾,先要敬奉船菩萨,谓之“敬”。当渔汛结束时,渔船丰收返洋,则要用全副猪羊、三牲福礼前去祀典,谓之“谢”。“散福”则是把供奉在船菩萨的祭品礼毕后散发在大海里供鱼虾食之,谓之“散福结缘”。

二、日本与韩国的船崇拜

日本与韩国,尤其是日韩两国沿海地区的渔民,近海而居,因海而生,故而船楫文化十分发达,船的崇拜也很盛行。例如,在日本,舟山的船灵魂,日本叫“水灵魂”,也是船的护家神,并有具体的形象。造船时,把一个形体,如船主妻子的头发,或做两个小木偶和一个铜钱放在桅杆的小洞里。安置时要在下雨天进行,一边念着祷词,一边敲打。在韩国,也有这种安装仪式,形体除头发、木偶外,还有妇女用品、布匹等。虽然舟山群岛与日韩诸国安装船灵的部位有所不同，但其所用之物，如铜钱、头发、妇女用品及其所含的意义则完全相同。

关于船神信仰，日本也有，而且日本的船神，许多地方都是有神体的。造船者往往在船只下水前将其放入桅杆筒内，这叫“请神入船”或“移入神性”等。多数情况下需在嘴上祷告并用凿子或木槌敲击筒部三次。明代以后，琉球一带开始船上供奉妈祖神像，妈祖成了日本的船神娘娘。日本学者大林太良认为①，日本船神的原始神体为女偶人，这与妈祖信仰十分相似。他是根据洼德忠的说法：“并不是所有船上都载有妈祖像，似乎只有前往中国、鹿儿岛等船只才看到这种现象，每天早晨或晚上，主事者都要燃香叩拜”。但这种说法认为船上供奉妈祖像的风俗只限于冲绳，则是较为偏面的。据日本学者荒木博次在一次会上的介绍，在日本许多寺院里都供有天后神，并且天后庙的数量达 200 个之多。可见船神天后的信仰，在日本岛屿海民中还较为广泛的。

在韩国，也有船神信仰，俗称船城隍、船成主或船城主等。韩国的船神也有神体，即把女性用品，如衣服的布片、偶人、古钱等，放入桅杆穴内。每当渔船出海时，韩国渔民就向船城隍祈祷，预祝渔船平安。据说，每当船只因遇风暴而遭难时，船城隍就为此而哭泣。据日本学者大林太良考证，船神的禁忌，韩国与日本十分相似，如海上航行禁抛金属物，在举行“金毗罗祭”仪礼时，同时要举办“捞金祭”仪式等。就此推论，韩国的船崇拜更接近于日本。

不过，就船神的信仰而言，日本和韩国的船神神体用的均是妇女头发、铜钱等。日本的叫“请神入船”，朝鲜则称“船城隍”。只是舟山海岛的船神物体，不是放在桅杆穴内，而是放在新船的水舱内。

三、舟山群岛与日本和韩国船崇拜之比较

1991 年 3 月，在北京召开的“中日民俗比较首届国际学术大会”上，日本文学博士野村纯一②曾以船灵魂为题向笔者提问，“日本、朝鲜和中国都有船灵魂习俗，但为什么日本放在桅杆上，而中国的船灵魂却在水舱里?”笔

① ［日］大林太良．东亚有关海的民间信仰［A］．中日民俗的异同和交流［M］．北京：北京大学出版社，1993：154.

② 金涛．东亚各国海神信仰概论［A］．日本学（第 9 辑）［C］．北京：国际文化出版公司，2000：280.

者是这样回答的,"因为中国是崇龙的国家,渔民把渔船视作'木龙'。龙不离水,离水即死。因此船的灵魂即为木龙之灵,必须安置在水舱里,才使木龙保持水一般的生命活力。日本和朝鲜则不然,他们视船为鸟,鸟的生命和活力在于翅膀,即船之风帆。桅杆是鸟翼(风帆)的主杆部位,故而把船灵魂安置在桅杆上,才能保持鸟的活力,并在高高在上的船灵的庇护下,展翅翱翔于蓝天碧海间。"当翻译把我的话译成日文后,野村先生点头微笑,表示十分赞同和满意。这里有两个问题需作进一步的论证。

其一,在中国船神信仰中,存在着双重身份的本体船神和客体船神的两种崇拜,这两种崇拜是并列而不是混合的。中国船神的本体崇拜即为龙崇拜。因渔夫视船为木龙,故而新船要定置两只炯炯有神的"龙眼";龙"有灵而活",故而水舱里要安置"船灵魂";渔船下海,俗呼"木龙赴水"。舟山海岛一系列的船俗和禁忌,如"装眼""置灵""挂彩""散福"等,都与中国的本体船神即龙崇拜有关。

舟山海岛的客体船神,是指观音、妈祖、鲁班或关羽等船菩萨。在新船打造时,船主先把木雕的观音、天后等神像供奉在岛上的神庙内,当新船完工后,船主沐浴更衣,敲锣打鼓地再把船菩萨请至船上,安置在新船的神龛里。这种请船神的民俗程式,恰恰与日本的"请神入船"相一致,其称呼则与韩国的"船城隍"相吻合。但是,舟山海岛的客体船神之神体,却不是日本和韩国的妇女头发或铜币之类,而是木雕的神像。日本和韩国船神的那种神体,即头发或铜币,恰恰与舟山海岛本体船神的"船灵魂"相一致,只不过安置的部位不同罢了。由此可见,日本和韩国的船神习俗与舟山海岛并不一致,它们崇拜的是一种本体船神和客体船神的混合体。

其二,笔者在此把龙崇拜称为本体船神,这是因为舟山海岛视船体的本身为木龙之故。观音、天后等船菩萨,是从船体之外请来的客地神灵,又称客体船神。两者关系,客体船神凌驾于本体船神之上,并驾驭本体船神,即船菩萨驾龙出海协助或保护渔民风口浪尖夺高产,由此而发生了出海、归港、谢洋一系列船崇拜和祭船神习俗。在日本和韩国,则就未必如此了。

四、结语

综上所述,舟山群岛和日韩两国的船崇拜和船神信仰,既有相同和相似性的一面,也有差异性的一面。其原因,则因历史地域等国情之差异,形成了中国和日韩两国的船崇拜和船神信仰之差异。又因舟山群岛与日韩两国地域相邻,海域相通,地缘相近,又在历史上发生了密切的交流和交融。例如徐福东渡，鉴真东渡，日本派遣唐使来中国，都是途经舟山海域。因此，日韩两国的船崇拜及其船神信仰，自然受到了中国船崇拜的深刻影响，并渗透在具体的民俗事象中，呈现出相同性的一面，则是情理之中的了。

参考文献：

[1] 贾蕙萱等. 中日民俗的异同和交流[C]. 北京：北京大学出版社，1993.

[2] 北京大学日本研究中心编. 日本学(第 9 辑)[C]. 北京：国际文化出版公司，2000.

妈祖文化与产业发展之研究

［台］蔡泰山*

摘　要： 19世纪英国人类学家泰勒(Tylor. Z. B)在1871年所著《原始文化》(Primitive Culture)一书中，对文化下了一个著名定义："文化是包括知识、信仰、艺术、法律、道德、风俗以及作为一个社会成员所获得的能力与习惯的复杂体系。"妈祖文化在近代社会的转型及多元文化发展关系影响之下，它对社会的服务及产品的创意化也逐渐衍生，如信仰习俗、建筑、艺术、文化园区、文化博览会、宫观庙志、音乐、舞蹈、商圈等多面向的发展，由于妈祖文化多功能的文化，因此以妈祖文化来融合产业发展，对弘扬妈祖文化精神及因应潮流的发展趋势具有深远的意义。

关键词： 妈祖文化　信仰习俗　产业发展

一、前言

根据莆田妈祖非物质文化遗产保护中心多年搜集整理数据显示妈祖信仰习俗表现形式有10大类，形成一个整体系列，有妈祖传说、妈祖服饰、妈祖祭典、妈祖贡品、妈祖金身巡安、妈祖回娘家、妈祖信众谒祖进香、妈祖道场、妈祖蔗塔。该妈祖信仰经历了长期性的发展，深具历史传统的价值。传统的信俗固然保有传统的固有规范，但将信俗形式以创意来呈现亦表示以文化资源再利用转化文创产业的另一番作为，尤以目前各国对文创产业的推动如火如荼，这是21世纪各拥有文化资源国家欲以推行的产业模式。如欧洲卖古根汉、红酒、GUCCI、生活风貌。日本以原宿流风、三越百货、樱花季为主形成产业。韩国则以电玩、韩剧、偶像剧场景为发展主轴。美国发展的文化产业是以好莱坞梦幻、星巴克咖啡、极简设计、iPod为代表。当然，我们也可以以妈祖文化资源来营销我们自家的文化，而这些情景一端是连接着人们日常生活的消费习惯，另一端又是连接着高技术的范畴和文化产业，

* 蔡泰山，台湾桃园创新科技学院教授、副校长，兼妈祖文化资源创意产业研究中心主任，韩国全北大学人文学研究所研究员。

有关影响甚远。福建是妈祖的故乡，有丰富的文化遗产价值，是经过祖先经营遗留后世，在现实生活具历史、文化、艺术价值或其他方面的特殊意义。

妈祖文化在沿海发达的地区（如福建、台湾）具有悠久的历史与深度社会基础，至今已有一千多年还是香火旺盛，尤其台湾民众对妈祖文化的弘扬已经跨越国际范畴①。若以民众信仰的力量和创意产业结合将妈祖文化所衍生的信俗形式做创意的呈现，对文化产业的发展则有一崭新的呈现模式。2009 年 9 月 30 日，妈祖文化被列为世界人类非物质文化遗产，妈祖文化正式成为全人类的共同文化遗产，对保护妈祖文化传承信仰习俗以及将妈祖文化传播到世界各地具有重大的启示作用。本文着重将妈祖文化与产业结合来呈现，以迎合社会多元发展的趋势且建构文化资源再造能量，开创一个妈祖文化产业发展机能完善的国际文创产业发展生活圈。

二、研究动机与目的

妈祖文化有精神信仰的意涵，将它与产业结合来呈现，乃针对国际文化创意发展的一股旋风。这种新思维在当下充满民族情感的文化潮流中，文化的在地性固属重要，但若能注入新的思维来予以彰显，对弘扬妈祖文化的精髓并不违背，反而有另一种新的表达，对妈祖文化的传播作用更有一定的功能，也会带给文化界一种新的观点。因此，本文将妈祖文化来做论述，透过文化和产业的结合，让民众体会多元文化的效应。至于它对社会的主体价值（object values）何在，只能用一种评估（evaluation）假设性的研究加以析论。

本研究经过整理，以妈祖文化和产业结合为主题建构的目的有：1. 妈祖信俗文化和产业结合对社会国家作出贡献的核心竞争力；2. 妈祖文化创意产业台湾民众认同的影响及作用；3. 妈祖文化产业带来的经济效益及影响力度；4. 建构对国际发展文创产业指数的认识基准，其成果能与国际发展文创产业作一比较，并且提升城市的发展愿景。

三、研究架构与内容

妈祖文化是台湾民间重要的信仰和精神寄托，并且也蕴涵两岸民众文

① 蔡泰山主编. 妈祖学术论文集[C]. 台北：立得出版社. 2006：29. 妈祖从东南一隅的地方神，成为跨越五大洲的世界华人的海洋女神，与中国与世界各国友好交往同步。

化与价值观的思想作为,具有独特文化的内涵。妈祖文化动、静态都是研究的主轴。本研究首先界定研究的领域与方向,经相关文献搜集拟定架构与假设推论,并利用搜集的资料,进行相关研究及整理并进行数据分析后,将分析结果作为结论与建议之依据。

本研究着重在文化与产业结合之相关理论与案例分析,这部分包含妈祖文化产业的发展模式、妈祖文化产业发展之规划理想、信仰习俗与产业发展之案例分析,最后则为结论,是根据以上所叙述结果的分析建议以及后续研究等。

四、信仰习俗结合产业发展之相关理论与个案分析

在台湾的 Discovery 频道曾经报导,耶诞弥撒、麦加朝圣、妈祖绕境已被列为世界 3 大宗教活动之一。在国际间也有许多代表性的宗教文化,早已成为全球知名的宗教艺术殿堂,进而成为观光胜地,带动观光产业发展的案例很多,如中国大陆的敦煌莫高窟、云冈、龙门石窟与少林寺,台湾的 3 月 23 日疯妈祖,印度的阿羌塔(Ajanta)及普提伽耶(Badh Gaya),欧洲的圣马可教堂(Basilicadi San Macro)、圣心堂(Basilique Saere' Coeur)及梵蒂冈(Vatican),泰国佛寺、柬埔寨的吴哥窟等①。

妈祖文化的扩大化与信仰自由有一定的关联,自由开放、经济提升,信众遂有足够经济力来支撑信仰和弘扬信仰②,妈祖因为香火旺盛带动了周边产业的发展如传统产业、制造业、糕饼业、佛具业、雕刻业、公仔、饮食业……这些因信仰所衍生的动、静态的文化产品和服务已成为文化产业再造的新指标。就如台湾盛行的一年一度妈祖巡回绕境,是所有妈祖庙会表现最突出的,它不但将妈祖文化作最大的宣扬,更创造了庞大的商机③。这种人为的炒作,成为文化和产业交织的印证。

---

① 杰兮杰舞团《妈祖林默娘舞剧》(Mazu-sea Goddess)企划书(2009)4 页。

② 黄浙苏. 信守与包容——浙东妈祖信俗研究[J]. 杭州:浙江大学出版社,2011:2. 妈祖是多元文化混合神,她的多元混合在于半神半人、半先半民的平民性,商人船工和渔民群体研究妈祖信俗产生、发展和传播的文化现象,促进城市精神文明建设与和谐社会发展社会生产力,都具有独特的现实意义和历史意义。

③ 台湾大甲镇澜宫 2009 年 8 天 7 夜绕境活动,根据调查推估(Trengo 电话访问中心和 Lifelab Web3. 0 市调车调查结果),参与绕境 93 万人,平均每人消费近 2 000 元,总计商机 18 亿元,如果加上香油钱 5. 5 亿元,一场妈祖绕境盛会每天为当地带来 2. 9 亿元经济效益。这与宗教在台湾走生活化路线有关,人们在虔诚膜拜之余还想祈求事业、健康、财运以及婚姻等。因而衍生出妈祖加持或肖像等周边商品商机。

本文以SWOT分析法论述妈祖文化产业。在维基百科中，提到SWOT的解释是，SWOT即强势、弱势、机会和威胁综合分析法，是一种企业竞争态势分析方法，是市场营销基础分析方法之一，通过它来评价企业的优势、劣势、竞争、机会、威胁。我们以妈祖文化和产业结合，首先必须评估它的价值性和未来性，因此本文试以SWOT来分析它的高度价值导向。

（一）妈祖文化产业的发展模式

优势（Strength）

1. 地方文化活力强，民间对艺文活动与创意生活的需求日增；
2. 充分透明的信息社会接受新事物、新观念的可望性强；
3. 文化资源丰富民间创意资源欲取欲求；
4. 开放多元社会艺文活动呈现多样性；
5. 有庞大的内需市场，进而进军国际市场。

机会（Opportunity）

1. 妈祖文化可以成为华人的创意品牌，可以带动华人周边文创产业经济；
2. 妈祖自由开放的大趋势使文化产业有开展的空间；
3. 带动地方繁荣发展，经济效益形成。

弱势（Weakness）

1. 文创产业的概念和执行力的强化，民间对妈祖文化的精神需求和期待尚待规划；
2. 民间对宗教文化政策的了解程度弱；
3. 艺文界的结合、营销与管理人才的积极培育有待加强；
4. 国际市场开发力略显薄弱。

威胁（Threat）

1. 亚洲国家如韩国、泰国、印度不断崛起，形成竞争；
2. 政府对文创产业初创期在奖励和辅导立场上宽容程度如何？

从SWOT分析把妈祖文化作产业的结合，基本上它具有两方面价值，一是经济价值，包括文化产业经济价值和文化产品收益经济价值；二是精神价值，包括文化艺术及美学价值、历史文化教育传承价值和产业文化认同价值。

进入21世纪的现在，经济价值当然是文化和产业融合的终极目标，毫无疑问会是当代创意产业的核心价值。这可以从目前全世界关于创意产业与永续城市等议题（issues）看出端倪①。在文创产业中反映出对于历史文

① 2012年纽约艺术祭3月是纽约艺术团最重要的月份，除了代表美国当代艺术的惠特尼双年度（Whitney Biennial）开幕外，全世界的艺术家、收藏家、设计家会聚一堂共同参与盛会，让艺术爱好者可以一次看尽今年艺术的国际趋势，形成一股文化和产业结合的热气，不但有文化艺术也有经济的意涵。

化的细腻感性，本文之着力点乃是期待透过这些策略因子来刻画出文化产业发展的蓝图，并体验它的实质性。

（二）妈祖文化产业发展之规划理论

文创产业成果的呈现是希望能传递一种文化弘扬和经济效益的双乘效果，并且产业的功能性都可以成为信众生活中的伴侣，是可以在每日的生活中有共生机制能够达到永续发展的目标，而不是那种将文化资源摆在空泛的思维里，只让来访信众以惊叹作为级数的名牌摆饰品。举凡生活方式、历史文化、社会情境、自然景观、宗教信仰都是结合产业发展的创意元素(elements)，这种结合人文科技与经济活动并且深化为多元文化产业发展的契机，正是让文化产业生生不息的最大因素。

文化产业的发展不要拘泥于昔日的观念和模式，应思及适合当地的发展模式和发展方向。比如上海有妈祖文化的信仰，它蕴含着不容小觑的力量。这股力量是来自上海民众生活和努力的交集，妈祖文化故事，也是由他们汇聚而成。上海的竞争力与产业竞争力的综合，让上海这个大城市有竞争力，让更多人知道上海也有深藏不露的品牌故事，才是让妈祖文化发声的真正意涵。基于此，本文构想以妈祖文化来打造妈祖文化城就成为主题。

1. 妈祖全新体验文化——妈祖文化城。妈祖文化发展已有一千多年历史。在漫长的岁月当中，妈祖所衍生的信俗资源丰富。值此世界各国大力以自家文化来做产业结合之际，作为中国文化的一部分，我们应该将妈祖文化的资源再利用转换为文创产业，全新打造一个具有历史、文化、艺术价值的妈祖文化城。

2. 妈祖文化城建构之导因

(1) 信仰习俗的弘扬。庙会、妈祖巡礼、祭典、贡品、进香、回娘家、服饰、道场、故事传说、蔗塔都是妈祖文化的内涵，而这些信俗活动有些透过弘扬的方式与产业都有交集，但有些信俗因缺乏弘扬而渐失传。有妈祖丰富的文化遗产，而没有智慧创意来深化它的主体价值和建立优质的环境，信众如何愿意消费？没有消费当然就没有经济效益。

(2) 丰富具体的文化产业和活动内容。宗教文创产业的内容包括建筑、艺术、宫观庙志、文化园区、宗教博览会、信仰、庆典活动、艺文活动、商圈、舞剧、音乐、文物。这些与产业的交融都有一定的关系。

(3) 自家的文化特色。妈祖文化是福建特有的文化，是经过祖先经营遗留后世现实生活的文化，而且它也被列为世界人类非物质文化遗产，有全球性的知名度。我们应该保有这股文化的优势，向世界宣扬。

(4) 宗教生活化之因素。人们在虔诚膜拜之余，还想求事业、健康，财运以及婚姻等。妈祖从海神已转变为万能神，有海洋文化的意涵。除了与人们生活有关，另外与高技术的范畴和文化产业接轨。具备文化基因的妈祖将文化精髓带入全新境界，以创造、整顿、精致的概念，推向更高的文化层次，用文化来打造亮丽的妈祖文化城市。

（三）信仰习俗与产业发展之个案分析

人类从最原始的生活习惯，慢慢演进至今，其原始文化特征还是保留在当代的物质生活和精神生活的信俗当中，如民间信仰、民间风俗等都有人类祖先的遗迹，就如妈祖的信俗也是一千多年来累积的文化遗产。1970 年左右，人类发明“微处理器”（microprocessor）引爆了“信息革命”（imformation or computer revolution），托夫勒（Toffier）称之为第三次浪潮（The third wave），预计至 2020 年步入另一个新阶段。英国工党领袖布莱尔（Tony Blair）政府在 1997 年也提文创产业概念①，以往被忽略的文化产业才开始崭露头角。第四次浪潮就是高智慧创意和各种产业结合的时代。文化和产业结合的意旨，意即源自创意或文化积累，透过智慧财产之形成及运用，具有创造经济与就业之潜力，并促进全民美学素养，使国民生活环境提升。既然本文把妈祖信俗文化作为建构文化产业的基轴，作者就列举文化资源和产业结合的案例，作为本文论述的重点。

1. 台湾庙会盛行的妈祖巡回绕境

任何一种文化资源的创意形态，都有其不同的文化意涵，也都具备着它的价值性，借着它本身的主体价值（subject values）与社会需求结合，具体表现与民众之间的聚合关系性。

以大甲镇澜宫每年所推动绕境活动为例，每年所带来的经济效益虽可观，但至少我们发现绕境活动是从技术、市场、环境等因素，如何管理制作与流通/发行内容形式转换来累积（accumulation）有形与无形的经济价值、社会价值、情感。因此，让我们体验出，若能规划一条巡回绕境的嘉年华路线会使巡回绕境更呈现精彩的一面。

2. 杰兮杰舞团创意舞剧《妈祖林默娘舞剧》

该剧主要承袭妈祖文化资源的精髓，企图以舞剧的方式来圆满妈祖真正的精神所在，呈现方式都以传统方式来表达，将民俗宗教祭祀转为世界质感的精致表演。艺术在今日充满民族气息的世界文化艺术潮流中不能只停留在民俗技艺的表演层次，而须以进军国际市场的表演、格局来衬托在地文化的精致性，就如泰国深具东方文化的风格，日本的精致文化。每个国家都有不同的文化风格，往往都是文化产业发展的重要因子。艺术创意的内容与形式要充分反映妈祖民间风俗的各种意象，对日后文化艺术的创意才有

① 尹章中. 亚洲潮流经验——地域化与产业振兴的新课题(2011：2).

一定的贡献。这是妈祖文化艺术的基本面向。妈祖文化艺术的各种表现，对民众生活有其影响及作用，但创作可能受到材料、工艺、实用、功能的制约，于是在理性的审美观念中，产品的实用价值就成为不可忽视的重要因素，当然要让舞剧进军国际市场，丰富、创意的舞剧规划与设计是必要途径。除了现代的舞感之外，不能过分颠覆妈祖的文化精神。

五、结论

1. 研究发现

(1) 妈祖文化结合产业发展要迎合民众的心理需求，才能成为成功的文化产业；

(2) 文化和产业的结合必须着重在产、官、学的一致合作才是制胜的关键；

(3) 文创产业的强力运作与知识产权的保障是否得宜亦是重点；

(4) 妈祖文化活动带动的人潮和商机有其震撼性，但它的持续性和产业内容的规划与设计有待观察；

(5) 文化产业着重在创造力和执行力不能做表面工程。

2. 研究建议

(1) 让文化产业重新走回现代社会中过度机械化的生活里；

(2) 文化产业不只是营销产品及服务的产业，应该透过这些产品及空间本身能够让人感受到妈祖文化精神的存在；

(3) 每年的妈祖文化活动特色展现让妈祖信众集聚于妈祖的故乡做真情的交流，让妈祖的故乡成为世界级的文化城市；

(4) 上海有妈祖文化的信仰，以妈祖文化为主题发展周边产业，让上海有丰富的文化产业内容，以带动上海观光产业的发展。

东海龙歌谣的艺术类型与特定场景

金庭竹*

摘　要： 东海龙的歌谣，是海洋龙文化与东海渔歌的重要组成部分，昔日很少有人涉及此领域。本文在深入调研基础上，对东海龙的歌谣进行了梳理分类，并对某些流传较广并有代表性的龙歌及其发生的场景和艺术特色，进行了分析论证。

关键词： 东海　龙歌谣　类型　场景

中国是崇龙之国，中国人自称为龙的传人。刚巧，2012 年又是龙年。因此，有关龙歌谣的研究很有意义。其实，有关龙的歌谣，几乎全国各地均有流传，但是，俗话说"海为龙世界，岛为龙故乡"。在东海诸岛，千百年来流传着众多龙的歌谣，并赋予海洋色彩和地域特色，可说是类型众多，内涵丰富，独具一格，而且，迄今很少有人涉及此领域，因此很有研究探讨的必要。

据笔者搜集的资料看，舟山龙歌谣的类型有海洋龙渔歌、龙俗歌、祈龙歌、龙情歌、龙灯歌、龙儿歌等，内容涉及东海渔民的渔业生产、渔家风俗、海神信仰、男女爱情、文化娱乐直至儿童游戏等，并且是在特定的场景下进行的。由于东海龙歌大都是无伴奏演唱，或在海上生产和民俗程序中无曲吆喝，一时很难分清是有词有曲的歌，还是有词无曲的谣，故而只能笼统地以龙歌论叙之。以下按海洋龙歌谣的艺术类型与特定场景，作具体的记叙和论证。

一、龙渔歌

东海龙渔歌的特定场景，是在海上生产劳动时，伴随着生产行为的操作

---

* 金庭竹：女，1972 年出生，浙江海洋学院外语系讲师，复旦大学旅游学院研究生院硕士生在读。曾有论文《普陀山旅游资源及其特色》《舟山群岛生育习俗探论》等在《浙江海洋学院学报》上发表。2009 年 6 月，杭州出版社出版了她的第一部著作《舟山群岛海岛民俗》，并列入了《海洋旅游文化丛书》。

程序而进行的。如摇橹时的摇橹龙歌,起篷拉网时的起篷和拉网龙歌,张网打桩时的打桩龙歌等,均是海上渔民的劳动歌,反映海上渔民的生活情趣和豪迈气概。如《摇橹龙歌》:"对拜橹,赛龙舟"。《拉网龙歌》:"东海龙王推倒庄,网儿越拉鱼越旺"等。其中,有几首较为典型的龙渔歌,歌词更加完整而生动。如《撒网龙歌》,歌词曰:

网儿长来网儿巧,网儿飞旋罩海腰。
老头鱼呀胡须翘,黄鱼瞪眼头摇摇。
龙王叫侬来探路,何必生气咕咕叫。
渔家本是海八仙,要侬鱼公作向导。
一走走到龙王殿,龙王叫我坐花轿。
吹吹打打送回来,吓得鱼公网里跳。

这是一首对网作业的捕捞龙歌,表达了东海渔民在捕捞作业时的欢快情绪。在东海张网作业地区的黄龙岛,渔民们在打海底桩时,也要唱龙歌。这首龙歌①是这样唱的:

众人合力扛起"斗",让我后生喊起口。
大"斗"小"斗"一起打,记记打在龙窝头。
龙王闻听有响动,会同龟相讨计谋。
当年猴王来借宝,招待不周苦吃够。
今朝哪路神仙到,神桩打在龙门口。
还是快快把鱼献,免得龙母再发愁。
一记打了又一记,记记打在好桁地。
八路神仙来卫护,四方潮神都到齐。
这块泥啦是好泥,鲳鱼张过有虾皮。
这块地呀是宝地,龙女献鱼入网里。
起"斗"高呀桩打深,鱼穴龙窝网千斤。
神仙难动海底桩,龙王爷爷也尊敬!

这是一首很有海洋特色的打桩龙歌。歌中所指的"斗",是打桩时用的工具,也就是用长木、巨石等捆绑起来的石榔头,俗称为"斗"。这斗十分笨重,在船上未用起网机前是人工操作,要七八个人抬着打,十分费力。

① 参考金涛先生1970年采录本。演唱人,嵊泗县黄龙岛渔民郑保裕,68岁。

为了形成合力，须由一人领唱，众人伴唱，一方面表达了东海渔民企盼丰收的良好心愿，另一方面也是减轻劳累、调剂心情的一种娱乐手段。东海龙歌的这种功能，在海上生产操作中的摇橹、拔篷等渔家龙歌中都得到了同样的体现和运用。它们的特点，一是歌词的内容与行为动作相协调，二是充满了人定胜天的自豪感以及祈神求吉的愿景。但是，也有另一类龙歌，则是反映渔家生活情趣和表达豪爽心情的，风格略有不同。例如《嗨啰唻》。

嗨啰唻！
两只龙角浪里翘，高高低低迎海潮，
船头喝的绍兴酒，船尾放的海底鷂。
翘呀翘来摇呀摇，笛子吹出龙女调。
抲鱼老倌多开心，拳头豁豁踏高跷，
气得龙王掼纱帽，从此不再上早朝。

这首龙歌，字里行间充满着欢乐而又幽默的情调。还有一首叫《龙喷水》的，更加形象生动。歌曰：

一张风篷一枝桅，茫茫大海似翡翠。
船在碧波浪里过，万朵莲花船下睡。
船头好似龙喷水，船尾好像白布堆。
龙子龙孙齐喝彩，擒龙伏虎渔家汉！

听！描绘是如此的传神，比喻是这般的生动，气魄是何等巨大，充分表达东海渔民战天斗海的豪迈心情和对海上航行的衷心赞美。

二、龙俗歌

龙俗歌，又称龙俗仪式歌。它的特定场景，是在海洋民俗的特定仪礼中进行的。如在船的信仰“木龙赴水抛馒头”时要唱龙歌，在生育习俗的“解床”和“满月”时要唱龙歌。在渔家的婚礼仪式中，更有《拜龙王》《送龙王》《抱龙灯》等婚俗龙歌。由于这部分龙歌篇幅较小，其实质是有词无曲的龙谣。以下记叙的则是篇幅较为完整，并且是有词有曲、唱做兼备的龙俗歌。

例如,舟山结婚仪礼中广泛流行的《贺郎调》①。开篇是《摆酒》,唱词中都有龙文化的内涵。歌曰:

日出东方一点红,吃酒客人都走拢。
饭房师傅手灵通,绍兴老酒满壶冲。
头一杯酒敬龙王,龙王坐在龙椅上。
喜看金龙配凤凰,龙王眯眼哈哈笑。
第二杯酒敬龙母,龙母本有菩萨心。
千里姻缘一线牵,感谢龙母大媒人。
第三杯酒敬众人,四邻八眷来贺亲。
吹吹打打真热闹,好比东海龙宫城。

接着是《看嫁妆》。主持婚礼的司仪,也要唱龙歌。歌曰:

唱着龙歌进新房,新房里面看嫁妆。
东边揭开金纱帐,西边摆好龙牙床。
八只笼箱簇簇新,只只笼箱看清爽。
第一只笼箱描八仙,八仙领班汉钟离。
只怪太子多是非,惹得八仙发脾气。
第二只笼箱描哪吒,哪吒本是神仙变。
小小年纪神通大,敢叫龙王把头低。
第三只笼箱描张羽,要和龙女结夫妻。
可恨龙王不识趣,横蛮干涉无道理。
……

这首龙歌从"龙牙床"到"八仙"、"哪吒"、"张羽",直至龙女和龙王,每段唱词都涉及龙的传说和神话,很有艺术性和鉴赏性。其中,按照婚俗程序,当新郎新娘在进新房之前,堂屋里还要进行贺郎游艺活动。此时,贺郎人也要唱龙歌,歌曰:

日落西山月东升,今晚厅堂贺新人。
新郎新娘上位坐,众位朋友两厢听。
长生喜果放满桌,龙灯高悬放光明。

---

① 参考1998年,笔者在嵊泗县菜园镇基湖村采风笔录本。演唱人,基湖渔民陈阿海,65岁。

龙凤花烛多光彩，少年夫妻跳龙门。
第一杯酒敬新郎，新郎开口把酒尝。
今朝洞房花烛夜，早生贵子登龙榜。
第二杯酒凑成双，龙凤相配坐龙床。
两人相对情意深，好比龙女会张郎。
第三杯酒香又香，新郎新娘喜洋洋。
龙王发来贺年帖，来日恩爱万年长。

其实，在舟山，除贺郎歌外，龙俗歌中比较完整的还有渔民造屋时的仪式歌。如在上梁之前，木工师傅要唱《布彩》龙歌。歌曰：

红绿绸缎挂成双，押稳楠木紫金梁。
仙鹤神鹿群起舞，金龙玉凤祝安康。

接着是“上梁”，即把一根根桁条安装到梁架上去。工匠师傅一边干活，一边用酒浇梁，还一边要唱《上梁》的龙歌，俗称《醮梁》歌。歌曰：

九龙山上，出了一根沉香大木。
脑甩万国九州，
根盘五湖四海，
上有凤凰做巢，
下有青龙盘根。
……

此时，有两个工匠出来，用对唱形式接唱龙歌：

（甲）前有五杯酒浇梁，后有五杯浇正梁。
凤凰落在吉祥地，金龙飞来追彩霞。
（乙）金壶酒浇木龙头，代代得福造高楼。
银壶酒浇木龙眼，汛汛鱼发多积财。

接下去是明间脊檩到位，上梁的仪式进入了高潮。此时，木匠领班要头顶糕饼盘，顺着梯子往上爬，一边爬一边唱。歌曰：

脚踩聚宝凤凰地，步踏招财紫金梯。

龙飞凤舞鹤来朝，龙母娘娘把手招。
一阵风来一阵香，龙母娘娘开宝箱。
宝箱内有龙盘糕，下有龙女来接宝。

唱着，木匠工头在梁上抛糕或丢馒头。下面，有年轻的姑娘忙着接喜庆糕饼，即一边“接宝”，一边接唱龙歌。歌曰：

龙女接宝兆吉祥，屋主含笑喜气扬。
上梁喜逢黄道日，宅安人美有福享。

唱完了《接宝》龙歌，上梁的仪式也就结束了。

三、祈龙歌

祈龙歌的特定场景，是东海渔民举行请龙求雨或祈龙求鱼时演唱的仪式歌。其中，一种是《祈龙经》，歌词来自佛教或道教的经典，有《金龙经》《九龙经》《龙王赞》等。另一种是《祈龙调》，歌词是东海渔民即兴创编的。《祈龙调》是在海岛连续遭遇海荒的情况下，去向龙王求鱼时编唱的龙歌。歌曰：

天苍苍、海茫茫，打鱼人得罪海龙王。
三月四月网清水，五月六月断鱼草。
两手空空难回家，急煞老娘泪汪汪。
求求龙王发善心，中秋佳节鱼发旺。
求求龙母多慈悲，救救苦命捕鱼郎。

四、龙情歌

龙情歌是反映海岛青年男女谈情说爱或调情时所唱的龙歌。它的特定场景，是在海上航行时，渔民们为思念家中的情人而表达情爱的龙歌谣。这些龙歌，往往以龙宫故事或龙的特征为比喻，来表达他们相爱之情，故而俗称《龙情歌》。如在海岛流传较广的《夜夜明》龙歌①。歌曰：

① 参考1998年笔者在嵊泗县菜园镇基湖村采风笔录本。演唱人，李阿五，63岁。

（男）俏姐姐，滩头拣海蚌，好比一朵芙蓉花，映在水中央。
我没法子，让伊抬头望望我，唱一曲摇船号，打动伊心肠。
姐姐侬，寻来寻去寻个啥？要勿要我小弟来帮忙。
要我帮忙亦勿难，只要答应事一桩。
（女）摇船郎勿要寻开心，姐姐我龙女穿针句句真。
海滩头，别的东西都勿寻，单寻那龙女失落的“夜夜明”。
“夜夜明”一滚滚到海底里，海底龙潭有得十丈八尺深。
只要侬，寻着龙珠送给我，百样事体可应承。
（男）阿姐哎，叫弟寻弟就寻，一个筋斗翻到龙王屋檐顶。
寻来一颗“夜夜明”送给侬，只要侬今夜亲自来开门。

这首龙歌中的“夜夜明”，是传说中的夜明珠，为东海龙宫的镇宫三宝之一。其实，同样以“夜夜明”为题的，还有一首龙情歌，也富有情趣。歌曰：

（男）妹妹侬，光彩照人，好比龙王宫里“夜夜明”，
情哥我，穿波逐浪，就是那降龙伏鲸的采珠人。
（女）哥哥侬，高大雄壮，好似沧海一蛟龙，
妹妹我，腾云驾雾，跟侬入海闹龙庭。

在东海的龙歌中，除了《夜夜明》，还有一首《月亮晃晃》，也是一首艺术水平较高的龙歌谣。它的特点是巧妙地把《张羽煮海》的神话和现实生活串联在一起。歌曰：

月亮晃晃，海阔洋洋。
琼莲公主听得笛子响，私出龙宫会张郎。
月亮晃晃，海阔洋洋。
对面的情妹听得笛子响，房门背后寻划桨。
月亮晃晃，海阔洋洋。
夜凫听到笛子响，哥妹相会海中央。

五、龙灯歌

龙灯歌，是在海岛渔民为欢庆丰年或喜逢节庆而在舞龙间歇时，由领班人演唱的龙歌谣。这是龙灯歌的特定场景。此时，除演唱者外，旁边还有锣

鼓、二胡、笛子等丝乐伴奏。歌词和曲调因地而异,领唱人亦可即兴创作。龙灯歌的内容,主要反映东海渔民的龙崇拜以及舞龙时那种愉快欢乐的心态。如《东海龙灯歌》,歌曰:

新年到,龙灯锣鼓敲打敲。
龙灯锣鼓敲得好,男女老小齐欢笑。
新龙新年来拜年,带来吉祥和财气。
下海捕鱼鱼旺发,下滩育蛤滩长蛤。
造出木龙闯大海,织出大网光灿灿。
捕鱼老倌好福气,一网会装双满载。
锵咚呛咚锵咚锵,锵锵呛锵呛呛锵!

这首龙灯调是在新年龙拜年时演唱的。另有一首龙灯调,则是在舞龙时,传说吉祥的金龙会给所有的海岛人,包括各行各业、男女老小,都会带来龙的祝福。其歌曰:

新年见新龙,八十老汉耳不聋。
年年舞龙灯,九十婆婆还会穿针孔。
年轻姑娘见头龙,今年招个如意君。
年轻后生见头龙,今年会交桃花运。
读书郎倌见头龙,今年考场跳龙门。
经商老板见头龙,捧回一只聚宝盆。
造船师傅见头龙,木龙赴海多威风。
打鱼老大见头龙,网网有鱼勿落空。
不管啥人见头龙,都能吉祥交好运。

当然,龙的功能并非如此广大,只是人们对龙的企求以及表达良好祝愿而已。

六、龙儿歌

龙儿歌的特定场景是在海岛孩子们做游戏《跳龙门》时唱的儿歌。孩子们一边唱,一边做“跳龙门”的游戏动作。歌曰:

龙门高,侬格龙门几丈几尺高?
三丈三尺高!
再高高?高勿起!
再低低?低勿起!
一个龙门跳过去!
龙门高,侬格龙门几丈几尺高?
三丈六尺高!
再高高?高勿起!
再低低?低勿起!
撒大网,拿大刀,
走进龙门罩一罩,
跳过龙门舞大刀!

演唱结束后,"跳龙门"的孩子作跃龙门的动作。若"跳龙门"的孩子过了龙门,游戏的队形重新排列,另有一小孩去"跳龙门",歌词和动作重复如上。

七、结语

综上所述,东海的龙歌谣,不仅场景独特、类型众多、内涵丰富,而且在歌词的创编中,善于运用拟人、比喻等各种艺术技巧。例如拟人,"老头鱼啊胡须翘,黄鱼瞪眼头摇摇","喜看金龙配凤凰,龙王眯眼哈哈笑"。再如比喻,"船头好似龙喷水,船尾好像白布堆","妹妹侬光彩照人,好比龙王宫里夜夜明。情哥我穿波逐浪,就是那降龙伏鲸的采珠人。"还有夸张,"八路神仙来卫护,四方潮神都到齐","龙子龙孙齐喝彩,擒龙伏虎渔家汉。"尤其是创编者或演唱者,运用了大量的龙宫故事和传说,并把它们编词入调,使之充满了丰富的想像和浪漫传奇色彩。例如海八仙的故事,"第一只笼箱描八仙,八仙领班汉钟离。只怪太子多是非,惹得八仙发脾气。"再如哪吒传奇,"第二只笼箱描哪吒,哪吒本是神仙变。小小年纪神通大,敢叫龙王把头低。"还有张羽的神话,"第三只笼箱描张羽,要和龙女结夫妻。可恨龙王不识趣,横蛮干涉无道理。"

依此论之,东海龙的歌谣不仅是东海龙文化和海洋渔歌中的奇葩,而且具有很高的美学和艺术价值,值得我们进一步探讨研究,使之提升到更高的艺术水准和产生更好的社会效益。

参考文献:

[1] 浙江省民间文学集成. 舟山市歌谣谚语卷. 中国民间文学出版社,1989.
[2] 中国民间文学集成. 浙江省舟山市定海区故事、歌谣、谚语卷. 1988 年内部版.
[3] 中国民间文学集成. 浙江省舟山市嵊泗县故事、歌谣、谚语卷. 1988 年内部版.

台湾现代海洋小说初探

[台] 蒋忠益　[台] 杨淑雅*

摘　要： 近数十年来，台湾海洋文学作品形成文坛一股显学。海洋文学的范围不仅仅局限于海洋本身，还包括描写以海洋为对象的人、事、时、地、物，与海洋相关的素材文学创作。对于台湾海洋文学，我认为除人文部分外，21世纪中国台湾、大陆沿海应是海洋地区性格。台湾海洋文学发展时间，在文坛尚属短时期，由于地理条件优势及人才投入，产出丰富且优秀的作品，将在世界文坛占有一席地位。

关键词： 台湾　海洋文学　海洋小说

台湾四面环海，地理环境，自然条件优秀，加上政治解严，作家们的努力创作，近数十年来，海洋文学作品，仿佛雨后春笋，纷繁并起，形成文坛一股显学。海洋文学的范围不仅仅局限于海洋本身，还包括描写以海洋为对象的人、事、时、地、物，与海洋相关的素材文学创作。文学作品内容包括以海洋、海洋生物与人互动、岛屿、渔村、渔港、渔夫、海岸、海边、海上航海、海上生活、海上故事等为素材的海洋文学作品。因此学者将海洋文学广义地定义为"以海洋文化为创作题材的文学作品"。海洋文学范围相当广泛，文学作品的内涵不仅仅具有文化素材，尚蕴藏许多海洋常识与知识，身为海洋文学研究者或赏析者，在撰述或赏析海洋文化作品时，不可不慎。本文提出个人初浅看法，或可供参考。

一、前言

台湾海洋发展场境有下列几点：

(一) 地理环境因素

生物是否能生存，与环境息息相关，端赖其是否能适应地理环境及气候

* 蒋忠益，台湾高雄海洋科技大学副教授兼基础教育中心主任；杨淑雅，台湾高雄海洋科技大学兼任助理教授。

变化等因素。人类生存与否亦然,有什么样的生活条件,始能产生某种文化;艺文活动的产生与发展,依附于文化而蕴酿,文学是文化的一环,有什么样的文化始能产生什么样的文学。台湾四面环海,这样的海洋地理环境里,当然提供海洋文化的蕴酿与发展的良好场境,势之所趋。有其海洋文化活动终导引出海洋艺人的发展。

(二)环保意识的觉醒

自工业革命以后,造成环境污染,而近百年来,国外环境保护意识抬头,自然生态写作作品陆续发表。近数十年来,台湾因经济发展,工商业发达之下,也因缘内外环境意识影响,本土的自然、生态等写作的作品,逐渐受到重视。随着1987年报禁的解除,以及政治变革、社会运动与经济发展等因素,“海洋”也逐渐由生态观念中逐渐壮大起来。到了1980年代,可以清楚地发现作家的视野已由“陆地”走近“海洋”。

(三)报导文化的出现

台湾自1970年代中期开始,因报导文化的出现,才出现以“海洋”为题材的文学创作,着重在环境意识和生态保育的提倡;中后期开始,部分作家追随当时“乡土文学”以台湾为文学主体的呼吁,渐渐延伸出以海洋为题材的创作;海洋文学作家辈出,海洋文学作品蜂拥而起,一时之间形成文学主流之一。

(四)海洋意识的抬头

另一方面,原住民的寻根过程也成为台湾海洋文学论述中的重要议题,之后更成为汉人寻找海洋文化根源的学习指标,评论者与作家纷纷宣告应脱离(汉人)土地中心主义和中原文化观,以学习台湾原住民族的“山海观”,进入以岛屿和海洋为旨的文学创作中,促成台湾海洋文化丰富的面向。到了1996年,作家作品中出现的“海洋”,已不再是感觉上的书写,而是开始直接以“海洋”和“台湾”作为主体出发,无论是由陆地走向海洋的个人启发,或是藉由海洋历史来思考历史文化的发展,皆扩大了海岛台湾的文化视野。①

二、定义与内容

海洋文学在反映描写海洋的人生,叙述海洋中人与物种生存问题,揭发海洋有关的社会实况、环境变迁与生存问题。海洋文学家对于海洋变迁、海洋生活、海洋生物、海洋生态等,有精辟见识与透彻的体悟,他们透过语言、

① 戴宝村.台湾的海洋历史文化[M].台北:玉山社出版,2011:187.

文字、图照，表达了强烈的情感、丰富的想象，彰明人与物的种种问题。“海洋文学”，从字句里的意义来解释，“海洋为对象的文学”。一般意义上的海洋文学被视为以海洋为对象，或者以海洋文化为主题、素材而创作出的文学；即以海洋文化为背景或以海洋为对象的文学，虽然有人物为题材，但主要内涵是融合于大海里。

海洋文学内容涵盖以岛屿、渔村、渔港、渔夫、海岸、海边、海上航海、海上生活、海上移民、海洋故事等为素材的海洋文学作品。因为海洋文学的范围不仅仅局限于海洋本身，描写以海洋为背景的岛屿、渔村，与海相关素材等的文学创作，也包含在广义的海洋文学中，所以学者将海洋文学广义地定义为“以海洋文化为创作题材的文学作品”。

三、特性与要素

台湾海洋文学概念，可溯及 1975 年《大海洋诗刊》创刊号的创刊词《开拓海洋文学的新境界》中，朱学恕先生提出了海洋的 4 大特性：(1) 多彩的人生，情感的海洋；(2) 内在的视听，思想的海洋；(3) 灵智的觉醒，禅理的海洋；(4) 真实的水性，体验的海洋。

世界上艺文作品众多，能够迈入世界艺文名著之林，必然有其艺文的特色与要素。海洋艺文作品也有海洋艺文作品本身的特色与要素。黄声威教授认为，海洋文艺作品的 4 要素为：精准的海洋知识、对海洋之丰富情怀、对海洋之深刻观察、对海洋之独特体验。

1. 精准的海洋知识。海洋艺文作品创作，素材取自海洋或海洋意象，以海洋、人、海洋生物、环境等为书写对象。凡是优秀的艺文作品创作，必须拥有有形或无形的生命，始有存在价值，所以，艺文作品创作必然有所本。也就是说，创作者本身须具有精准的海洋知识，始能将作品的生命意涵描绘得淋漓尽致生动自在。

2. 对海洋之丰富情怀。海洋艺文作家从事海洋艺文作品创作，以海洋、人、海洋生物、环境等为取材对象，而它们拥有各自独特的语言、行为、形态、互动模式，创作者对于它们具有丰富情怀，才能深入了解它们的感情世界与美学。

3. 对海洋之深刻观察。海洋艺文以岛屿、渔村、渔港、渔夫、海岸、海边、海上航海、海上生活、海上故事等为素材。海洋艺文的范围不仅仅局限于海洋本身，还拓及海洋意象。创作者必需长期深刻观察，才能深刻了解它们的行貌、特征、语言、行为、生活、习性及互动模式。

4. 对海洋之独特体验。对海洋的认知及海洋知识,我们可以透过经常的接触,书本阅读汲取海洋相关知识。优秀的艺文作品创作,作者需要有对海洋之独特体验,才能蕴酿、创造与众不同的优异的作品。

四、基本知识

李辰冬教授说"文学是生活的表现",这是公认的真理。文学既是生活的表现,要想当文学家,就得先有生活,这是培养文学家的最基本工作。如果没有生活,不要说当不成文学家,就是想研究文学或欣赏文学也办不到。古人说行万里路,读万卷书,才能写出好的文章。文学世界中,如厄内斯特·海明威(Ernest Hemingway, 1899—1961)《老人与海》、梅尔维尔(Herman Melville, 1819—1891)《白鲸记》、杰克·伦敦(Jack London, 1876—1916)《白狼》等,是大家耳熟能详的世界名著,著者本身均有丰富的海上生活及人生生活历练,所以创作出不朽的名著。同理,欣赏海洋文学作品或评论海洋文学作品的人,要能深入而且精确地了解、欣赏或评论作品的内涵与精髓,起码应具有基本的海洋知识与素养。兹提供几本海洋知识书籍,或可供读者参考。

1.《人与海——台湾海洋环境》。本书中的文章作者有:方力行、邵广昭、贾福相、李健全、范光龙、郑森雄、戴昌凤、刘康克、陈章波、谢蕙莲、黄生,这 11 位作者都是学有专长的资深海洋生物学家,这 11 篇文章都曾在《联合报副刊》发表。除了海洋科学外,也邀请了 10 位文艺作家、摄影家和美术家,由名诗人痖弦和陈义芝主持,举行了两次别开生面的座谈会。座谈纪录两篇:《海洋与文学艺术》和《海洋与现代生活》。这本书是 1997 年 6 月在台北举行的"台湾海洋环境大会"的纪录,目的是从科学、人文、艺术不同的角度,来讨论海洋环境,提出问题,响起警钟,作成建议,尽其责任,希望为下一代留下一个干净的海。①

2.《大蓝海洋》。瑞秋·卡森(Rachel L. Carson)著,本书主要章节有:混沌初始、日夜生动、季节轮替、阳光隔绝深海、隐藏之地、无尽的雪、岛屿诞生、窥视古海洋、风浪咆哮、行星之流、潮来潮去、世纪冷与热、无穷的宝藏、拥抱海洋。瑞秋·卡森(Rachel L. Carson)《序》:"过去未知的海底世界有许多特点逐一揭露,例如,人们发现某条山脉似乎与其他山脊相连,形成地球上绵延最长、最雄伟的山脉,那就是环绕全球、绵延不断的海底山系。此

---

① 贾福相编.人与海——台湾海洋环境[M].台北:联经出版社事业公司,1998:4-5.

外，人类也发现了隐匿于深海中的洋流，以及流量千倍于密西西比河的面下流。……海洋是生命的源头，创造了生物，如今却受到其中一种生物的活动所威胁，这种情形是多么怪异啊！不过，尽管海洋环境日渐恶化，这片大洋仍将继续存在，而真正受害的，其实是生物本身。”①

3.《海——未知的宇宙》。方力行教授于本书导读《行走在海洋大道上》序文说：“真有趣呀！一本这么大部头的海洋科普文学，遍搜了古往今来有关海洋物理、化学、生物、地质、工程、环保信息的书籍，却用如此多的文人情怀、人文关怀，以及若有似无的科幻想像情节，如缠七彩杂色的丝缕般，糅合在一起，的确给人全然不同的阅读经验。或许作者在写这本书时不自觉地反映了他自己的人生，多彩多姿，充满惊奇，不循旧规，却不虚此行。”②

4.《海洋台湾》。阮义忠先生《序》说：“从本岛的变化面切入。她对史料下的工夫扎实，加上敏锐的观察和生动、准确的描写，把历史和当今现况剪辑成了一部颇具视觉效果的‘纪录片’”。③

主要内容有：南湾舟楫—岛的民族，澎湖潮汐—渔的季节，高雄津渡—港的文明，嘉南湾澳—筏的漂泊，云林沙汕—岸的抗争，花东激流—风的意志，兰阳汀洲—雁的追寻，基隆浊浪—砂的伤痕，淡水洪涛—水的循环，及当地海洋纪事与观海说明，本书让读者更了解台湾的过去与现在演变。

5.《台湾的海洋》。本书序文：自台湾岛由海底诞生谈起，介绍海底地形、地质，海流、潮汐，海洋生物、生态系统、海洋资源及海洋文化，至海洋污染与保育，完整剖析台湾人民与海洋的深切关系。

《台湾的海洋》内含大量色彩缤纷、奇形怪状的海洋生物与海底世界生态的照片，充分满足读者对海洋未知地带的求知欲与好奇心。颇适合初学者了解台湾岛本身及周遭的地理环境、生态环境、生态系统、海洋文化等，一方面可建立基本海洋认知与知识，另一方面了解海洋文学写作、赏析及阅读正确的海洋常识。④

6.《台湾的渔港》。本书导论《台湾为什么有这么多渔港?》台湾渔港有239处，发展的背景为何？重要渔港有什么特色？本书娓娓道来，希望读了这本书之后，不仅对台湾渔港的古往今来有全盘的了解，同时也能掌握台湾主要渔港的特色，渔港风情、海水蓝天、舟船网罟、鱼虾海鲜以及讨海人生

---

① 瑞秋·卡森(Rachel L. Carson)著. 余佳玲，方淑惠译. 大蓝海洋[M]. 台北：柿子文化事业有限公司，2006：11-18.

② 法兰克·薛庆(Frank Schatzing)著. 丁君君，刘永强译. 海——未知的宇宙[M]. 台北：野人文化股份有限公司，2008：8.

③ 尹萍. 海洋台湾[M]. 台北：天下杂志，1993.

④ 戴昌凤. 台湾的海洋[M]. 台北：远足文化事业有限公司，2003.

活，希望民众前往时不要有遗珠之憾。渔港不仅是渔业的基地，也是海洋休闲游憩、海洋知识教育的据点，身为海洋子民，要认识海洋、拥抱海洋就应该先从渔港开始，让《台湾的渔港》告诉大家。

总论：渔港是迎向海洋的起点，也是地区渔业展示窗，从渔港的形态、渔船种类、渔货交易可以清楚描绘当地渔业、渔村的概况。渔港是渔船停泊的“小区”，“渔港小区”的地理环境、大小、设施均不尽相同，“渔港小区”内所停泊的渔船也形形色色，大船小舟应有尽有，渔民生活在其中，这就是渔业的文化。

渔港是大多数渔民工作主要出入口，渔业文化根源与演变场所，是生活凭借所在，所以，欲了解台湾海洋渔民生活，探讨渔村产业文化，探究渔业问题所在，渔港是出发点，也是渔民文化的缩影。①

五、台湾现代海洋文学里有关海洋小说发展概况

台湾海洋文学概念，可溯及 1975 年《大海洋诗刊》创刊号的创刊词《开拓海洋文学的新境界》中，然而，迟至 90 年代以后，台湾才出现以海洋为题材的海洋文学作品；前仍属少数，应该在起步阶段。小说家东年先生于《人与海—台湾海洋环境》中《海洋与文学艺术》一文说：“在台湾，近年来对于海洋文学的创作较为蓬勃，对于这类作品，通常出版家、评论家会冠以‘开启台湾海域’的赞美词，事实上之前已有蛮多的海洋作品，例如‘拒绝联考的小子’吴祥辉多年前就上过近海渔船写东西。在 1986 年沈德荣于《中国时报》发表有关渔船的日记。吕则之写过四本关于澎湖的作品，第一本在 1981 年出版，今年又出版一本；又如王拓的小说《望海巷》。1987 年林耀德也为号角出版社编过两本《海洋小说选》《海洋诗选》，后者选录了痖弦四首海洋诗与刘克襄的《海军少艺尉》，海洋文学的创作事实上一直都有，这些探险家、开拓者在台湾农田的围篱打开了一扇窗口，使我们可以呼吸到有如妈妈的味道的海洋气息。”②

兹就个人目前搜集一些资料，将各类型作家及作品，约略举例说明台湾海洋文学发展概况。

（一）原住民为题材的代表作家及作品

兰屿有夏曼·蓝波安、夏本奇伯爱雅等名作家，以兰屿为取材对象，涉及文化传承、风俗习惯、信仰禁忌。其中，飞鱼季招祭、拼板舟制作，更是其

---

① 黑潮海洋文教基金会.台湾的渔港[M].台北：远足文化事业有限公司，2004：8.

② 贾福相.人与海——台湾海洋环境[M].台北：联经出版社，1998：31.

达悟族文化的重要象征。

1. 夏曼·蓝波安：著作有《冷海情深》《八代弯的神话》《海浪的记忆》《黑色的翅膀》《航海家的脸》《老海人》等作品。

《八代弯的神话》是夏曼·蓝波安于《八代弯的神话》的序文：我以为，初民民族神话故事之流传，有其充分的自然背景及必要的社会条件；而这些便是她的文化世界观、哲学观、价值观等的整体，所以，神话衍引出来的习俗之内涵，绝不是现代人主观意识所谓的“迷信”“荒谬”的；反之，神话故事的消失，即是一个民族文化思维的贫穷。您说呢？①

陈其南先生在《海浪的记忆》序《与海相恋的雅美人》一文：夏曼·蓝波安作为一个雅美“达悟”人，在他的笔下完完全全呈现了一个海洋民族、黑潮之子的本色。透过他的描述，我们更深刻地体会出雅美人对于海的感受与认知，像情人，像恶魔，像母亲，在白天，在黄昏，在夜晚，在狂风暴雨中，在月黑风高里，在繁星点点下，不同深度远近的海洋对雅美之子展现出不同的风貌……夏曼·蓝波安的体验并不只是在于海洋，如果仔细看他透过优越的笔调，描绘鱼的种种，包括鱼类、鱼与女人、鱼与老人、鱼与祖灵、鱼与海、鱼与作者、鱼与语言、鱼与智能、鱼与信仰、鱼与人性、鱼与生活、鱼与刳木舟等，不得不对作者的这些创作打心底里赞叹佩服。即使川端康成对于日本美的刻绘，三岛由纪夫对人性尺度的探索，也不见得比得上夏曼·蓝波安对自己族人生活内心世界与周遭事物的剖析。②

2. 夏本奇伯爱雅：著作有《兰屿素人书》、《三条飞鱼》等。

《兰屿素人书》中《儿时记趣》部分有《芦苇茎驱鬼》《没肉的鱼》《雅美儿童的智慧》《少年与海》等 4 篇小故事。《岛屿生活》篇有《忆国中寒假生活记趣》《天意与努力的结合》《掠过馒头山》《港都夜游记》《关怀病人》《一片小田地》《十年服务的感恩》7 篇小文章。《雅美文化》篇有《大船学校》《数字与方向》《空间观念》《生计与经济》《社会组织》《家庭的沟通与分享》《生命的光圈》7 篇，《我爱飞鱼》篇有《飞鱼季的内涵》《飞鱼季的礼仪》《飞鱼季的禁忌》3 篇，说明了飞鱼是雅美人的最爱。吃飞鱼的文化是祖先设计的，需要子子孙孙继承延续。从这一种文化精神里，可以了解一个渔夫的敬业，以及待人接物的良好态度。况且族人的财富，莫不是由飞鱼文化带来的。

（二）海上生活为背景的作家及作品

1. 基隆有东年：著有《失踪的太平洋 3 号》《落雨的小镇》《去年冬天》《大火》等。长篇小说有《模范市民》《初旅》《地藏菩萨本愿寺》《我是这样说

---

① 夏曼·蓝波安. 八代弯的神话[M]. 台北：晨星出版社出版，1992：20.

② 夏曼·蓝波安. 海浪的记忆[M]. 台北：联合文学出版社有限公司，2002：14.

的：希达多的本事及原始教义》等。短篇小说集被某些评论家赞誉为“数十年来真正开展了中国海洋文学风貌”的长篇小说之一。

《失踪的太平洋3号》这本小说各有不同的评论家给予赞誉，诸如：大陆及台湾海洋文学的先驱、对于整个民族做了深沉的精神分析、由于小说中大幅度闽南语对白或也是战后台湾文学中台语文学的初见和范本。无论如何，还没有一位大陆或台湾作家，潜入那么深广的海洋。①

2. 花莲有廖鸿基在近海渔船上书写渔民。著有《讨海人》《鲸生鲸世》《漂流监狱》《来自深海》《寻找一座岛屿》《山海小城》《海洋游侠》《台11线蓝色太平洋》《漂岛——趟远洋记述》《台湾岛巡礼》《脚迹船痕》《海天浮沉》《领土出航》《南方以南》《环保花莲》《飞鱼百和》等。

海洋文学家说：以渔夫对海洋的热爱，对鱼群的了解，将观察海洋的经验展出，并展开人、海、鱼、鲸的对话，是海洋、渔人、船只、鱼群共同构筑的动人故事。在这些章节中，有小说、有散文，有渔人写实生活的描写，给人亲切贴近的感受；有渔人心灵刻画，含蓄而深刻；有从鱼群的角度进行描写，宛如化身海鱼。也因切入的角度不同，更让读者如实体会讨海人危险、辛苦的工作历程，鱼群鲜少人知的情感心境。②

（三）海上冒险旅游为背景的作家及作品

1. 梁琴霞，著有《航海日记》《一个部落到一个部落》。2000年为《新观念杂志》书写以港口部落风土人情为主的散文《上山去》。

女航海家梁琴霞与一位俄国船长乘帆环游世界写下的《航海日记》记载：1993年4月至1994年8月，与一位俄国船长等，曾经以单艘帆船，由东向西横渡印度洋、大西洋、太平洋……，绕行热带海域，航行一圈五百多天，完成不可思议的环球壮举。旅途中，她首次体会天气的“翻脸”和海上台风的可怕；船过苏伊士运河和巴拿马运河，目睹震撼的场面，亲身印证地理课本上的知识……。本书不只让你感受到惊心动魄的冒险精神，而且海洋景致的壮阔、海中生物的千奇百怪、异地奇特的风俗人情等，都一一透过优美的文字，呈现在你的眼前。人该怎样生活？一趟航行下来，把寻求的过程变成学习的动力。大海就是一本书，打开它，你将融入自然之美，体悟人类的渺小，学会谦卑。

2. 刘宁生，著有《海洋之子刘宁生》等书。1992年以中型“福龙号”帆船完成国人以中型帆船双人横渡太平洋纪录，船程计7 455海里，途中并与中度台风贾尼丝遭遇，历时36小时。1992年底开始进行“2001希望之旅·跨

① 东年.失踪的太平洋3号[M].台北：联合文学出版社，1985：7.

② 廖鸿基.讨海人[M].台北：晨星出版社出版，1996.

世纪航行”的全球环航计划，以两年5个月的时间，完成国人首度以帆船环航世界纪录。目前仍致力于帆船教学与推广海上工作。

3. 曾玲，著有《一个台湾女孩的航海日记》《小迷糊闯海关》《乘疯破浪》《玩出真感情》《大脚丫惊险记》等。

搭乘是远憩休闲，且用豪华的动力帆船，对于海景的描述、航海的心情及航程中或泊港时船里船外所发生的生活故事，曾玲用简易轻松的笔调做了精彩且生动的描述，显见曾玲在浓厚的欢乐休闲气氛下极具用心且敏锐的感受海洋的多样与善变，感受到人或船在海洋怀抱中的相处哲学……这些都隐约让我感知曾玲对海洋执著的感情及相当疯狂的渴望。

4. 黄丽穗，著有《人从旅行中成长》《游走世界学生活》《走，我们坐船去》等作品。其中《走，我们坐船去》一书里谈论自己邮轮之旅的经验、所见所闻及个人感受心得。

（四）渔村生活为背景的作家及作品

1. 黄春明，笔名邱文祺。他的小说表现了对乡土的热爱，以及对卑微的小人物的关怀，是当代颇受肯定的小说家。重要著作有《看海的日子》《儿子大玩偶》《锣》《莎哟娜啦·再见》等。

2. 吕则之，以澎湖渔村为背景书写渔民生活的小说，著有的《憨神的秋天》《荒地》《海烟》《雷雨》《浪潮细语》等。

小说家叶石涛于《海烟》一书序：是以澎湖岛屿为背景描写澎湖居民风土人情的小说，有强烈而深化的本土色彩。小说的主角严密地说起来，并非一群性格、扮相互异的农、渔民，也不是澎湖岛特有的风物景观，而是围绕澎湖周围无所不在的汹涌的海洋。海洋才是这部小说的主角，它是控制澎湖居民的主宰。

3. 蔡素芬，著有短篇小说集《六分之一剧》等。小说情节以台南县七股乡沿海小村落及高雄为背景。①

4. 张放，重要的著作有“边缘人三部曲”《海魂》《涨潮时》《与海有约》；及小说、散文集，如《海若有约》《海若有情》《惊涛》《远天的风砂》《台北第一味》《黑蝴蝶》《荒烟》《无名菊》《山鹰》《走过风雨岁月》《春泥》《梦里不知身是客》《秋风乍起》《走过泉城》《早安济南》《不是过客》《三更灯火》《是我们改变了世界》《望山楼随笔》《腹有诗书》等40余部，均为脍炙人口的力作。

（五）历史故事为背景的作家及作品

台东王家祥以原住民历史故事为背景，书写台湾早期的作品有《关于拉马达仙仙与拉荷阿雷》《山与海》《小矮人之谜》《倒风内海》《鲲人》《窗口边的

① 蔡素芬. 盐田风日[M]. 台北：联经出版事业股份有限公司，1994/2009.

小雨燕》《魔神仔》《文明荒野》《自然祷告者》《打领带的猫》。

(六) 海洋生物为背景的作家及作品

1. 刘克襄,《座头鲸赫连么么》写一座头鲸赫连么么搁浅溯河的故事。

2. 守谷香,《从鲸以后》写网络作家守谷香和鲸豚的深情纪事。

3. 彭于晏,《彭于晏的海豚日记——海豚爱上猫去花莲玩》,写努力成为海豚训练师的 35 天。

4. 蔡伟立,《台湾鲸豚现场》,是不可错过的赏鲸工具书。

(七) 海底经验为背景的作家及作品

1. 吕嘉惠,《湛蓝深海》,作者以一个潜水者在海底世界的经验与体悟,透过美丽彩色摄影照片,将自己到各地旅游海上、海底风光景物及潜水经验记录下来。

(八) 船员家庭为背景的作家及作品

1. 杨小云,著有《水手之妻》《无情海》《痴心井》《她的成长》《女儿心》《我十八岁》《抓紧生命线》《不是雨季》等书。长篇力作《水手之妻》,获大师梁实秋及柏杨极力赞赏。

(九) 海上经验纪实为背景的作家及作品

1. 许正芳,著有《讨海的小孩》等书,故事情节讲澎湖群岛渔翁岛,现在叫"西屿乡",外埯"ㄨㄚ"村。[①]

2. ㄚ彬,著有《船上的 365 天》,是 1983 年底,作者读海专毕业前在船上实习的日记。日记中记载的是一群二十出头的年轻小伙子,在当年政府尚未开放观光护照及役男出国的年代,因缘际会之下,带着好奇与兴奋,随船环游世界的真实故事。

3. 云浩翔,著有《怒涛惊航》,叙说散装船海上发生的故事。

4. 许育铭,著有《讨海》,叙说父亲许国成船长,大量记载讨海生活及火烧船难,海上漂流 19 天求生实录。

(十) 海洋科幻为背景的作家及作品

1. 张嘉骅,著《海洋之书》(谢祖华绘图)。台湾大学中文系副教授,名诗人洪淑苓为本书序《写给海洋之书》:这本书表达了作者的海洋经验与想象,回归大海似乎是作者最大的愿望。譬如《奶奶的瓶中信》,人鱼奶奶看似安徒生人鱼公主的传人,但她对海底世界的怀念实在胜过对人世的爱情的眷恋。你可以说她是"人鱼公主"的平民版本,背后的驱动力却不折不扣是来自海洋的呼唤。同样的,《海豚的影子》中,淑娴和那只海豚的影子也有唇齿相依的亲密感,当淑娴小心翼翼把报纸铺在地上,让海豚的影子印上去,

---

① 许正芳. 讨海的小孩[M]. 台北: 福地出版社,2005.

以便她折迭好带回澎湖老家的海边时，这是多么温柔体贴啊。回归大海，正是这些海洋之子最大的心愿。

（十一）其他

1. 许悔之有《当一只鲸鱼渴望海拜》，兰阳吴永华有《兰阳海岸之歌》《群鸟飞跃在兰阳》《守着兰阳守着鸟》《宜兰地区水鸟资源调查研究》《苏花古道宜兰段调查研究报告》《兰阳三郡动物志》《被遗忘的日籍台湾动物学者》《被遗忘的日籍台湾植物学者》《台湾登山小史》，李潼有《蔚蓝的太平洋日记》等有关宜兰地区的自然生态、历史探查的作品。

其他重要海洋文学大家，如大诗人余光中、郑愁予等作家，时有海洋诗、散文、小说等文学作品，受限于篇幅与时间，无法列举与详加说明，将另文介绍。

六、结论

海洋文学不仅仅是文学而已，在《人与海：台湾海洋环境》里记载小说家东年所说的话：海洋文学还有很多领域是可以做的，如夏曼对于地区神话的研究。当然，一部文学不是单向就可能解释的，海洋文学也不仅是文学的部分而已。以台湾而言，海洋科学家在做一个专题的同时，如能加强与文化整合，会更好些。例如有位作家在南非开普敦大学念的是海洋工程，他在70年代写了本关于超级邮轮的小说，其内容竟然可追溯至“二战”后的历史、整个海洋的律动、生态。[①] 因此，对于台湾海洋文学，我认为除人文部分外，21世纪台湾、大陆沿海应是海洋地区性格。台湾海洋文学发展时间，在文坛尚属短时期，由于地理条件优势及人才投入，产出丰富且优秀的作品，将在世界文坛占有一席地位。

① 贾福相. 人与海——台湾海洋环境[M]. 台北：联经出版社事业公司，1998：32.

从视域融合谈海洋文学的阅读意义

［台］柳秀英*

摘　要：海洋文学在台湾当代的文学创作与研究上，已逐渐受到重视。随着海洋政策的推动，以及注重、倡导海洋教育，“海洋文学”愈加受人瞩目。海洋文学作品记述了人们对于海洋的深层观察与不同文化背景下的生活轨迹，也显现了海洋子民的生活智慧与生命哲学。另一方面，海洋文学作品也揭露了另一个观看世界与生命的视角，因此，笔者希望能透过不同文化视角的比较，彰显海洋文化的特质，并以视域融合的概念，来探讨阅读海洋文学作品的意义。如此，我们能以更宽广的视角，重新检视世界与生命的存在，也使所有的生命都能受到尊重与保护。这样，我们才能真正成为懂得海洋、欣赏海洋、并拥有美丽海洋的海洋民族。

关键词：海洋文学　视域融合　阅读意义

前言

近年来，“海洋文学”在台湾当代的文学创作与研究上，已逐渐受到重视。随着“海洋政策白皮书”（2006）①与“海洋教育政策白皮书”（2007）②的宣告，“海洋文学”更加受人瞩目。然而，对于“海洋文学”的界定，学界至今仍有歧见，有的学者认为现有的相关文学作品只能视为“海洋写作”，而“海洋文学”尚未形成③；有的则认为只要作品内容提及海洋或与海有关的题材，皆可视为“海洋文学”，因此台湾的海洋文学由来已久，甚至可以上溯至1920年代④；或广义而明确地以海洋文化为创作题材来界定作品，如海洋文

* 柳秀英，台湾高雄海洋科技大学基础教育中心副教授。

① “行政院”海洋事务推动委员会. 海洋政策白皮书[M]. 台北：“行政院研考会”，2006.

② “教育部教育研究委员会”. 海洋教育政策白皮书[M]. 台北：“教育部”，2007.

③ 萧义玲. 生命梦想的形成——解读廖鸿基海洋写作的一个面向[J]. 兴大人文学报，2002，32：173－195.

④ 林耀德于1987年编辑的“中国现代海洋文学”套书，包括小说选《海事》、散文选《蓝种子》及诗选《海是地球的第一个名字》，林氏在诗选《海是地球的第一个名字》序文中提到现代诗（转下页）

学作家廖鸿基所言“只要是以海洋文化为创作题材的文学作品，都可以视之为海洋文学。”①有的则从自然写作的角度，认为台湾的海洋文学是1980年代自然写作派兴起后的一个分流支派②，定义“海洋文学就是以海洋为主题的文学；记述海上的活动，生态，以及引发自海洋悸动的文学。”③然而，自然写作易导向于狭义的“非虚构性”自然观察记录，因此，海洋文学虽是以自然海洋为主要的书写对象，然其表现形式范畴实更为宽广，涵纳诗与小说等纯文学的创作，在此，我们不妨采取较广义的角度来界定，“举凡以海洋景观或海洋生物，抑或在海上工作的人为描写对象的文学作品，都可以称之为海洋文学”④。

除了探究“海洋文学”的本质意义之外，笔者认为还应深度阅读海洋文学作品，观察作者不同的思维视角，因为这些以海洋为主题的文学作品，像是廖鸿基的《讨海人》《漂流监狱》《鲸生鲸世》及夏曼·蓝波安的《冷海情深》等作品，或以渔人或生态观察与保育者的角度，或以达悟族对海洋的敬畏崇拜，各自书写他们与海洋的亲密接触与观察体会。读者透过他们的文学作品，可以见识海洋的不同面貌，也可以透过他们对海洋的深层观察，增进自己对海洋的认知，同时从他们的观察中，也揭露了迥异陆地文化的另一种思维视角——在海上，能看到岸上看不到的远山，而岸上的城镇高楼，则被压缩成一道山海间的云烟，因此，在海上拥有与陆地迥然不同的视野。⑤ 透过海洋文学作家们的文学创作，开启我们对海洋的观察窗口，提醒我们“岛国最不缺的就是开阔、深邃的海洋，最不缺的就是轻易便能看见的海边”，否则我们将沦于“生活在一座没有海洋和海边的岛屿”⑥。作家们开启我们从海洋视角去观察世界与生命存在的新视角，因为切入的观察角度不同，因此认

(接上页)人处理海洋题材的方法，一是实写，二是虚写，三是将海洋视为理性思维的对象，四是把海洋当成单纯的道具。虽然林氏认为第四类的作品应排除在海洋诗的范畴之外，但我们从选集作品的内容来看，林氏在选编《海洋文学》的作品时，还是采取了较宽松的标准。参见：林耀德.海是地球的第一个名字[M].台北：号角出版社，1987：14-16.

① 廖鸿基.海洋文学及艺术的使命[A].海洋永续经营[M].台北：胡氏出版社，2003：129-130.

② 简义明.台湾《自然写作》研究——以1981—1997为范围(第五章部分)[D].政治大学中文研究所硕士论文，1997.

③ 黄腾德.从廖鸿基《鲸生鲸世》看台湾的海洋文学[J].台湾人文，2000，4：47.

④ 叶连鹏对于“海洋文学”的定义，有广义及狭义两种，本文所引述者为其广义定义；其狭义定义主张“在广义定义所述之外，更要求作品里必须深刻展现海洋的精神，以及人与海洋生息与共的互动关系”，然此一定义又涉及“海洋精神”的界定问题，故本文仅采用其广义定义。见：叶连鹏.台湾当代海洋文学之研究[D].中坜：中央大学中文研究所博士论文，2006：8-9.

⑤ 廖鸿基.铁鱼[A].讨海人[M].台中：晨星出版社，1996：106.

⑥ 廖鸿基.海边[A].脚迹船痕[M].台北：印刻出版社，2006：31.

知亦有所不同。

笔者希望藉由当代德国哲学诠释学家汉斯·格奥尔格·伽达默尔(Hans-Georg Gadamer，1900—2002)在其巨著《真理与方法》中,所提出的“视域融合”的诠释观点,来探讨文本阅读的目的与意义,再以此观点来探讨海洋文学作品带给读者的阅读意义。

二、台湾海洋文学创作与研究现况概述

“海洋文学”就目前创作与研究的情况,正处于方兴未艾的阶段,且可喜的是作家们的“海洋创作”极其多元,有以地域作为言说者,如原住民的海洋作家夏曼·蓝波安,即是以自身与海洋的接触,进一步思考其部落海洋文化的内涵;有以鲸豚作为言说者,此以廖鸿基为代表,他的作品写出了台湾长年海禁下靠近却又陌生的海洋图像,也描写海中生物,特别是鱼类、鲸豚的生态现象;也有以历史作为言说者,如我们可以从东年的海上生活作品中,窥见作者想要表达的历史、家国及政治的认知观念。而王家祥的作品,透过作品中形塑的人物表现,让我们了解到台湾在海洋、土地、原住民与外来者之间的冲突与征战。此外,还有终身与海为伍的朱学恕与汪启强,两人均为海军将领,长期在海军船舰上生活,他们以诗歌的方式来赞颂伴随他们大半生的海洋。

在台湾诸多以海洋为主题的文学创作中,目前以廖鸿基与夏曼·蓝波安两人的作品,受到较多的关注与讨论。廖鸿基对海洋的书写,是在他30岁之后才开始的,1996年他出版了第一本书《讨海人》,书中结集自1991年至1996年陆续发表的16篇作品。此后,他将与海洋的深情对话,以及对鲸豚的关心守护,都化为文字书写,陆续完成了《鲸生鲸世》(1997)《漂流监狱》(1998)《来自深海》(1999)《山海小城》(2000)《海洋游侠》(2001)《蓝色手札:高高屏海岸心情随记》(2001)《花莲海岸行旅——台11线》(2002)《漂岛:一趟远航记述》(2003)《台湾岛巡礼》(2005)《寻找一座岛屿》(2005)《海天浮沉》(2006)《脚迹船痕》(2006)《领土出航》(2007)《鬼头刀》(2007)《后山鲸书》(2008)《南方以南:海生馆驻笔记》(2009)《飞鱼·百合》(2010)及《漏网新鱼:一波波航向海的宁静》(2011),16年间总共出版了近20部的海洋文学作品,而他的单篇作品《丁挽》及《铁鱼》,分别获得1993年及1995年“《中国时报》散文类评审奖”,《三月三样三》获得1996年“吴浊流文学奖小说正奖”,而收录这三篇的《讨海人》与记录台湾海域鲸豚活动的《鲸生鲸世》,也分别获得1996年与1997年的“《联合报》读书人文学类最佳书奖”,1998年

获得第一届“台北市文学奖文学年金奖”，2003 年获第十二届“赖和文学奖”，2007 年获“九歌年度散文奖”与“新加坡国家图书馆年度好文”奖。他的多篇作品也入选为中学国文课本课文，多部作品也被选为中学生的课外指定读本，可说是现代台湾海洋文学的代表作家。

另一位台湾海洋文学的代表作家，是身为达悟（雅美）族的夏曼·蓝波安，他著有《八代湾神话》(1992)《冷海情深》(1997)《黑色的翅膀》(1999)《海浪的记忆》(2002)《航海家的脸》(2007)及《老海人》(2009)等多部作品，也获得文学界的诸多肯定，其中《冷海情深》获选为 1997 年“《联合报》读书人年度十大好书”，《黑色的翅膀》获得 1997 年“吴浊流文学奖”，《海浪的记忆》获得 2002 年“《时报》文学奖推荐奖”，单篇作品《渔夫的诞生》则获得了 2006 年“九歌年度小说奖”，他个人也获选为 2006 年第 23 届“吴鲁芹散文奖”得主。夏曼·蓝波安的创作内容，除了书写海洋之外，还翔实地记录了达悟族人的生活点滴与传统文化。如《八代湾神话》即是整理与记录达悟族的口传文学；而《冷海情深》则是写出作者在回归兰屿母文化的怀抱之后，觉察出他生命基因中对于海洋的浓烈情感；《黑色的翅膀》则是夏曼·蓝波安的第一部长篇小说，书中藉由四个达悟小男孩对梦想的追求，写出达悟族人在现实生活中所面临的矛盾与冲突；《海浪的记忆》则是以达悟族的语言逻辑来书写故乡情事，同时也写出作者回归原初生命的感动，并深刻思考祖先与族人的生命价值观，进而对比出达悟文化与台湾汉文化的差异。

目前台湾对于海洋文学的相关研究已逐步扩展，除了对于海洋文学作家的个人创作进行分析鉴赏外，对于“海洋文学”本质定义的探讨，也成为聚焦之一，如黄腾德《从廖鸿基〈鲸生鲸世〉看台湾的海洋文学》(2000)、杨政源《寻找“海洋文学”—试析“海洋文学”的内涵》(2002)；或就文学本质探讨海洋散文的特质，如吴旻旻《“海：岸”观点：论台湾海洋散文的发展性与特质》(2005)；或广角度的纵观台湾的海洋文学，如王韶君《台湾海洋文学中的文化视野(1985—2000)》探讨台湾海洋文学作品所呈现的文化现象(2007)。

在博硕士论文方面，博士论文中以现代海洋文学为研究主题的有叶连鹏的《台湾当代海洋文学之研究》(2005)与李友煌的《主体浮现：台湾现代海洋文学的发展》(2010)；以古代海洋文学为研究主题的则有陈清茂的《宋元海洋文学研究》(2009)、陈思颖《清代台湾诗之海洋书写研究(1683—1840)》(2010)与陈宣谕的《李白诗歌海意象研究》(2010)。硕士论文部分，综论海洋文学的有叶连鹏《澎湖文学发展之研究》(1999)、陈佳妏《清代台湾记游文学中的海洋》(2001)、王韶君《台湾海洋文学的发展与文化建构(1975—2004)》(2005)、吴韶纯《台湾现代海洋文学研究》(2005)、林怡君《战后台湾海洋文学研究》(2006)，以及陈胤维《台湾当代渔民文学研究》

(2008);个别作家作品的研究,则集中于廖鸿基与夏曼·蓝波安两位作家,有伍寒榆《洄澜海洋·绿鲸岛屿——廖鸿基海洋书写研究》(2004)、李佩琪《海洋作为认同的场域——从廖鸿基及夏曼·蓝波安作品探究其认同与实践》(2005)、吴志群《廖鸿基海洋书写研究》(2005)、简晓惠《夏曼·蓝波安海洋文学研究》(2007)、林宗德《消弭海/陆的界线——论廖鸿基作品中海洋文化的思想体系与美学实践》(2007)及王靖丰《海洋文学作家廖鸿基作品之研究》(2007)等。从期刊与研究论文篇数的逐年增加,我们可以了解海洋文学已逐渐成为台湾学界研究与关注的议题。

三、视域融合的诠释观点

西方“诠释学”(Hermeneutik)的历史久远,最初是为了正确解读《圣经》中上帝的语言,因“诠释学”一词源于希腊神话中诸神的信使赫尔默斯(Hermes),主要掌管沟通与交流,是天上诸神与人间沟通的桥梁,透过他的传达,向人们传递诸神的讯息和指示,因此诠释学的原初发展,即是提供正确理解与解读《圣经》的方法或技术,遂发展出神学诠释学;而后,将此一理解与解释的学问运用于法律及法典方面,即发展出法学诠释学;到了19世纪,经由德国哲学家弗里德里希·施莱尔马赫(Friedrich Daniel Ernst Schleiermacher, 1768—1834)的努力,将诠释学普遍运用于人文科学的意义探讨上,因而扩大了诠释学的应用范围,使诠释学成为一门关于理解与解释的方法理论。威廉·狄尔泰(Wilhelm Dilthey, 1833—1911)则在施莱尔马赫的基础上,将诠释学导向生命哲学的方向思考,也使诠释学成为人文科学方法论的基础。而德国哲学家马丁·海德格尔(M. Heidegger, 1889—1976)则是使诠释学由方法论转向为本体论,使诠释学转变成为一门哲学。伽达默尔则师承海德格尔,将诠释学发展为兼具理论和实践双重任务的实践哲学。[①]

“诠释学”基本上是指对于人文科学作品(文本)的理解与解释。怎样理解与解释才算是对于作品(文本)的正确解释呢?甚至我们应更进一步思考,理解作品(文本)的究竟目的意义为何?而后者似乎才是我们阅读文本的真正目的之所在。狄尔泰导向生命哲学的诠释学观点,改变了施莱尔马赫诠释学以了解作者个人心灵状态为要的诠释目的,使阅读文本的目的,更

① 洪汉鼎.译者序言[A].真理与方法——哲学诠释学的基本特征[M].台北:时报文化,1993:17-18.

扩大深入地去探求"人的生命"，这也是海德格尔诠释理论的基础——艺术作品之所以成为艺术，是因为真理在其中运作，所以，诠释理解一个文学作品，就是将带我们回去真正的自我或事物的真正存有里。伽达默尔承继了这样的看法，认为"透过理解或领会的作用，人得以在艺术、历史、语言中掌握真理的开显。理解有其超越的向度。在艺术品中，我们透过感觉，走出感觉，掌握共相，而后达致自我理解，并在具体作品中体现了共相。同样，历史也是人自我走出而后达成自我理解的一种方式。……最后，一切传统中最珍贵的传统是语言的传统，语言既彰显人的有限，同时亦呈现存有的无穷。存有的开显，即为语言。"①因此，理解诠释作品（文本）的究竟目的，应是使生命在理解诠释的过程中，经由"走出"而后"自返"的交互辩证来开显真理，个体生命也就在这样的经历里，达到自我的提升与超越。

伽达默尔认为在理解诠释作品时，我们是先立足在既有知识与传统形式所形成的理解视野——"视域"（horizon）。伽达默尔解释"视域"说：视域就是看视的区域（Gesichtskreies），这个区域囊括和包容了某个立足点出发所能看到的一切。把这运用于思维着的意识，我们可以讲视域的狭窄、视域的可能扩展以及新视域的开辟等。② 所以"视域"不是封闭的，伽达默尔认为视域会随着人的活动而有所变化的，他说"视域其实就是我们活动于其中并且与我们一起活动的东西"③，而当我们意识到他人不同的处境，或不同的质性，或异于己的视域存在时，这时我们把自己置身于他人的处境中，那么我们就会理解他，也才能理解他人不可消解的个性。伽达默尔并说明：这样一种自身置入，既不是一个个性移入另一个个性中，也不是使另一个人受制于我们自己的标准，而总是意味着向另一个更高的普遍性提升。这种普遍性不仅克服了我们自己的个别性，而且也克服了那个他人的个别性。"视域"这个概念本身就表示了这一点，因为它表达了进行理解的人必须要有的卓越的宽广视野。④ 因此，伽达默尔主张"理解"就是"一些被误认为是独自存在的视域的融合过程"⑤，"在理解的过程中，产生一种真正的视域融合"⑥，所以，人们可以透过理解诠释作品（文本），让自己的"视域"扩展，并通过"视域融合"的过程，使自我不断提升超越。

---

① 沈清松．真理与方法导读[A]．真理与方法——哲学诠释学的基本特征[M]．上海：上海译文出版社，1999：10.

② 伽达默尔．真理与方法——哲学诠释学的基本特征[M]．上海：上海译文出版社，1999：395.

③ 伽达默尔．真理与方法——哲学诠释学的基本特征[M]．上海：上海译文出版社，1999：398.

④ 伽达默尔．真理与方法——哲学诠释学的基本特征[M]．上海：上海译文出版社，1999：399.

⑤ 伽达默尔．真理与方法——哲学诠释学的基本特征[M]．上海：上海译文出版社，1999：400.

⑥ 伽达默尔．真理与方法——哲学诠释学的基本特征[M]．上海：上海译文出版社，1999：401.

四、海洋文学的阅读意识

伽达默尔认为个体生命在透过"视域融合"的理解过程,"走出—自返"来开显真理,提升自我。而面对浩瀚的海洋,个体生命清楚地意识到自己犹如"沧海一粟"般渺小有限,这也是一种"走出—自返"的反思过程。海洋文学家们透过近身观察与体验海洋的存有方式,直接逼视生命存在的本来面貌。因此,透过阅读他们的文学作品,我们看见了作者深刻的生命反思与存在感受,因而也感受到生命存在的意义与价值。在作品中,海洋文学作家展现了他们的"视域",也为读者们开展出不同的人生视野。兹分析于下。

(一)陆权思维与海洋思维的视角差异

小说家东年在1997年的"台湾海洋环境大会"上表示:"由于海禁与以北方民族为主流的历史观,却把海洋民族的文化给压抑了,在台湾,我纳闷的是这样一个四面环海的岛上人民,竟然对海洋几乎毫无概念,忘了自己是一个海洋民族。"①阮义忠在《海洋台湾》一书的序言里,也谈到他虽然从小在海边长大,但是他的爸妈像大部分的父母一样,"禁止我们到那十分钟之内就可以走到的海边去玩。从小我们就从大人们那里感染到对海洋的畏惧。岛国心态的封闭性似乎伴着我们一起长大。……直到现在,坐船依然被许多长辈视为大凶之事,虽然几代之前的祖先都是渡海而来。"②龙应台在《面对大海的时候》一文中,也提及由于台湾人民受到戒严时期的制约影响,使得台湾人民不是歌颂大海、面对大海、拥抱大海,而成为了背对大海、面向内陆的人,习惯于内陆思维的台湾人,"对大海的印象很少是明媚的椰子林、艳丽的珊瑚礁、纵身大浪的舒坦狂放;比较多的是:节制与恐惧。对大部分的人而言,大海意味着自由、机会、创造、资源、力量,海阔天空的万种可能。靠海的港都万商云集,或是纵横天下。对二十世纪的台湾人而言,大海,却象征着隔绝与孤立,危险和威胁。"③身在海岛,却被教育成畏惧海洋,远离海洋,所以,在很多人的认知里,海洋异常遥远。廖鸿基曾感叹台湾人民对海洋的陌生与疏离:好几次播放海边拍的照片给当地朋友看,发现大部分人不认得他们的海边。……大家都离开海边,离开记忆的海边。……曾听一位大学生说,他从来不知道、也不觉得台湾是座海岛。……没有海

---

① 贾福相.人与海——台湾海洋环境[M].台北:联经出版社,1998:30-31.

② 阮义忠.在海边长大(序二)[A].海洋台湾[M].台北:天下杂志,1993:Ⅵ-Ⅶ.

③ 龙应台.面对大海的时候[A].面对大海的时候[M].台北:时报文化,2003:35-36.

边，我们像是生活在被绿洲围着的沙漠、被春天包围着的冬天。①

因此，尽管我们居住在海岛上，但我们的思维是陆权思维，我们已经习惯用陆权思维为观察视角，所以，我们从陆权观点来看海岛，总认为岛国土地狭小，因此揣测岛屿居民难免气度狭隘。但是，廖鸿基提醒我们转换视角："岛屿最不缺的就是开阔、深邃的海洋，最不缺的就是轻易便能看见这些的海边。"②由海岸回望内陆，所见的是岛屿地狭人稠，以及人际之间激烈竞争的紧张关系；由海岸眺望海洋，所见的则是闳深浩瀚，生命跃动的蓬勃气象。廖鸿基说：海滩是我从旧世界向往新领域的边界。来到这边界，打开门窗，走出去，就能看见鱼的悠游，看见鸟的自在。③

旧世界是陆岸，新领域是海洋，虽然陆岸稳固，然而纷扰；虽然海洋漂泊，但是单纯，廖鸿基以鸟笼为喻，说："笼里的安定与笼外的自由，面对的是不同的报偿及代价。发现身体在受苦，但心里往往因而平静。"④陆权思维让我们看见海洋的动荡不安与漂泊不定，让我们不敢跨出脚步，走向海洋。而廖鸿基以他的经验告诉我们：海洋设了门坎，跨过去的，才看得到她一点一滴释放的美丽。……必须承受源自陆地惯性渴望安定的诱惑，必须再次接受颠簸的折腾，才可能等到她敞开了胸怀。⑤

当廖鸿基跨过海洋门坎，听见大海的声音，从海洋视角返视陆岸人世时，调整了看待世事的角度，他说："自觉渺小：人的渺小，人世的渺小；当我得以从大世界回头看待小世界，让我对原本十分挫折的人世态度有了很大的转变。"；海洋也教导了应时处顺的生活哲学，他说："海洋教会我懂得把握，当一波高潮来临，她要我准备好顺浪冲刺；低潮时，她教我握紧舵柄，谨慎跨越一峰峰浪褶。"就在海与陆的视角转换下，他说："海洋怀里，我航历一个新世界，并回头以过去不同的角度重新看待旧世界。出航、返航，一次又一次的探索，并不一定能够更了解海，但相当确定的，一回头，得以不同角度、不同视野，更清楚的看见岛屿，看见自己。"⑥廖鸿基藉由不断地出海及返航，来观察自我、观察生命，并学习海洋智慧。因此，我们在熟悉、习惯，甚至是僵化于陆权思维之余，也应该要积极开启海洋视角，学习并建立海洋思维。

（二）从海洋视角认识多元文化的意涵

台湾海洋文学的代表作家之一的夏曼·蓝波安，他是台湾原住民族中

---

① 廖鸿基. 海边[A]. 脚迹船痕[M]. 台北：印刻出版社，2006：27－29.

② 廖鸿基. 海边[A]. 脚迹船痕[M]. 台北：印刻出版社，2006：31.

③ 廖鸿基. 脚迹船痕[A]. 脚迹船痕[M]. 台北：印刻出版社，2006：285.

④ 廖鸿基. 脚迹船痕[A]. 脚迹船痕[M]. 台北：印刻出版社，2006：282.

⑤ 廖鸿基. 脚迹船痕[A]. 脚迹船痕[M]. 台北：印刻出版社，2006：292.

⑥ 廖鸿基. 脚迹船痕[A]. 脚迹船痕[M]. 台北：印刻出版社，2006：290，294，296.

的达悟(雅美)族人。我们可以从他的创作中,认识生活在兰屿岛上的达悟族人的思想、文化与信仰。夏曼·蓝波安曾因求学与工作离开兰屿,之后经历一场严肃的自省,他决定返回兰屿。曾摆荡在达悟族文化与汉民族文化之间的他,经由"走出—自返"的过程,使他对于自己的母体文化,更加认同。他说:"我深深体会到,有很多智慧是从生活经验累积下来的,而生活经验如是一群人共同努力建构的话,那便是文化。"①达悟族的生活信仰与海洋息息相关,海洋开启达悟族人的生活,也丰富了他们的生命与文化。夏曼·蓝波安描述达悟族人的生活:达悟人美天早上醒来,第一件事情,就是看海,不论是哪个季节的海,不论是男人,还是女人,老人亦或是小孩全都如此。而海浪的天气很好,海浪的表现在眼前的景象不好,海浪的脉动恰好是出海船钓的好日子等,这是语法,是达悟人天天挂在嘴边的话。②

"海"仿佛是达悟族人生命的主导,因此他们敬畏海洋,敬畏海洋里的生灵。孙大川便评断认为大海是达悟人伦理秩序的根源,而飞鱼信仰,亦根源于海洋,他说:对于达悟人来说,他们重要的伦理秩序,大都来自大海的启示。飞鱼是大海逻辑的使者,它教导达悟人如何分类?如何祭祀?如何生活?如何与人相处?又如何与大自然互动?说达悟人的伦理是飞鱼的伦理,是一种典型的海洋文明,应该不会是太过分的评断。③

曾在兰屿行医的布农族医师拓拔斯·塔玛匹玛,在观察达悟族的招飞鱼祭仪之后,他与布农族的平安祭祀作了比较,他说:兰屿岛人每年一次招飞鱼的祭仪,而且也是招平安。听来好像布农族的祈求小米丰收及族人平安的祭祀,只是海洋及森林的差别,他们的生命几乎已溶入海水里,尊敬海洋,非常自然地生活在达悟人之岛。④

达悟人除了尊敬大海,同时也敬畏大自然一切存在。夏曼·蓝波安从长者的坚持,了解了达悟文化中的崇敬信仰,他说:当你越是潜水射鱼的高手时,你的渔获就会越少,因你会选择你要的鱼而不是滥射。当你越是了解老人们的固执时,你就越是敬畏大自然的一切神灵,你就有义务为山林的树木祈福。⑤

---

① 夏曼·蓝波安.自序——关于冷海与情深[A].冷海情深[M].台北:联合文学出版社,1997:12.

② 夏曼·蓝波安.原初丰腴的岛屿——达悟民族的海洋知识与文化[D].新竹:"清华大学人类学研究所"硕士论文,2003:7.

③ 孙大川.大海的逻辑[A].希南·巴娜妲燕.飞鱼之神[M].台北:新自然主义,2003:13.

④ 拓拔斯·塔玛匹玛.我不吃偷来的鱼[A].兰屿行医记[M].台中:星辰出版社,1998:137-138.

⑤ 夏曼·蓝波安.敬畏海的神灵[A].冷海情深[M].台北:联合文学出版社,1997:95.

当族中长者提醒他:“孩子,在海里看到奇形怪状的鱼类,最好不要伤害他们,因为他们的灵魂比正常的鱼来得有灵性。”这些言语听在一般轻鄙原住民文化者的耳中,定会斥为是传统的“迷信”,然而夏曼·蓝波安却从中领悟出这是了达悟文化中的可贵传承,他说:原来所谓的“迷信”是维系社会之秩序,平衡生存环境之生态,保持与自然界共存共依之亲密脐带,是教育下一代相信宇宙有“灵”的信仰。①

当夏曼·蓝波安看到父亲虔诚地参与招飞鱼祭仪后,他自省地返回达悟族多神信仰,也看到达悟文化的智慧。他写道:当他在招飞鱼祭祀作仪式时,父亲的神情犹如教宗主持午夜弥撒,那样的神圣。于是,我抛弃了曾在城市文明生活的机制,不以西洋文明之发达质疑族老们的灵观(Animism),不以一神论否定原始信仰的存在。父亲在山里曾对我说:“我们雅美人的食库是自然界,别太相信书本(指科学),因为它是破坏自然生态的元凶。”②

这是夏曼·蓝波安“走出—自返”历程的经验分享,而当我们在阅读他的创作,遇见了兰屿文化,遇见飞鱼的时候,不妨“自身置入”,将既有的成见转换成达悟族的“视域”,如此才能认识接纳不同的多元文化,使自己的“文化视域”更为宽广。

（三）从海洋视角尊重欣赏多元的生命存在

从海洋的角度,所有生命存在的价值是齐等的,海纳百川,“海洋是个没有门的领域”③,任何的生命存在都是该被尊重的,但是人们惯常以“万物之灵”的角色自居,错误地认为“天生万物以养人”,误以为人类可以主宰地球上的所有资源,因此蔑视其他生命的存在,甚至以伤害、凌虐动物为乐,而这类的新闻却屡见不鲜,显现出我们生命教育仍有待努力。

然而,当我们脱去“万物之灵”的冠冕,改以海洋视角来观察海中的生命存在时,我们便会了解任何生命存在都有其可贵之处。范钦慧在采访廖鸿基与巨大物种——杀人鲸接触的经验时,廖鸿基提到杀人鲸(虎鲸)“它们一直冲向我们,几乎要碰到;但是它们就在船边表演了各种动作,整个过程都没有碰到我们。我觉得它很高贵,与杀人鲸接触的经验让我非常感动……”也从这样的接触经验,领悟到“只要我们再跨出另一个领域,用不同的角度来看待自己,绝对有不同的收获。”④范钦慧在采访后也心有所感地写道:任

① 夏曼·蓝波安.浪人鲹[A].冷海情深[M].台北:联合文学出版社,1997:139.

② 夏曼·蓝波安.浪人鲹[A].冷海情深[M].台北:联合文学出版社,1997:140.

③ 廖鸿基.讨海人[A].讨海人[M].台中:晨星出版社,1997:48.

④ 范钦慧.季节物语[A].与自然相遇的人[M].台中:晨星出版社,2001:14.

何物种在它生存的环境中,都能充分展现出生命原有的尊严;而一个多元价值的时代,就是要学习如何跟不同的生物和平相处。①

夏曼·蓝波安在融入兰屿的传统文化之后,他深刻感受到雅美人"泛灵信仰"的影响,他"便相信了大自然之一切有生命的生物都有'灵的存在',是一种超乎自然的存在"②。当夏曼·蓝波安不以猎物来看待距离他仅有一公尺的特大浪人鲹,而改以欣赏的角度时,他写道:这一潜是准备欣赏他雄壮的美,与他做灵魂里的朋友……我趴在他身边,企图与他建立良好的友谊,十秒、二十秒、三十秒、四十秒……终究我可以在海里憋气一分半钟左右,慢慢欣赏,从头到尾巴,背鳍到腹部,这真是最美的一刻,对我而言。③

朱光潜在《我们对于一棵古松的三种态度——实用的、科学的、美感的》一文中,曾提到审美的观照须是去除实用性与知识性,要以直觉的审美方式,才能欣赏到事物真正的美。④ 所以当我们能抛开功利的角度,以直观的方式来看待生命存在时,我们便拥有更宽广的视野,也才能真正看到天地的大美。王绪昂在他《台湾鲸豚与山林动物的观察纪实》里,记述难以捉摸的海中天使——海豚时,他说:它们不只是生命!当我数度在渔港里看到因误捕而被买卖的海豚,在剩下最后一口气,嘴角却仍挂着微笑时。像侠士赴义前所拥有的从容,它的笑容,带着嘲弄的意味;它的眼神,存在着些许对人类轻视。它以最消极的方式,来抗议人类对环境的破坏,与对其他生命的迫害。它们不只是生命!当它们深潜入海中,继续保有其特有的神秘特质时,让我们自知智慧的有限,而懂得谦逊。并经由开始反省,而能尊重大自然,进而尊重其他的生命。⑤

人类最可怕的错误思维,就是将外在的事物、现象视为理所当然,一切想法判断皆以自我为中心。然而在生命存在的观察中,我们也应时时变换观察的视角,随时调整自己的高度与角度,这样我们才能去除自矜自满、高傲自大的人类沙文主义思想,从中去欣赏、学习其他生命存在的美感与智慧。

五、结语

国人长久以来,承袭了"以陆观海"的陆权思维,因此对海洋的认识不

① 范钦慧.季节物语[A].与自然相遇的人[M].台中:晨星出版社,2001:15.
② 夏曼·蓝波安.大魟鱼[A].冷海情深[M].台北:联合文学出版社,1997:183.
③ 夏曼·蓝波安.无怨……也无悔[A].冷海情深[M].台北:联合文学出版社,1997:218.
④ 朱光潜.谈美[M].台北:国文天地杂志社,1990:9-15.
⑤ 王绪昂.海豚超越生命[A].在鲸的国度悠游[M].台中:晨星出版社,2003:64.

足，因而产生畏惧海洋、远离海洋的错误心态与认知。笔者希望藉由伽达默尔诠释学“视域融合”的观点，来省思阅读海洋文学作品的意义，发现以海洋视角来观察生命存在，是有其意义与价值的，因为海洋视角能转换并扩大吾人观看世界的面相，并能使我们认识多元文化的意涵，而且从海洋视角去看待生命存在，所有生命存在的价值都是齐等的。而这样的视域开展与思维模式，应是吾人在观察思考生命时，应该学习的。如果我们能以宽广的海洋视角重新检视，使自我生命有所提升与超越，使所有的生命存在都能受到尊重与保护的话，那么，我们才能真正成为懂得海洋、欣赏海洋、并拥有美丽海洋的海洋民族。

参考文献：

[1] 东年. 失踪的太平洋三号[M]. 台北：联合文学出版社，1998.

[2] 范钦慧. 与自然相遇的人[M]. 台中：晨星出版社，2001.

[3] “行政院海洋事务推动委员会”. 海洋政策白皮书[M]. 台北“行政院研考会”，2006.

[4] 黄腾德. 从廖鸿基《鲸生鲸世》看台湾的海洋文学[J]. 台湾人文. 2000(4)：47－61.

[5] 简义明. 台湾“自然写作”研究——以一九一八——九九七为范围[D]. 台湾：政治大学中国文学研究所硕士论文，1997.

[6] “教育部教育研究委员会”编. 海洋教育政策白皮书[M]. 台北：“教育部”，2007.

[7] 康德著，苗力田译. 道德形而上学原理[M]. 上海：上海人民出版社，2002.

[8] 廖鸿基. 脚迹船痕[M]. 台北：印刻出版社，2006.

[9] 廖鸿基. 鲸生鲸世[M]. 台中：晨星出版社，1998.

[10] 廖鸿基. 漂流监狱[M]. 台中：晨星出版社，1998.

[11] 廖鸿基. 讨海人[M]. 台中：晨星出版社，1997.

[12] 林耀德. 蓝种子[M]. 台北：号角出版，1987.

[13] 邱文彦编. 海洋永续经营[M]. 台北：胡氏出版社，2003.

[14] 区纪复. 简朴的海岸[M]. 台中：晨星出版社，2000.

[15] 拓拔斯·塔玛匹玛. 兰屿行医记[M]. 台中：星辰出版社，1998.

[16] 王诺. 欧美生态文学[M]. 北京：北京大学出版社，2003.

[17] 王韶君. 台湾海洋文学中的文化视野(1985—2000)[J]. 文学台湾. 2007(62)：243－274.

[18] 王绪昂. 在鲸的国度悠游[M]. 台中：晨星出版社，2003.

[19] 吴旻旻. “海：岸”观点：论台湾海洋散文的发展性与特质[J]. 海洋文化学刊. 2005(1)：117－146.

[20] 希南·巴娜妲燕. 飞鱼之神[M]. 台北：新自然主义出版社，2003.

[21] 夏曼·蓝波安. 八代湾的神话[M]. 台中：晨星出版社，1992.

[22] 夏曼・蓝波安.海浪的记忆[M].台北：联合文学出版社,2002.

[23] 夏曼・蓝波安.航海家的脸[M].台北：印刻出版社,2007.

[24] 夏曼・蓝波安.黑色的翅膀[M].台中：晨星出版社,1999.

[25] 夏曼・蓝波安.冷海情深[M].台北：联合文学出版社,1997.

[26] 夏曼・蓝波安.原初丰腴的岛屿——达悟民族的海洋知识与文化[D].台湾："清华大学人类学研究所"硕士论文,2003.

[27] 萧义玲.生命梦想的形成——解读廖鸿基小说的一个面向[J].兴大人文学报.2002(32)：173-195.

[28] 杨政源.寻找"海洋文学"——试析"海洋文学"的内涵[J].台湾文学评论.2002,5(2)：147-159.

[29] 朱光潜.谈美[M].台北：国文天地,1990.

清明节缅怀姜彬先生

由上海社会科学院民俗与非物质文化遗产保护中心、上海社会科学院文学所民俗学研究室、上海社会科学院民俗学专业研究生倡议的清明节缅怀姜彬先生活动于 2015 年 4 月 6 日上午在上海青浦福寿园姜彬先生墓前举行。姜彬先生是中国现代民俗学的学术先驱、海派民俗学的奠基人、首任上海社会科学院文学研究所所长。来自上海社会科学院、华东师范大学的老师和同学们共同参与了此次纪念活动。 摄影 游红霞提供

城市文化研究

民间信仰、社会治理与公共文化建设

——以上海市三林镇西城隍庙会为例

黄江平*

摘　要： 中共十八届三中全会指出，要创新社会治理体制，改进社会治理方式，要“加快形成科学有效的社会治理体制，确保社会既充满活力又和谐有序”。民间信仰是民众情感、观念表达的一种方式，具有非官方、非组织化特征。如何通过改进社会治理方式，引导民间信仰与社会主义社会相适应，利用民间信仰中的积极因素，为繁荣和发展社会主义文化建设服务，已经成为当下社会不可回避的重要问题。本文尝试从社会治理的角度，结合上海三林镇西城隍庙会活动，探讨民间信仰的社会治理问题。

关键词： 上海　民间信仰　社会治理　公共文化建设

民间信仰是传统文化的组成部分，近年来在活跃社区文化，促进经济发展，提高地区影响力，打造旅游文化品牌等方面发挥了积极作用。但是，民间信仰在当代中国一直面临着“合法性”问题的困扰。民间信仰既无法拥有制度性宗教的“合法”权利，也无法获得类似社会组织性质的身份认定。在社会管理方面缺乏相应的政策法规和行之有效的管理制度，不少地方在民间信仰问题上或者对群众开展正常信仰活动引导不够，漫不经心，或者对消极落后行为监管不力，听之任之。中共十八届三中全会指出：要创新社会治理体制，改进社会治理方式，要“加快形成科学有效的社会治理体制，确保社会既充满活力又和谐有序”。这就为我们通过改进社会治理的方式，加强对民间信仰的管理指明了方向。本文尝试从社会治理的角度，结合上海三林镇西城隍庙会活动，探讨民间信仰的社会治理问题。

一、从“管理”到“治理”，释放社会活力

20世纪90年代，当代西方政治学家、社会学家在西方社会实践的基础

---

* 黄江平，女，上海社会科学院文学研究所民俗学研究室主任，副研究员。

上,对传统治理理论进行了重新建构,提出了许多新的界定。治理理论的主要创始人詹姆斯·罗西瑙把治理定义为一系列活动领域里的管理机制,它们虽未得到正式授权,却能有效发挥作用。与统治不同,治理是指一种由共同目标支持的活动,这些管理活动的主体未必是政府,也无须依靠国家强制力量来实现。他认为,治理"既包括政府机制,但同时也包括非正式、非政府的机制,随着治理范围的扩大,各色人和各类组织等得以借助这些机制满足各自的需要,并实现各自的愿望"。① 强调的是治理主体的多元化、网络化。与詹姆斯·罗西瑙治理理论阐述角度比较接近的是辛西娅·阿尔坎塔拉的观点,她认为治理"是在众多不同利益共同发挥作用的领域建立一致或取得认同,以便实施某项计划"。② 在多元化、网络化的基础上,强调行为主体互动化。多元化、网络化、互动化无疑是治理理论的核心概念。但是,治理的多元化、网络化、互动化是要在政府放权的基础上才能够实现。因此,有学者把治理理论涉及的主要核心问题归结为"权力分散、主体多元、结构网络化、过程互动化等"。③

改革开放以来,中国的社会管理经历了一个从传统的社会管理到现代社会治理的演变的过程。从中共十四大确立社会主义市场经济作为我国经济体制改革的目标之后,改变计划经济体制下政府大包大揽的管理模式,强化政府社会管理职能就成为社会管理工作的新要求。2004 年,中共十六届四中全会正式提出推进社会管理体制创新,"建立健全党委领导、政府负责、社会协同、公众参与的社会管理格局"。确立社会管理主体多元化的社会治理思想。中共十八大提出"加快形成党委领导、政府负责、社会协同、公众参与、法治保障的社会管理体制"。强调在社会治理过程中法制保障。十八届三中全会又同时提出"推进国家治理体系和治理能力现代化"和"使市场在资源配置中起决定性作用"两个重要命题,明确表明在解放生产力的同时,要创新社会治理体制,释放社会活力。

民间信仰是中国民众普遍的信仰方式和信仰需求,信众广泛,涉及社会各个阶层。民间信仰体系庞杂,内容丰富,触及社会生活的各个方面,其根深蒂固的历史积淀,枝繁叶茂的自发能力,深刻地影响着人们的生活方式、思想观念和行为习惯。民间信仰在长期的发展演变过程中不断与民俗文

---

① 詹姆斯·罗西瑙主编.张胜军、刘小林等译.没有政府的治理[M].南昌:江西人民出版社,2001:5.

② 休伊特.德.阿尔坎塔拉,黄语生."治理"概念的运用与滥用[J].国际社会科学,1999(1):106-106.俞可平.治理与善治[M].北京:社会科学文献出版社,2000:26.

③ 包国宪,郎玫.治理,政府治理概念的演变与发展[J].兰州大学学报:社会科学版,2009,37(2):1-7.

化、民间文学艺术相融合,成为民间民俗生活的重要组成部分。在道德伦理教化、民间文化传承、促进文化认同、强化社区整合、活跃群众文化生活等方面发挥重要作用。

然而,尽管如此,民间信仰并没有从根本上改变其存在的方式。民间信仰"弥散性"特征使它有别于佛教、道教、伊斯兰教、天主教和基督教等制度性宗教,至今尚无"合法身份"。"民间信仰及其仪式活动在目前法律和政策的框架下,尚缺乏合法性存在的依据",①但是,民间信仰作为中国传统文化和地方特色文化资源,近年来被各地政府大力利用,成为开发当地旅游文化、提高地方影响力的社会资本。民间信仰的信众方面,也表现出了与以往不同的文化自觉,并在其日常管理以及仪式活动中,竭力向政府靠拢,与地方政府保持一致,以争取各级政府的支持。民间信仰通过"民俗化"以及"非物质文化遗产化"的路径获得政府、社会和民众的支持,因而在各地都以不同的形式得以恢复和发展,民间庙会的复苏和兴盛也成为民间信仰争取文化合理性的途径。通过调研我们发现,这一现象不仅仅发生在农村,也发生在现代化大都市。不仅仅发生在贫困地区,同时也发生在发达地区。近年来,上海三林镇西城隍庙会的重构就很说明问题。

二、从"官方"到"民间",彰显文化自信

上海作为一个国际大都市,不仅以五方杂处、海纳百川的海派文化著称,而且历史文化底蕴深厚,宗教民间信仰及其仪式活动繁盛。20 世纪 80 年代,国家重申宗教自由政策,宗教活动得以恢复,民间信仰活动也得以复苏。上海在 1986 年恢复了停办 40 年之久的真如庙会。2008 年,在非物质文化遗产保护的背景下,位于三林镇的圣堂庙会也拉开了精彩的大幕。三林镇位于上海市中心城区南端,西临黄浦江,南接闵行区浦江镇,北部与世博园区相连,处于上海版图的中心位置,是一座千年古镇。改革开放以后,该镇城市化进程加快,土地被陆续征用,目前属于该镇的土地面积还有 34 平方公里,其中城市化社区已超过 20 平方公里。该镇常住人口 40 多万,其中户籍人口只有 12 万,户籍人口中农业人口尚存约 7 千人,城市化率已达到 90%以上。城市化快速发展带来了两个亟需解决的问题,首先是本土文化加快消失,其次是社区人口构成日趋多元,造成居民对本地文化的淡漠和疏离,社区凝聚力和文化认同感下降。"圣堂庙会"的举办在一定程度上起

① 范丽珠,陈纳. 中国民间信仰的现状及其管理问题[N]. 中国民族报,2013-10-22(6).

到了提高社区居民凝聚力、促进社区和谐稳定的作用。

然而,就庙会的民间性而言,“圣堂庙会”无疑偏离了庙会的本质属性。这也是1980年代以来城市庙会一种普遍现象,即政府办庙会。如上海曾经举办过的真如庙会和龙华庙会都属于这种模式。在这种模式中,政府成为庙会举办的唯一主体。但是,随着经济和文化体制改革的逐步深入,市民文化自信和文化自觉进一步提高,民间力量参与文化建设的热情日益高涨,民间庙会开始复兴。三林镇西城隍庙会就是这样一个由民间自筹资金、自我组织、自我运作的庙会。

历史上,三林地区宗教文化兴盛,庙宇众多,庙会也很热闹。除了“三月半”圣堂庙会,三林镇上的东、西两座城隍庙每年也都举办庙会,影响辐射周边乡镇。1958年宗教活动停止后,三林镇上的宗教建筑或被拆除或被移作他用。直至1980年代中后期,才陆续修复了崇福道院(即圣堂)、三一教堂、法华学问寺等宗教建筑。但仍有不少庙宇一直未能恢复重建。于是,有些信教群众便利用闲地,见缝插针地盖起简易房屋,供奉神像。如今的三林镇西城隍庙就是这样一座庙宇。三林镇西城隍庙原建造于明代,旧址位于现济阳路与外环路交叉口附近。现在的西城隍庙实际上是一座未经政府允许,而由民间捐资建造的小庙,盖在一块下面埋有污水管的空地上。主事的是几位五六十岁的妇女,遇到重要事情时也有男性来帮忙。原西城隍庙的西边有西昌庵,现在是二庙合一,庙里有城隍殿、三官堂、文普殿、念佛堂、观音殿等,佛道兼容。因此,来此庙的人,既拜城隍又拜观音。

城隍信仰在上海地区有着深厚的群众基础。解放前,上海城隍庙在每年三巡会、城隍生日、城隍娘娘生日,都要举行盛大的庙会活动。明代中后期,上海市镇上也大都建有城隍庙,有的市镇甚至建有两、三座城隍庙。如三林镇就有东城隍庙和西城隍庙,东城隍庙供奉的是上海县城隍秦裕伯,西城隍庙供奉的是松江府城隍李若水(一说李待问)。每年十月初一,东、西城隍庙举行城隍出巡仪式,热闹非凡。城隍信仰可以说是上海地区最重要的民间信仰。

三林西城隍庙庙会的恢复举办,源于当地信教群众和民间精英人士对于本地文化的自信和弘扬本土文化的思考。三林镇民俗文化资源丰富,其中,仅进入各级非物质文化遗产名录的就有8项。改革开放以后,不少地方虽然恢复了庙会,但是,这些庙会或者商业气味浓厚,或者在文化遗产保护和民俗文化复兴的特定语境中被权力资本所利用,使许多原本属于草根性质的庙会被开发成一种具有文化资本意义的历史文化遗产,成为吸引外来者和扩大当地知名度的文化资源,而传统庙会所具有民间性和草根性却不复存在。在政府办庙会的过程中,民间力量显然未能得到充分尊重与发挥,群众的主动性和积极性都不够。因此,举办一个完全不同于政府的庙会,展示三林地区原生态的宗教、民间信仰文化,便成为西城隍庙会组织者的共识。

城隍庙会活动的核心内涵是“城隍出巡”,西城隍庙的“城隍出巡”活动在三林地区已经中断了60多年。出于财力、人力和场地的考虑,西城隍庙会重点恢复了“城隍出巡”的仪式活动。2010年首次庙会筹备阶段,组织者走访当地老人,查找地方史料,策划活动方案。组织者有地方精英、庙里主事和信众群体,他们分工合作、各负其责。地方精英有当地民俗专家曹琪能,他负责活动总策划,并担任活动总指挥;有社区文化活动中心骨干、腰鼓队队长王宝雅,她负责“出巡”活动的文艺表演。庙里主事王丽华、孙凤娟负责祭祀、接待等各项事务。同时,西城隍庙所在地的西林村村长王勇明,也给予庙会以有力的支持。首次庙会经费全部来自于捐款,共募集资金2万元,主要用于服装、道具、祭品的购买和征集。

从“城隍出巡”仪式来看,基本上是传统仪式的复制。整个出巡队伍多达四五百人,分成仪仗队、护神队、表演队和自由跟香队等多个板块。每个板块由多个项目组成。如护神队有黑白无常鬼、打鞑子、托香炉等;表演队有彩龙、荡湖船、挑盐婆、蚌壳精、江南丝竹(清音班)、腰鼓、海派秧歌、打莲湘、猪八戒背媳妇等。城隍老爷由八人抬轿,前面有“回避”“肃静”“奉旨出巡”“威灵公”等硬牌。出巡队伍在经过梧桐桥、马家桥和塘坊桥时,要进行祭拜。届时,桥上早已放好供桌和祭品,祭拜时还要宣读祭文、燃放鞭炮。出巡队伍每到一处,观者如云,引颈观看的,争抢祭品的,拥挤杂遝,气氛热烈。

近年来,在政府与民间社会的关系处理中,民俗文化日益成为政府改变社会治理方式的重要因素。西城隍庙会与政府主办的庙会不同之处在于它是一个发生在大都市核心区域边缘的纯民间性质的庙会,是非政府组织的民间民俗活动,也是民众自我能力的集体展示。正如庙会组织者曹琪能所说:“我想证明一下自己的能力,我相信完全能够依靠民间力量举办一次成功的庙会。”因此,西城隍庙会的举办,其文化含义已经大大超过了民间信仰的本身,反映了人民群众的文化自信与文化自觉以及多样化的文化需求。

三、从“一元”到“多元”,创新社会治理

在城市现代化快速发展的背景下,传统文化受到极大冲击,其中,具有

本土特色的民俗文化处在急剧变化之中，这引起了民间人士的普遍关注，特别是身处当地的民间精英和民俗文化爱好者的关注，他们积极行动起来，在保护和弘扬民俗文化中贡献智慧和才能、财力和物力，在此过程中，民间保护力量逐渐壮大，从而也促使了政府在社会治理方式的变革，加快形成党、政府、社会、公众四位一体的文化治理格局，推动文化建设多元主体的形成。西城隍庙会正是在这一大背景下的产物。其实，西城隍庙会的举办也是三林镇在公共文化建设方面实行社会治理方式转变的一个契机。

民间庙会在某种程度上是对政府办庙会的补充，也是传统文化的回归和还原。确实，近年来在各级政府举办的庙会中，因为对庙会的宗教性缺乏明确的认识和界定，庙会的宗教性几乎被商业性和娱乐性完全取代，而且由于对“宗教自由”政策理解上的偏颇，使得政府在举办庙会的过程中，或多或少地对宗教活动有所规避，而被群众评价为“变了味”的庙会。政府吃力不讨好，老百姓不满意。而“城隍出巡”则因其草根性给予人们极大的视觉冲击，并在弘扬传统文化这一点上赢得共识，获得认同。

西城隍庙会所展现的独特民俗文化景观，不仅吸引了当地群众积极参与，而且社会力量快速介入，在民间信仰的社会治理框架下对西城隍庙会进行了多方面的建构。如果把地方精英、庙里主事和信众群体称之为民间主体的话，那么，社会主体的介入，则使得西城隍庙会的建构具备了探讨社会治理模式的可能性和实践方面的价值意义。

一是资金资助。为了支持民间庙会生存和发展，上海田子坊投资咨询有限公司募集资金 20 多万元，为西城隍庙添置法物和日常用品，帮助平整场地，并将庙宇修葺一新。同时，几位企业老板又共同出资，为庙里定制了一尊十多米高的送子观音石像，安放在庙前的场地上，供人们祭拜。

二是学术支持。西城隍庙会吸引了大批专家学者的关注。上海社会科学院民俗学研究室与西城隍庙建立了长期联系，撰写、发表了多篇相关学术研究论文，同时，带领研究生开展田野调查。在老师指导下，张秋红同学撰写出第一篇研究西城隍庙会的硕士论文。继而，上海大学民间文学专业的研究生徐蒙蒙也对西城隍庙会进行了跟踪调查，撰写出第二篇研究西城隍庙会的硕士论文。上海民间文艺家协会专门在三林镇召开座谈会，就西城隍庙会的意义、功能、作用展开理论研讨。

三是政府引导。联合国教科文组织在将传统庙会纳入非物质文化遗产项目的时候，特别强调了它的公共性特征，强调了它作为文化空间的存在意义，民间庙会必然会对社区公共文化建设产生影响。在民间信仰的社会治理过程中，政府要发挥积极引导作用。正如三林镇一位领导所言，群众办文化，又不要政府一分钱，我们为什么要反对呢？我们要做的不是严加干涉，而是要积极引导，要将民间办文化引导到与社会主义核心价值观相一致的方面来。因此，在庙会活动中，我们能够明显地看到有两条结构形式在和谐地流动着，一条是显性结构，一条是隐性结构，而西城隍庙会就是这样一个显性结构和隐性结构高度融合的庙会。

显性结构代表的是庙会的举办主体——民间力量。从庙会组织来看，包括庙会策划、组织、筹资，全部是民间自发组织。从庙会的内容来看，通过挖掘本土民俗文化资源，还原了原汁原味的本土民间文化。这种显性结构一目了然。

隐性结构代表的是庙会的意识形态——国家力量。在西城隍庙会拟定的活动方案中，其指导思想与圣堂庙会具有相当的一致性。比如，2011 年西城隍庙指导思想是："为弘扬民俗文化，传承本土文化，宣扬爱国主义精神，保存非物质文化遗产……欲将此活动办成以展示古镇风貌，共享和谐文化的民俗文化节日。"圣堂庙会的指导思想是："弘扬民族文化、挖掘地方民俗文化，传承和保护非物质文化遗产，展示三林古镇文化底蕴。……努力打造浦东乃至上海民俗文化品牌。"由此可见，西城隍庙会的办会宗旨与"三月半"圣堂庙会是一致的。国家力量还表现在无处不在的文化符号上。"城隍出巡"仪式上，"和谐社会""世界大同""我与三林同进步"等代表当下意识形态的文化符号，与"国泰民安""风调雨顺""五谷丰登"等传统文化符号一起高高飘扬。

正如学者所指出的那样："民间信仰在现代城市的变迁之中始终是受着国家力量制约进行的，国家充分体现出主导性力量，民间信仰只能在国家给其留下的有限空间里生存与活动。民间信仰的延续与传承，或者进一步说调整与创新，都必须在国家允许的范围之内，能够得到国家话语的合法承认"。① 三林西城隍庙会的举办，政府是不可或缺的主导性力量。在这种社会治理模式下，西城隍庙会不仅获得文化合理性，而且还取得了文化上合法性，从而完成了由民间性向公共性的过渡和提升，成为三林镇民众共享的文化空间，在联络群众感情、活跃社区文化氛围、挖掘本土文化方面发挥了积极的作用。

四、从"征用"到"转型"，共建文化空间

目前，我国基层文化建设总体来说还比较薄弱，所提供的文化产品和文

① 盛军波等. 温州民间信仰调查报告[R]. 温州大学法政学院(中国精品文化课程). 2014.

化服务还不能够满足人民群众日益增长的文化需要。西城隍庙庙会之所以能够吸引人们争先恐后地参加,还有一个原因是人们在满足了基本物质需求之后,不仅精神文化需求与日俱增,而且自我价值实现需求也越来越强烈。

随着社会的发展,民间信仰其实也在变迁之中。在联合国教科文组织的《保护非物质文化遗产公约》中,庙会被定义为文化场所(文化空间)。2005 年 12 月由国务院颁布的《关于加强非物质文化遗产保护工作的通知》,把礼仪与节庆,有关自然界和宇宙的民间传统知识和实践、文化空间(即定期举行传统文化活动或集中展现传统文化表现形式的场所,兼具空间性和时间性)列入了非物质文化遗产范畴。这样,民间信仰通过"非物质文化遗产化"和"民俗化"的途径更多地参与到了社区公共文化建设中,获得政府的支持和认可。就政府角度而言,将具有地方特色和文化内涵的民间信仰活动纳入公共文化动之中,可以看成是政府对民间信仰的"征用",在这一过程中,民间信仰文化作为活跃社区公共文化,打造社区文化品牌,提升地区影响力的资本和资源,得到了政府的肯定和重视。同时,国家推动公共文化建设的整体氛围,其实也为民间信仰文化提供了更大舞台,让更多的民间力量借以表达自己的文化诉求和文化需求。为了寻求民间信仰活动"合理化"与"合法化"路径,民间信仰本身也积极转型中,与政府社会治理期望达成一致,成为共建共享社区文化空间的文化资源。笔者在三林实地调查中,深切地感受到这种社会治理的新模式已经得到了当地百姓的普遍认可。

著名民俗学家陈勤建先生认为,"在开发地方资源、繁荣地方经济、造福地方民众的大目标下,凭借庙会文化活动方式,民间庙会与地方政府的关系形成了良性循环,政府意志与民间文化实现了交流和共存"。① 就西城隍庙会而言,具体表现在:首先在配合由三林镇承办的上海民俗文化节"三月半"圣堂庙会上发挥积极作用。2012 年,"三月半"圣堂庙会首次提升为上海民俗文化节。此次民俗文化节以"走进古镇"为主题,在三林老街与崇福道院分设主会场,同时在高桥古镇、新场古镇等上海十大古镇设分会场,联袂打造上海古镇文化和民俗文化。三林老街活动由大型行街表演、十大古镇专场、水上舞台表演、龙凤百鸟灯彩、一廊五馆展览、民间工艺展示、美食特产会展、游艺游船游览等八大活动板块组成。在此期间,西城隍庙全力配合政府办庙会,承担了大型行街表演的任务,在前后不到一个月的时间里,先后举行了 48 场不同形式的巡街活动。其中包括:城隍出巡 1 场,民俗迎

---

① 陈勤建.当代民间信仰与民众生活[M].上海:上海世纪出版集团上海故事会文化传播有限公司,2013:257-258.

春 6 场、西庙花神赛会 6 场、西庙出灯 6 场、传统婚庆仪仗队 5 场、西庙鼓声 4 场、西庙伞游会 4 场、草龙祈丰年 4 场、民俗风情出游 4 场、宗教风情出游 4 场、西庙旌旗出游 4 场。参加人数近 4 000 人。成为 2012 年首届上海民俗文化节“三月半”圣堂庙会上参加人数最多,参与时间最长,最为活跃的一支队伍。

其次,在拓展社区文化空间上发挥了积极作用。西城隍庙积极参与政府公共文化建设,多方面开展活动,连续开发了元宵行街表演、中秋节祭月晚会等传统民俗活动,吸引了更多社区居民参加。一批三林本土文化爱好者,从旁观者逐渐变为参与者。于是以庙会骨干为主,不同身份、不同职业背景的人,汇聚在一起,经常自发组织各种有意义的文化活动,显示了民众参与公共文化建设的热情。2012 年中秋节,他们在三林老街上举行了别开生面的中秋祭月活动,恢复古老的中秋祭月形式,数千名群众走出家门,共同度过了一个难忘的中秋节。内容有赏月、拜月、祭月、吟诗、猜谜等活动。2013 年中秋节,他们又在原有基础上增加了中秋祭月文艺表演,节日氛围更为浓厚,进一步拓展和延伸了社区文化空间。

社会治理的核心价值是能够在一个共同目标下,各方力量的平等参与。在西城隍庙会民间组织的发育过程中,这样的网络正在形成并逐渐扩大,发挥了越来越积极的作用。以曹琪能为代表的一批当地民俗文化爱好者,不仅积极参与庙会活动,而且还通过互联网进行宣传。借助于互联网空间,逐渐形成了三林民俗文化爱好者群体,他们既是西城隍庙会的参与者,也是三林民俗文化的爱好者,并在“弘扬三林文化”的共同目标下,建立起了一种新型文化关系。这种新型文化关系是对传统神缘文化的超越,同时也是对西方社会学所创立的“祭祀圈”理论的超越,成为传统信仰文化在新形势下的新变化,有利于消除民间信仰中的消极因素,发扬传统信仰文化的积极的社会功能,而且对社会治理在城市社区中的形成,具有特别重要的意义。比如,以王宝雅为首的一批文艺爱好者,不仅积极参与西城隍庙庙会的活动,而且这支团队也是三林镇社区文化活动的积极参与者,是三林镇社区文化中心特别能够依靠的一支队伍。每当有重大活动时,这支数百人的队伍总是冲在最前面,成为政府建构公共文化服务体系不可或缺的民间力量。

三林镇西城隍庙庙会,以弘扬本土文化为己任,显示了庙会举办者的文化自觉。他们通过深入挖掘当地本土文化资源,展示三林镇古老的文化传承,许多被历史久已遗忘的文化仪式和文化样式在他们的努力下变成“活态”的文化遗产。政府引导下的社会治理模式是促使西城隍庙庙会转型为三林公共文化活动空间的一个重要因素。多年来,三林镇政府倾力打造“三月半”圣堂庙会,同时,也给予了民间文化以应有的尊重,从而调动了群众参与社区文化建设的积极性,激发了民间文化活力。目前,西城隍庙会已经成为三林镇公共文化活动的重要项目之一。在三林民俗馆里,并列着两个庙会的仪仗模型,一个是圣堂庙会的道教仪仗队伍,一个是西城隍庙会的"城隍出巡"仪仗队伍,将西城隍庙会提升到与圣堂庙会同等重要的地位,显示了三林镇在民间信仰与社会治理方面的积极实践和成功探索。

民间庙会有利于体现地方文化特色,激发社区文化活力。正如庙会组织者曹琪能所说:"我希望让更多人能够亲眼看到我们的民俗文化、传统文化,尤其是年轻人。这种乡土味浓厚的展示,才是活态的传承。"同时,庙会活动的举办,从组织到实施,也是人们增进了解和加强交流的过程,目前,西城隍庙信众业已形成了一个以本地居民为主,外来居民为辅的信众群体,外来居民中既有外地来沪居民,也有市内拆迁居民,他们共同组成了一个新的信仰群体,形成了新的人际关系,获得更多的文化认同。十八届三中全会指出:"创新社会治理,必须着眼于维护最广大人民根本利益,最大限度增加和谐因素,增强社会发展活力,提高社会治理水平,全面推进平安中国建设,维护国家安全,确保人民安居乐业、社会安定有序。"同时,要"改进社会治理方式。坚持系统治理,加强党委领导,发挥政府主导作用,鼓励和支持社会各方面参与,实现政府治理和社会自我调节、居民自治良性互动"。三林镇西城隍庙会通过"回归—建构—转型"的社会治理过程证明,政府部门、社会团体、民间草根力量的多元治理主体的合作、协商和互动,有利于维护群众的文化权利,增进社区公共利益,对探索城市民间信仰的社会治理具有一定的启发意义。在三林镇2014年中秋祭月活动中,这种社会治理新模式更是得到了全面诠释。此次中秋祭月活动从民间活动扩大至民间组织、社会团体、政府机关、学校企业、当地群众的多方参与,成为目前上海地区最具影响力的中秋祭月活动,展现出社会治理在公共文化建设中的新趋势。

元代上海城市民俗概论

程　洁

摘　要：元代上海建县，整个上海地区得到跨越式发展，成为东南壮县，海上贸易更甚从前，并以“文秀之区”饮誉江南。元代赋予了那个时代与以往不同的文化语境，最典型的就是生活形态的“俗”变。这个骑在马背上的铁骑民族，让全社会赤裸狂欢，他们在妓、酒、歌、曲的花花世界里，优哉游哉地度过了数十年的世俗生活，元时的上海人因此也耽于享乐。元代上海的民俗在整个上海地区民俗史中，也自有独特地位，市镇与乡村、南方与北方民俗的相遇相融，是上海城市民俗形成的一个重要阶段和组成部分。

关键词：元代　城市　世俗

上海成为一个真正意义上的大都市，是近代开埠以后的事情，之前漫长的封建帝国统治期间，农耕民俗和海洋民俗一直是它较主要的特点，但是相对于其他区域而言，上海地区市镇的勃兴与工商业的突出发展，使得这个地区的农村城市化起步很早，时至元代，与城市民俗一脉相承的市镇民俗逐渐发育。元代是上海历史上的最重要的时刻，“这一时期为包括上海港在内的江南各港口的发展，造就了难得宽松的海上环境；另一方面，设置了上海县，这是本地区政区设置的一件大事。”①明代以后，在高速通道上运行的上海发展更臻佳境。在这样的社会环境下，上海地区民俗风气有了新的面貌。

一、元代上海的城市社会背景与社会心态

（一）东南壮县

唐宋以来，上海地区早已不是昔日默默无闻，史志语焉不详之处了，先有青龙港领海运贸易之先锋，后有上海镇迅速崛起，聚集了各地的商贾贸易，热闹繁荣，是天下财货集散地。在元代嘉兴路各市镇中，上海排在

① 熊月之.上海通史(第2卷)[M].上海：上海人民出版社，1999：76.

第六位。[1] 江淮以南,凡3万户以上者为上县。[2] 上海镇早已具备了设县的条件。[3] 至元二十七年(1290),松江知府以华亭县地大户多,民物繁庶难理为由,提议另置上海县。弘治《上海志》有:"至元壬辰春,圣天子以华亭地大民众难理,命分高昌、长人、北亭、海隅、新江五乡凡二十六保立县,上海因以名,隶松江府,从参政冀公之请世。领户六万四千有奇,岁计粮十有二万余石,酒醋课税中统钞一千九百余锭。"[4]朝廷同意了分县的请求,《元史·地理志》中也有记载:"本华亭县地,至元二十七年,以户口繁多,置上海县,属松江府。"[5]上海从此成为一个县级的独立政区,与华亭县并为松江府的属县。弘治《上海志·形势》云:"虽濒海而广原腴壤,尽境皆然。极目万顷,莫有旷土。以十分计之,良田盖居其九,故元史称为濒海重地。前志谓无深山茂林之阻,虽素号泽国之乡而平畴沃野居多,况东依洋海,北枕吴淞,又天下之所闻之。言形胜者,莫强焉。是足以壮兹邑矣。"[6]时人的记载展现了一个与华亭通义富庶的东南新县,这里交通便捷,兼有鱼盐之利,诚东南一名区也。

今日,我们仍可以从保存至今的文物中,想象上海地区元代至明中晚期的繁荣。

2000年的《解放日报》曾刊登《上海松江元代古墓群基本清理完毕:文物颇丰》,报道指出,上海松江发现的元代古墓群,"在发掘中,出土了一批较有价值的文物,如铜镜6面,金簪2根,女性银头饰一套,镶玉耳饰一枚,钱币55枚,龙头杖、梳妆盒各一,还有锡制执壶、酒壶、酒杯等。尤其是2条麻布巾织得细密匀称,可见当时的纺织业已相当发达。由于墓葬中没有发现墓志铭,说明墓主大部分为普通老百姓。根据主人穿金戴银以及随葬物品较丰富的情况来看,当时松江地区的民间生活已很富庶"。[7]

自2001年重见天日以来的"志丹苑"古石闸,被认定是迄今国内最大的元代水利工程遗址,距今700多年。除了规模巨大、做工考究的古代石闸,遗址堆积层中发现了元明时期的砖瓦、青花瓷片、青瓷碗等文物。石闸的出土表明元代上海已是繁华的街市,它推翻了一般人认为那时上海还是小渔

---

① 熊月之.上海通史(第2卷)[M].上海:上海人民出版社,1999:67.

② [明]宋濂等.元史(卷九一·百官七)[M].北京:中华书局,1976:2318.

③ 唐振常.上海史[M].上海:上海人民出版社,1989:37.

④ [明·弘治]上海志·建设志[Z].唐时措记·县署.北京:中华书局,1939.

⑤ [明]宋濂等.元史(卷六二·地理五)[M].北京:中华书局,1976:1495.

⑥ [明·弘治]上海志·形势[Z].北京:中华书局,1939.

⑦ 顾咪咪,沈凯,金定根.松江9座古墓基本清理完毕一批珍贵文物出土(附照片)[N].解放日报(要闻),2000-8-9(01).

村的旧说，见证了上海在当时已具有一定的航运规模，人们可以想象当年此地百舸争流、商贾繁忙的景象，它很可能是当时物资周转中心。①

（二）植棉和纺织手工业兴起

宋末元初从闽广传入棉种，松江乌泥泾开始尝试种棉花："元人陈高有桐花（棉花）诗：'炎方有桐树，衣被代蚕桑，舍西得闲园，种之渐成行。'这正是上海引种棉花试验初期的情形。一经种植成功，推广很快，正如邑人褚华说：'邑种棉花，自海峤来，初于邑之乌泥泾种之，今遍地皆是，农家赖其利，与稻麦等。'"②

棉花这种经济作物的栽培，大大提高了农民的收益。以棉花种植为例，如果根据松江人叶梦珠在《阅世编》卷七《食货》中记载的当时价格加以大致估算，每担棉花价格一两六钱，每亩种棉花可收八十斤左右，则每亩收入约一两二钱八分；米每石价格三钱左右，每亩土地可收稻米三石左右，每亩收入九钱。即使考虑其他种植过程中的其他成本支出以及价格出入，两者相互比较，种棉花的收益也高于稻谷。如果纺纱、织布，其经济收益就更加可观。时至明代，沿江沿海已经成为以棉为主或棉稻并重的棉稻产区。因此，广泛植棉，又优化了当地的农业分布和农产品结构。到了清代，松江"种棉豆多于粳稻，而棉尤盛，其种稻者不过十之三、四"，③上海县"有田六千八百五十二顷，棉田居其七。"④

宋末元初，上海人黄道婆自海南崖州回到故乡，黄道婆不但传入制棉工具和方法，把崖州被面的造法也传入江南地区，教妇女们怎样错色，怎样综线，怎样挈花。同时，黄道婆还积极改进纺织机械，推广先进的纺织技术。使得当地棉纺织有了很大改观，"织成被褥带脱，其上折枝、团凤、棋局字样，粲然若写。人既受教，竞相作为"，推动了长江中下游棉织业的发展，有效地提高棉纺织生产率。元末松江府成为全国棉织业中心。

江南农村市场体系的成长是与日趋活跃的商品生产结合在一起的，其突出表现之一就是以手工业为主体的商品生产逐渐成为市镇经济的重要组成部分，纺织手工业是其中的重要组成部分。元明以来棉纺织业的发展，推动了一大批棉纺织业集镇的相继形成。例如，宝山罗店镇："元至元间里人罗升创市，故名。东西三里，南北二里，出棉花、纱、布，徽商丛集，贸易甚

① 钱汉东."志丹苑"古石闸证实：元代上海已是繁华街市[DB/OL]. 东方网，2002-9-5. http://news.eastday.com/epublish/gb/paper148/20020905/class014800006/hwz761357.htm.

② 唐振常. 上海史[M]. 上海：上海人民出版社，1989：42.

③ [清·光绪] 松江府续志[Z]. 卷五·风俗.

④ [民国] 上海县续志[Z]. 卷八·物产.

盛。"[①]南汇县的周浦镇:"棉花之盛,亦推周浦,买者群集行家,而听其支配。后海滩垦熟,地质腴松,棉花朵大衣厚,远在内地产棉之上。"[②]同时兴起的,是棉布加工业和以棉布为原料的制造业。以松江为例,就新诞生了染坊、踹坊和制袜业等,并且出现了一些以棉布生产和贸易为主的专业性城市。松江府、上海县等地聚集了很多布商和牙行等。纺织手工业生产力提高,行业细分,所以有大量纺织品作为商品交换,出现在市场上,加之有广泛的需求,所以形成市场。

宋元时期,上海经历了从植棉到织棉再到染织搭配,在当时可谓具有划时代意义,对整个江南地区经济的发展都有着深远的影响。

(三)新兴海港呈露于世

元朝统一全国后,十分重视海上贸易,鼓励蕃舶往来。据元汪大渊《岛夷志略》记载,元代同近百个国家和地区发展了海上贸易关系。至元十四年(1227)在上海设立市舶司。市舶司"每岁招集舶商,于番邦博易珠翠、香货等物。及次年回帆,依例抽解,然后听其货卖"。[③] 针对一些港口市舶官的不法行为,元政府制订了《市舶则例》二十二条,不许贪官污吏强买和拉索。这是中国古代最完整的海关法规,对类似现今的监管、征税、查私等海关的基本职责、具体程序乃至走私处罚尺度,都有明确规定。元年至元十七年(1280),上海市舶官王楠向政府提出"藩货双抽、土货单抽"税收政策,政府批准实施。这项"奖出限入"差别关税政策对保护本国商人的利益起了积极作用。当时,多为朝廷派往海外贸易的官船,也有些私人船只出海贸易。《松江府志》云:"江南数郡顽民率皆私造大船出海,交通琉球、日本、满剌、交趾诸蕃,往来贸易悉由上海出入,地方赖以富饶。"[④]可见,元初上海港口海上贸易的活跃。"为了保护海上交通与海港贸易的安全。至元十八年(1281)派征东留后军镇守上海。至此,上海开始以一个新兴的海港面貌,呈露于世。"[⑤]

元朝的沿海航运事业十分繁盛,大规模海运漕粮,则开始于元朝。海运,克服了河运的困难并补充了河运的不足。由于沙船运输较为安全,被朝廷选作南北漕粮的运输工具。至元十九年(1282),上海崇明县人朱清和嘉定县人张碹奉朝廷之命造沙船六十艘,招募漕丁漕夫,开辟海道运输,运漕粮六万四千多石从刘家河至天津。最盛时年运量达 360 万石。当时海运漕

① [清·光绪]宝山县志[Z].卷一·舆地志.

② [民国]南汇县续志[Z].卷十八·风俗志一.

③ [明]宋濂等.元史(卷九四·食货志二)[M].北京:中华书局,1976,2401.

④ [明·崇祯]松江府志(卷十九·城池)[Z].北京:书目文献出版社,1991:491.

⑤ 唐振常.上海史[M].上海:上海人民出版社,1989:35.

粮由南向北沿海岸航行，航道上有许多浅滩、暗礁，往往发生船沉人亡的惨剧。海道府根据船户的建议，在长江口设置了航标船，船上树立标旗，指引粮船进出。后来又在一些港口设置标旗，并高筑土堆，在土堆上白天高悬布幡，夜间悬灯点火，以指挥粮船行驶。这些航标的设置，是我国航运史上的又一个创造。它对保障航行安全，起了很大的作用。直至明代，漕粮一度也依靠沙船。①

至元二十八年（1291 年）上海正式设县，领户七万多户，其中民间海船有数千，从事船舶梢水的人员不下数万，上海作为一个商业性港口已具有相当的规模，加上当时上海生产的标布、中机等棉布品种，远销西北、湖广、江西一带，市镇的商品经济已相当繁荣。②

（四）"文秀之区"饮誉江南

宋元以来，上海以"文秀之区"饮誉江南。这与上海地区重视文教、隐逸文人积聚以及艺术兴盛有很大关系。

上海升格为县后，改镇学为县学，多次兴修、扩建、迁址、复址。同县学并举的有书院和义塾，如清忠书院、沂源书院、仰高书院、�溪义塾、鹤沙义塾和社学等。当时社学兴起。社学，就是群众办学。在家庭、祠堂或其他地方，由一家或多家联合延师教授弟子。上海农村当中，在元朝已有这种不拘一格的社学出现。在义塾方面，为数也不少。仅列入正德《松江府志》的就有净土桥东的夏氏义塾、胥浦乡邵氏义塾、吕巷溪的璜溪义塾、唐行镇的横溪义塾、下沙镇的鹤沙义塾、淀湖东的谷洲义塾、三林塘的筠溪义塾等。此外，还有很多书院。《续文献通考》载元代松江有石洞书院。《元史》《宋元学案》中有崇明的三沙书院和松江的西湖书院。嘉定有练川书院等。③ 整个上海地区一时文教斐然。

隐逸文人聚集也为上海的文化发展起到了积极作用。明代松江人何良俊说："吾松文物之盛亦有自也。盖由苏州为张士诚所据，浙西诸郡皆为战场，而吾松稍僻，峰泖之间以及海上皆可避兵。故四方名流荟萃于此，熏陶渐染之功为多也。"④上海僻处海隅，风景秀丽，气候宜人，宁静富庶，正是退隐的理想之处。元代，一些亡宋遗民和不愿为元朝高压政策服务的文人，违

① 上海研究中心，上海人民出版社编. 帆樯衔尾往来忙——沙船与上海城市兴起[A]. 上海700 年[M]. 上海：上海人民出版社，1991：121.

② 上海研究中心，上海人民出版社编. "海禁"和"开禁"[A]. 上海 700 年[M]. 上海：上海人民出版社，1991：112.

③ "重视文教"方面，参见：陈伯海. 上海文化通史[M]. 上海：上海文艺出版社，2001：838－845. 上海研究中心，上海人民出版社编. 上海 700 年[M]. 上海：上海人民出版社，1991：316.

④ ［明］何良俊. 四友斋丛说（卷十六・史十二）[M]. 北京：中华书局，1997：136.

忤权贵,逃避迫害的士人,以及赋性恬澹,喜爱田园风光,不想出仕的布衣,纷纷无论远近,咸集于烟水鱼米之乡的三泖九峰间。王逢,字元吉,隐居在青龙江畔,筑梧溪精舍,吟诗自娱,写下《梧溪集》八卷,为避战火,至正二十六年(1366)春,迁居到乌泥泾镇,住在亡宋张骥院故宅,题其堂为俭德,其园为最闲,迁居后以赋诗授徒为业,文名很大。杨维桢,携家避祸至松江,在郡城迎仙桥西北筑草元阁隐居,经常往来于华亭上海间,与诗人王逢、张昱、张宪、朱木等游,到处吟咏题诗。当时,上海有一批青年,跟随杨维桢学习。上海历史上还有第一个藏书家庄肃,宋亡后,隐居青龙镇,曾聚书至八万卷,手抄经史子集,下至稗史小说,靡不具备。金山吕巷名士吕良佐走金帛聘四方能诗者,创办应奎文会,请时称"文妖"的杨维桢任主评,一时文士毕集而倾动三吴。这些隐逸文人的活动,对元代上海文化的发展,起了重要的启迪和推动作用。①

上海书画艺术之风也比较兴盛。元朝统治不到百年,上海画家有二十多位,画科也很齐全,山水、人物、花鸟和杂画已应有尽有。其中就有一代宗师赵孟頫。

上海自古就是一个开放包容的地区,上海地区文化的繁荣也离不开少数民族同胞的努力和贡献。据《上海民族志》,宋元时期,在上海一些有名的私塾、学馆里常可见到少数民族学员的身影,此外,隐居于上海的少数民族文人也不少。海纳百川,开放包容的海派气度当年已初露端倪,上海人对外来俊杰友善而推崇,乐善好施的松江富户夏庭芝,遍交士大夫之贤者,座客常满,尊酒不空,终日高会开宴,诸伶毕至。上海宽松的人文生态和尊才礼贤的人文气度既善待了流寓隐居者,也成就了当地文化的兴盛拓展。

二、元代上海城市民俗风气特征

元代遭遇了中国历史上从未有过的文化场力,因而赋予了这个时代与以往不同的文化语境。最典型的就是生活形态的"俗"变。

魏源在《元史新编》中写道:"元有天下,其疆域之袤,海漕之富,兵力物力之雄廓,过于汉唐。自塞外三帝,中原七帝,皆英武锺立,无一童昏暴缪之主,而又内无宫闱、奄官之蛊,外无苛政、强臣、夷狄之忧,又有四怯薛之子孙世为良相辅政,与国同休,其肃清宽厚,亦过汉、唐。"②或许有人会认为魏源

---

① 唐振常.上海史[M].上海:上海人民出版社,1989:51-54.

② 魏源.元史新编(卷三・拟进呈元史新编序)[M].光绪乙巳邵阳魏慎微堂刻本.

对元代有过誉之嫌，但元代繁荣也确是事实，军事强大，科技和经济发达，城市发展迅速。来自马背上的民族扫平欧亚入主中原后，马背上的思维并未随之转换，处于权力顶端的蒙古贵族当然不会改变其民族习性，反而要尽力张扬挥洒这种享乐追求，因此，蒙元尽管主政短暂，却开创了中国历史上一个十分独特的时代——世俗、娱乐的时代。

《大俗小雅：元代文化人心迹追踪》一书，对元代的社会心态的分析十分有见地。①

元朝有压力，赤裸裸的压力，但没有来自道德和文化规范的压抑。特定的社会形态使元代人活得很“匪”……蒙元的生活方式要用一句话来概括就是“狂欢化”。元代宫廷和民间每年四季的节日庆典，比传统的汉族习惯多出了北方游牧民族的一大块，尤其是宫廷生活一年有一半在上都度过，极尽狂欢之能事。……蒙古人喜好音乐歌舞，在举行重大庆典和宴饮时少不了奏乐、舞蹈。……不重视文化的蒙元搞经济颇有些章法，元朝很商业化，于是伴随着商业而生的娱乐业极端繁荣。明人李开先在《西野春游词序》中说：“元不戍边，赋税轻而衣食足，衣食足而歌咏作，乐于心而声于口，长之为套，短之为令，传奇戏文，于是乎侈而可准矣。”朱元璋在总结元朝失去天下的原因时，很感慨地说：“耽于逸乐，循至灭亡，其失在于纵驰。”（《典故纪闻》卷二）

同汉唐文化传统相比，这实在是一个独特的时代，伦理规范始终相对松弛，感官享乐被充分认可，文化价值趋同于世俗化。这也决定了元代审美文化的世俗性质：“整个社会的审美文化是由凡夫俗子创造的，高层统治者只是一批不愿意接受先进文化、刚刚脱离游牧状态的蒙古新兴贵族，手中的壮马强兵是他们得以坐稳江山的基石，其审美趣味与宋代的儒雅风度比较起来不免显出一种整体性的粗俗为本的色彩。社会下层官员的构成更是五花八门。元代公开买官卖官更加造成社会的失序，胥吏刀笔是基层官员的主流，他们自身的知识素养与道德水平都决定了当时审美的通俗化为主的社会面貌。‘九儒十丐’是元代文化不兴的典型表现。以科举入仕为理想人生轨迹、以文化创造为要务的士子们被迫沉迹下僚，由此也导致了审美创造主体的下移，而整个社会以俗为本的特点也导致审美趣味的一致化。”②

胡族游牧文化对中原大地上产生了深刻的影响，明初宋濂曾云：“元有

---

① 梁归智，周月亮. 大俗小雅：元代文化人心迹追踪[M]. 保定：河北大学出版社，2001：4－58；杜桂萍. 色艺观念、名角意识及文人情怀——论《青楼集》所体现的元曲时尚[J]. 文学遗产，2004(5)：97－109.

② 庞飞. 元代“以曲取士”新解——兼谈元代科举制度与元代审美风尚[J]. 艺术百家，2006(5)：42－45.

天下已久,宋之遗俗,变且尽矣。"①

元朝上海地区的商品经济迅速发展,随着商品经济而来的社会文化的重大变迁乃是世俗化的表征。世俗化的一个基本出发点是充分地肯定现世生活、肯定感官享受,表现出以功利为追求、以感官享受为满足、以当前利益为目标的价值取向。它的一个重要社会基础就是市民社会,而自唐宋以来,市民社会逐渐生成,并且成为社会经济文化的重要构成因素。对元朝上海的市井百姓而言,对俗世"时尚"的追逐风气十分盛行。任何时代的任何社会都存在着各种风尚,那些为大众认可并趋同的即成为"时尚","时尚"以流行的方式率先体现出大众的爱好和趣味。

(一) 服尚胡族

元代的服饰之制并不严格,"所在士民,靡丽相尚,尊卑混淆"②,而且,不同民族之间互相影响,也打破了固有的审美范式。蒙古、色目人在元代属"上等人",他们所获得的政治、经济利益要高于一般汉人,他们的服饰、发型等遂成为当时的时尚。比如,衣服上的饰品,上海人就学北人装饰,以"减铁"为饰品:"近世尚减铁为佩带、刀靶之饰,而余干及钱塘、松江竞市之,非美玩也。此乃女真遗制,惟刀靶及鞍辔施之可也。"③元朝末年,高丽服饰又在京师和江南流行开来,"自至正以来,宫中给来使令,大半为高丽女。以故四方衣服鞋帽器物,皆依高丽样子"④。隐居在松江的陶宗仪也提及:"用紫色棕藤缚帽,而制靴作高丽图样,皆一时所尚"⑤。1993 年松江区西林塔地宫出土的元代"白玉灵芝善财童子饰"中的善财童子,上身穿紧身窄袖衫,胡服风格明显;2008 年松江发掘的古墓群中,有 5 个武士木俑,紧身、小袖口,是典型的元代北方服装样式。明人何孟春曾以此概括:"(元代)悉以胡俗变易中国之制。(江南)士庶咸辫发椎髻,深檐胡帽;衣服则为胯褶窄袖及辫线腰褶;妇女衣窄袖短衣,下服裙裳,无复中国衣冠之旧,甚者易其姓名,为胡语,俗化既久,恬不知怪。"⑥可见上海地区百姓在服饰式样上紧跟时尚潮流。⑦

(二) 元曲——市民艺术代表

有元一朝,最大的时尚,莫过于元曲。夏经《青楼集·志》云:"内而京

---

① 宋濂. 汪先生墓铭[A]. 芒园续集(卷 4)[M]. (见《宋文宪公全集》,四部丛刊本)

② [明] 宋濂等. 元史(卷七八·舆服一)[M]. 北京:中华书局,1976:1942.

③ [元] 孔齐. 静斋至正直记(卷四·"减铁为佩")[A]. 续修四库全书(子部·杂家类)[M]. 上海:上海古籍出版社,1987:158.

④ 权衡. 庚申外史[M]. 郑州:中州古籍出版社,1991:96.

⑤ [元] 陶宗仪. 南村辍耕录(卷 28·"处士门前怯薛")[M]. 北京:中华书局,1958:346.

⑥ [明] 沈節甫輯. 纪录汇编(卷 148·"余冬序录摘抄")[Z]. 上海涵芬樓影印明刻本.

⑦ 潘清. 元代江南社会、文化及民族习俗的流变[J]. 文史知识,2007(6):80-80.

师，外而郡邑，皆有所谓勾栏者，辟优萃而隶乐，观者挥金与之。”[①]时人关于元曲如火如荼演出活动的记载，为后人勾勒了一个元曲时尚的富丽画面，笙歌喧闻、画堂灼照……元曲代表了中国古代的市民艺术的一个高峰。当市民社会生成，当贩夫走卒、三姑六婆等成为社会经济文化的重要构成因素，元曲才有了茁壮成长的沃土。无论对于事人者还是被侍奉的人而言，这一切的前提都取决于声色之娱的当下目的，所以，归根结底女伶们和元曲都只是时尚的代表享乐的标志，她们与元代这个充满了商业气息的社会互为表里，是一种特殊的消费文化的产物。[②]

根据《中国戏曲志·上海卷·综述》，上海地区最早的戏曲活动，见于文献记载的，就是在元代。因这一带僻处海隅，远离中原，自南宋起就成为人们避兵隐身的处所。元末，许多隐逸文人选定上海为落脚点，各地的戏曲艺人常来此献艺。据有关资料记载，从元泰定到至正年间，来松江的杂剧艺人就有名妓连枝秀、翠荷秀、李童童等。她们将中原一带的北杂剧传入松江，有些艺人以后落户于此，为戏曲在松江的繁衍作出了贡献。值得一提的是，此时期松江府城内有了专门的戏曲演出场所——“勾栏”。据资料推测，这类演出场所，在“至元”年间之前就已出现，到元末已有相当规模。除了江湖艺人的演出外，文人士大夫家宴时，也常伴有歌舞戏曲演出，如夏庭芝、杨维祯等。隐逸文人对戏曲的爱好，不仅推动了松江一带戏曲的发展，也产生了由他们撰写的戏曲专著，如夏庭芝《青楼集》、陶宗仪《南村辍耕录》。沪籍及客居沪地的元曲作家钱子云、黄子久、顾君泽、李用之、顾廷玉、郑仲谊、卫立中等，也为上海的元曲创作与演唱作出了贡献。勾栏、女艺人、文人，在上海合力上演这幕大剧。这种风靡一时的大众娱乐背后，是商业元素在城市文明自然生发出来的，谐和于城市生活的实际需要。元代是上海的春天，在这个春天里，元曲姹紫嫣红开遍，点染装扮着东南沿海的这个新兴商业城市。

（三）文人的轻松之途

明人叶子奇在笔记中说：“元朝自世祖混一之后，天下治平者六七十年。轻刑薄赋。兵革罕用。生者有养。死者有葬。行旅万里。宿泊如家。诚所谓盛也矣。”[③]忽必烈早在南渡之初，就下诏降低赋税，禁止哄抬物价，平抑通货膨胀。元、明、清三代研究元史的人们和笔记史料的作者们都说，元代江南赋税较宋有大幅度的减轻。元政府还多次下诏免赋，苏松人因此“如释

① [元]夏庭芝著．孙崇涛，徐宏图笺注．青楼集笺注[M]．北京：中国戏剧出版社，1989：43-44.

② 杜桂萍．色艺观念、名角意识及文人情怀——论《青楼集》所体现的元曲时尚[J]．文学遗产，2004(5)：97-109.

③ [明]叶子奇．草木子[M]．北京：中华书局，1959：47.

重负”,于是“诚所谓盛也矣”。于是,上海的士人们也过着奢华悠闲的生活,安居暇食,诗酒自娱,市镇繁华,一时极盛。

邀妓侑酒是上海士子的正常生活方式。元末上海是众多文人隐逸之所,以杨维桢、夏庭芝为首的避乱文人和当地的文人士子雅集频仍,日携宾客妓女,放情山水,文酒为乐。妓、酒、歌、曲则是这些雅集上最生动的内容。夏氏《青楼集·解语花》记载了一位刘氏艺妓,“尤长于慢词。廉野云招卢疏斋、赵松雪饮于京城外之万柳堂。刘左手持荷花,右手举杯,歌《骤雨打新荷》曲。诸公喜甚,赵即席赋诗云:‘万柳堂前数亩池,平铺云锦盖涟漪。主人自有沧洲趣,游女仍歌《白雪》词。手把荷花来劝酒,步随芳草去寻诗。谁知咫尺京城外,便有无穷万里思。’”[①]艺妓刘氏左手持荷花,右手举杯,轻歌曼舞,正是雅集上最常见的画面。夏庭芝本人亦然,“遍交士大夫之贤者,慕孔北海座客常满、尊酒不空,终日高会开宴,诸伶毕至”[②],故《录鬼簿续编》记夏庭芝曰:“一生黄金买笑,风流蕴藉”[③]。夏庭芝的“西宾”——杨维祯是其座上常客,又如剧作家郗经、张择等,均常常与之交游唱和于峰泖之间,好不快乐。元代杂剧演出是其时之尚,杂剧演出却以其特有的娱人遣兴之功,活跃于舞台之上,文人名流乐此不疲,尤其是在张士诚统辖区内,其下属将帅“如李越州、张吴兴、韩松江、钟海盐,声伎高宴”[④],昼夜不息。元代的文人之放浪形骸十分突出,“妓鞋行酒”就是最好的例子。妓鞋行酒,宋人已有先例。元末杨维祯访瞿士衡,“以鞋杯行酒”。陶宗仪《南村辍耕录》卷二十三:“杨铁崖耽好声色,每于筵间见歌儿舞女有缠足纤小者,则脱其鞋载盏以行酒,谓之金莲杯,余窃怪其可厌。后读张邦基《墨庄漫录》载王深辅道《双凫》诗云:时时行地罗裙掩,双手更槃春潋滟,旁人都道不湏辞,尽做十分能几点。春柔浅蘸蒲萄暖,和笑劝人教引满。洛尘忽浥不胜娇,刬踏金莲行欵欵。观此诗老子之疏狂有自来矣。”[⑤]至于士大夫狎艺妓,娶妓女之事,从夏氏《青楼集》中就可知道是何等的普遍。

经济优裕,文化宽松,自然是元代这些文人过着舒适生活的保证,但是元代科举制的不正常,也是造成他们玩世不恭的一个重要因素。“元代一共

---

① [元] 夏庭芝著. 孙崇涛,徐宏图笺注. 青楼集笺注[Z]. 北京: 中国戏剧出版社,1989: 76.

② 张择. 青楼集叙[A]. [元]夏庭芝著. 孙崇涛,徐宏图笺注. 青楼集笺注[Z]. 北京: 中国戏剧出版社,1989: 34.

③ [明] 无名氏. 录鬼簿续编[A]. 中国古典戏曲论著集成[C]. 北京: 中国戏剧出版社,1959: 285.

④ 杨维桢. 风月福人序[A]. 李修生主编. 全元文(第 41 册,卷一三〇二·杨维桢·二〇)[M]. 南京: 凤凰出版社,2004: 278.

⑤ [元] 陶宗仪. 南村辍耕录(卷 23“金莲盏”)[M]. 北京: 中华书局,1958: 279.

开科举16次，共取士1 200余人，仅占相应时期文官总数的4.3%，这个比率，上只相当于唐代和北宋的10%。就是万幸考上了，也不再有唐宋进士的风光。”①文风兴盛的江南也是如此，“终元之世，江南登进士者，止十九人而已”②。自唐以来，科举的仕进之途骤然中断，文人士子的精神找不到归宿，所以元代胡祗遹《士辨》云：“士失其道也久矣。失其道，则失其性、失其身，所失非一而已。”③仕途无望，圣贤书逐渐失去了魅力，游荡在民间的士子们从经术诗赋中抽身，转而混迹于市井坊里，勾栏瓦肆。故云：“元代初年‘士失其业’的时代，……自然要千方百计地寻找轻松之途。”④当时生活在上海的文人们看到了一个生动鲜活的世界，他们选择了创作元曲这样一个轻松之途。此外，杨维桢等人还创作了不少世俗化的诗歌，广泛描写了城市享乐生活，带有浓郁的世俗情调，如《将进酒》《城西美人歌》《吸城东宴》等，使富有市井气息的新的文学形式出现在古乐府这种传统艺术形式之中，充分展示了艺术创新的活力与魅力。

上海文人在妓、酒、歌、曲的花花世界里，优哉游哉地度过了数十年的世俗生活。“在这个时代里，社会规范一度混乱无序，伦理规范始终相对松弛，感官享乐被充分认可，文化价值趋同于世俗化。”⑤他们不仅在经济上充满欲望，同时在信仰上也接受了越来越入世的方式，社会生活方式也开始向侈靡发端，绝大多数的人都被色彩斑斓的世间的社会、经济、文化生活所吸引，留恋于世俗的享受和情感，而对封建传统，诸如等级观念、克勤克俭的生活态度、儒雅的审美文化产生一种淡漠感。其结果使得全社会价值观念目向世俗，宗教价值减弱，神圣性衰退，全社会赤裸狂欢，只面对现实的人世和今世的人生。

三、元代上海民俗的历史地位

元代对上海有举足轻重的历史意义，元代上海的民俗在整个上海地区

① 梁归智，周月亮. 大俗小雅：元代文化人心迹追踪[M]. 保定：河北大学出版社，2001：117.

② 吴屡震. 五茸志逸随笔[A]. 谢国桢. 明代社会经济史料选编（下册）[Z]. 福建人民出版社，1981：152.

③ 胡祗遹. 士辨[A]. 梁归智，周月亮. 大俗小雅：元代文化人心迹追踪[M]. 保定：河北大学出版社，2001：119.

④ 傅谨. 中国戏剧艺术论[M]. 太原：山西教育出版社，2000：75.

⑤ 杜桂萍. 色艺观念、名角意识及文人情怀——论《青楼集》所体现的元曲时尚[J]. 文学遗产，2004(5)：97－109.

民俗史中，也自有它的独特地位，市镇与乡村、南方与北方民俗的相遇相融，这是上海城市民俗形成的一个重要阶段和组成部分，上海城市民俗也因此进一步带上更多自身区域的发展印迹。

（一）南北合璧：上海民俗形成的重要阶段

民俗虽然代际传承，并由于客观的诸如自然地理环境的影响，以及民俗主体自我认同心理的影响，民俗会具有一定的封闭性，但是任何一种民俗都不是封闭体系，它终究是社会的产物，它必将伴随各族之间交往的扩大，以及战争、移民的影响，而发生民族间的民俗融合。历史学家白寿彝指出："从民族发展上看，宋元时代是中国历史上的第三次民族大融合。"①在这一大的背景下，各种民俗、文化之间的交流、融合和新变在所难免。元朝就是这样一个特别的朝代，对于统治了华夏大地千百年的汉族来说，异族的铁骑是陌生的，但北方的习俗随着蒙古族统治者的脚步终于还是跋涉到这个江南的锦绣之地，民族融合在强权和岁月的攻势下，超过人的意志，习俗的交流同样如此。在元朝的上海，南北交融一如别处，人们的穿衣、吃饭，都可见北方的影响。

南北交流交融，首先表现在北人在上海数量的增长上。元代统一以后，东西交通畅通无阻，领土辽阔，为各民族人民从事经济活动提供了广阔天地，尤其是商业活动呈现出愈加繁荣的局面，也表现出多渠道、多民族的特点。唐宋之际繁荣起来的海上丝绸之路，吸引了北地的商人纷至沓来，上海在元代已然是新兴的海港，上海地区到处留下了北人的生活踪迹。其他比如求学江南和宗教传播等也是北人南迁的因素。元末，避居三泖的杨维桢就收了不少色目人做学生。另外，元朝实行宗教自由政策，各种宗教自由传播，而宗教的发展给非汉族人口移居江南也提供了历史的契机。至于江南地区的路、府、州、县各级政府中的蒙古、色目官员更是人数众多。

随着蒙古、色目人口在江南的入住，地域成为一种实现民俗的融入、合一的重要媒介，迁徙改变了民族在分布上的空间布局，使原本互不联系或联系甚少的民族在同一地域上接触、认识彼此文化的机会增多，民俗的融合成为可能；其次，迁徙改变了民族的心理状态，对于迁徙的民族而言，由于失去自己的传统地域，处在移入地民族的文化包围之中，一开始就面临如何在改变的文化环境中生存的问题，因而心理上极容易有吸收移入地民族的民俗之准备。对于移入地原有民族而言，由于新的民族的移入，不得不考虑和移入民族在同一地域如何共处的问题，也就容易在心理上做好或同化或改造

---

① 白寿彝. 关于中国封建社会的几个问题[A]. 白寿彝史学论集[C]. 北京：北京师范大学出版社，1994：14.

移入民族的民俗的准备。尽管其心理状态有所区别，但对民族民俗的融合都是十分有利的。①

南人与北人通婚也是民族民俗融合的一种方式，在元代这个特定的历史时代，江南地区普遍存在着由于各种原因而形成的民族间的通婚。《南村辍耕录》载："俞俊，其先嘉兴人，今占籍松江上海县。娶也先普化次兄丑驴女。"②通婚加强了民族间的联系交往，进一步加深了民族间的融合。不同文化不同的民族的男女双方也以婚姻媒介为契机，逐步开始民俗的融合。

元朝宗教自由政策也使宗教成为一种媒介，民族间通过某种宗教的共享，建立起一种超民族的关系，并以此为契机，展开宗教和其他方面民俗的融合。

元代统治阶级崇信藏传佛教，上海也受到藏传佛教的影响，从近年上海出土的元代文物中，我们可以一些看到藏传佛教的相关文物。如 1993 年松江区西林塔地宫出土的元代"佛教祖师铜像"就是梵式藏传佛教祖师像。1996 年嘉定区法华塔地宫出土元代"鎏金石菩萨坐像"，石菩萨坐像采用水月观音的姿态。水月观音为众多观音形象之一，作观水中月影状，为藏传佛教中主要菩萨造像之一。这尊水月观音像是受藏传佛教影响而出现的，是上海地区发现的最早的藏传佛密造像。1993 年松江区西林塔地宫出土元代"青田石阿閦佛"，这尊造像，装饰具有藏传佛密的特征，为元代梵式藏传佛教五智如来之一。根据佛像的手印，右手掌按膝上施降魔印，应该是五智如来中的阿閦佛。③ 可见，藏传佛教在上海地区曾一度颇有影响，这应当是上海地区宗教信仰的新变。

元代由于大量穆斯林人口南下，形成了"元时回回遍天下，江南尤多"的局面。从而也把伊斯兰教带往江南。当时江南许多地方建有清真寺。在松江、嘉庆、乍浦等江南内地的郊镇也都建有清真寺。松江清真寺，始建于元至正元年(1341)。据考证，元代至正元年，由阿拉伯人达鲁花赤纳速拉丁率领一批蒙古军，来到号称江南鱼米之乡的松江府华亭县境，大批军队首领、士卒及眷属等，均在此定居，松江开始形成了穆斯林聚居之地。为了满足他们宗教信仰和精神上的安慰，由纳速拉丁发起，在松江建造了这座清真寺。寺院建成猴，即成为附近地区穆斯林教事活动的中心，每届礼拜日、斋日、开斋节、古尔邦节以及婚丧喜庆等活动，四方回教信徒，云集于此，千万信众，或顶礼膜拜；或静坐听经；阿訇高诵古兰经，邦克唱扬，远可数里，热闹场面，

---

① 李安民. 论民俗的融合[J]. 民俗研究，1994(4)：14－20.

② [元] 陶宗仪. 南村辍耕录(卷二八"醋鉢儿")[M]. 北京：中华书局，1958：352.

③ 上海文物管理委员会. 上海考古精粹[M]. 上海：上海人民美术出版社，2006：335—337.

蔚为大观。①

多种宗教的传入,与上海地区固有的儒家文化和其他民间信仰有冲击有融合,从而得以生根、长大,长成上海自身文化的一部分。

一般来说,民俗的融合通常是在物质民俗层展开,北方习俗对上海日常生活都有显著的影响,比如前文提到上海人学北人装饰,以"减铁"为衣服上的饰品,衣服鞋帽器物,皆依高丽样子。1993年松江区西林塔地宫出土了元代青玉"秋山"炉顶,"秋山一词,始见于《辽史》,指辽代皇帝秋猎的地方。金、元继承辽制,风俗依旧,还把这一题材雕琢在玉器上,始有"秋山玉"之称,是我国北方民族特有的地域性文物。"②此外,娱乐性强的民俗和一些节日岁时民俗及民间艺术等,也最易发生融合。诞生于北方的元杂剧——元代最有代表性的大众艺术,就在上海地区非常盛行。元人胡祗遹说:"上则朝廷君臣政治之得失,下则闾里市井父子兄弟夫妇朋友之厚薄,以至医药卜筮释道商贾之人情物性,殊方异域风俗语言之不同,无一物不得其情,不穷其态。"③元杂剧本身也以其广阔的内容,成为文化融合的样板戏。

元代南北民俗的融合是后来上海城市民俗形成的重要环节,上海民俗不是一时一次成型的,必然是经过代代人的抉择、沉淀、兼容并包,最终铸成。

(二) 城乡交融:由乡村民俗向市镇民俗过渡

唐宋的上海已经拉开了农村城市化的帘幕一角,到了元代,农村城市化的大幕继续拉开。经过唐宋时期的培育发展,至元代,松江府的城、镇、市粗具规模,松江府境内市镇数量逐渐增加。除松江府城(华亭县城附在府城内)、上海县城以外,松江府内已经形成镇、市共22个,其中华亭县有朱泾镇、枫泾镇、小官镇、金泽镇等12个,上海县有青龙镇、盘龙镇、乌泥泾镇、吴会镇、新场镇、下沙镇、周浦镇等10个。

松江城几经拓展,非常繁华。元至元十四年(1277年),华亭县升为松江府,华亭县城变成松江府城。城中府、县并存,城垣小,无法容纳众多的官署、工商市肆、绅民宅第,便沿市河向西发展。到元末,已形成"十里长街"。城中不但有官署民居,百工市肆,而且有演戏说书的"勾栏",专供伊斯兰教礼拜的清真寺;除府、县学外,还有专授蒙古文的蒙古字学。

市镇虽然面积无法与府城相比,但是热闹和繁荣也不逊色。比如乌泥

① 沈士衡.上海地区最古老的伊斯兰建筑——松江清真寺[M].政协松江县委会文史组编.松江文史,8:3.

② 上海文物管理委员会.上海考古精粹[M].上海:上海人民美术出版社,2006:342.

③ [元]胡祗遹.紫山大全集[M].赠宋氏序.

泾镇,元代黄道婆故里,1163—1164年(南宋隆兴年间),巨富张百五于此建园林,捐资建清和桥(长桥),导乌泥注水接黄浦,引潮灌附近农田“八千亩”,水陆交通方便,由是形成集镇,人民炽盛于他镇。元代为名镇,诗人王逢居此。1281年(元至元十八年),设太平仓,转运华亭漕粮,并设芦子税课局。赵如珪建进德斋后,延名儒施教,学生300余人。上海立县,转属上海县,于此设巡检司。1373年(明洪武六年),仍置税课局,一时市面繁荣,人文荟萃,为上海西南水陆重镇之一。至治元年(1321年),其子赵庭芝中进士,是元代登进士第的第一个江南人。至正二十六年三月廿八日(1366年5月8日),才华出众的文人王逢也来到乌泥泾。他购下宋时任开封宋高宗仪鸾司门的张骥院的故宅,筑起新居题其堂为俭德,名其园为最闲,自署为最闲园丁。最闲园也是元时上海最大的园林之一,园中有藻德池、怀湘坡、乐意生香台、幽贞谷、濯风所、卧雪窝、流春石、海曙岩等景点。谈笑皆鸿儒,往来无白丁,秦裕伯、杨维祯、黄公望、倪瓒、陶宗仪等名士为园里常客。王逢诗文集《梧溪集》也在此园完成。

乌泥泾不是当时上海地区唯一发达的市镇,其他如松江府的朱泾、枫泾、七宝、龙华、法华、金泽、周浦等,苏州府的南翔、罗店、江湾、真如、外冈、娄塘等,都一片欣欣向荣。这些市镇设施已比较齐全,经济社会功能趋于完善,一些市镇也成为人文和文化的汇聚之地,一些市镇上的私人宅园十分精美。市镇上还有为进行宗教活动所修建的大大小小的庙宇,使市镇的人文景观非常独特,市镇的宗教娱乐活动更成为市镇文化的象征。一些市镇设施也逐渐趋于齐备,工场、商店、赌场、茶馆、酒馆、旅馆等一应俱全,市镇商品市场也已经形成行业化,如粮食业、棉布、药业、南北货号等。市镇经济实力的加强,为包括慈善事业在内的地方公益事业的开展创造了条件,很多有育婴堂、养济院、同善堂、施药局等慈善机构和救生船、义冢、救火会等社会公益事业,使市镇具有了社会保障功能,丝毫不亚于城市的地位和功能。

作为城乡社会的结合体的小市镇既是城市文明向乡村扩散和渗透的结果,更是农村社会基于自身的变革需求,在人口、经济、文化、生活等方面形成城市特征的表现。可以说,市镇的兴起和发展是农村城市化的一个标志。作为农村新兴工商业中心地,市镇汇聚了越来越多的人口。市镇居民在职业和社会身份上具有复杂性和多样性,除了农村原有的农民和地主外,更多的是工商业者和雇佣人员,还有官僚贵族、士人、伎艺人员、宗教人员、军事人员、无业游民等,由此在不同程度上引发了农村社会结构的变动。另一方面,由于经济、文化和生活方式上的向心力和辐射力,市镇既吸引了影响范围之内的社会活动,又使得周边乡村在某种意义上成为其社会附属。从文化生活领域来看,市镇的广泛兴起和发展,引发了农村教育、文化娱乐、宗教、生活方式、社会风气等方面的一系列变化。① 虽然现在没有足够的材料考察元代上海地区市镇人口数量,但是可以肯定的是,元代上海社会经济发展更甚于从前,市镇数量也比南宋增多,那么市镇人口自然不会少于南宋,兴旺繁荣也不会低于南宋。元代,乡村中的很多人开始放下锄头和渔网,走进城镇。

从乡村到市镇,最重要的是市民阶层壮大起来。元代的上海,市廛繁荣,商品经济与城市的发展促使市民阶层形成。市民独有的生活方式、审美趣味和娱乐方式,既不同于官宦士子又有别于乡间农民,是一个独特的阶层。中国古人很少使用"市民"这个词汇,古籍中出现更多的是"市人"这个概念,主要是指在比较固定的市场中谋生的人群,一般并不包括从事长途贩运的行商,但包括在城市中从事服务业的人群。如《五礼通考》曾提到"……六军卫皆市人,富者贩缯綵、食粱肉,壮者为角抵、拔河、翘木、扛铁之戏"。这里的"市人"大致属于"城市平民"。在史学界,所谓的"市民阶层"主要是指平民等级中的商人与手工业者。与其他等级相比,"市民阶层"在经济基础与政治地位上有其相对的独立性,他们的社会地位低下,但在宋元之际其经济实力有所增强。市民阶层在元代是一个显著的现象,市民富裕闲暇的生活及审美趣味和生活情趣促成了市井文化高度繁荣。宋元市民阶层初兴,奠定了市井文化的基础,到了明清时期,这一阶层更加壮大,市井文化更加发达。

总的来说,当蒙元执政中原,北方民俗部分地融入了上海人的日常习惯;当自给自足的自然经济为主在这里渐渐转变成自然经济和商品经济共同发展,市镇民俗加速形成。元代上海民俗的变迁是社会政治经济转型的重要组成部分,涉及社会各个角落、各个层面。南北合璧、城乡交融,是上海城市民俗最终形成中不可遗忘的一环。宋元以后上海地区的市民阶层有了显著的发展,从而使得城市文明对上海人的生活影响越来越重要。

---

① 陈国灿.中国早期城市化的历史透视——以江南地区为中心的考察[J].湖南文理学院学报:社会科学版,2004(6):7-12.

“端午民俗行街”游园会

自 2009 年华东师范大学与长宁民俗文化中心每年联合举办端午民俗体验活动。2014 年 5 月 27 日“端午民俗行街”游园会在华东师范大学闵行校区火热进行，首先是百余学生的舞龙、舞狮、红绸、幡旗、锣鼓、打莲湘、扯响铃、划旱船等行街表演；然后是学生自编自导自演的小毛驴、荡湖船、屈原点雄黄、新白蛇传等节目；还有手工艺展示扎五彩线、包香囊，手把手教到学会，以及参与端午知识竞答吃粽子等活动。这是华东师范大学社会发展学院“传统节日文化校园传承”的系列活动之一。　　　　摄影　亓明曼提供　2014 年 5 月 27 日　拍摄于华东师范大学

民间文艺研究

《华山畿》爱情意蕴审美及故事发生地新证

李金坤*

摘　要：南朝乐府民歌《华山畿》组诗25首，是历来为人们称颂的南朝吴地情歌之杰作。其第一首反映南徐士子与华山女子的爱情悲剧，已成千古绝唱。其故事虽然神奇而近乎怪诞，但男女间所表现出来的坚毅执著、矢志不渝的至爱深情，则是惊天动地、震撼人心的。尤其是华山女子那种视爱胜命、以身殉情的大爱精神，则更是令人荡气回肠、振聋发聩。全诗谐音双关，自然成韵，句式参差，节奏明快，比喻夸张，语朴情真，多用方言，风味独特。其思想意义与艺术价值影响巨大而深远。《华山畿》故事发生地华山，不在高淳，也不在句容，而具体地点则在当今镇江市丹徒石桥乡华山村。

关键词：《华山畿》　南徐士子　华山女子　至爱至悲　镇江丹徒

在古今中外的爱情历史长河中，为了追求人类真正自由幸福而美好的爱情，青年男女们不知给我们留下了多少惊天地泣鬼神的美妙歌唱。我们曾为感人肺腑的汉乐府民歌《上邪》（上邪！我欲与君相知，长命无绝衰。山无陵，江水为竭，冬雷震震，夏雨雪，天地合，乃敢与君绝）而肃然起敬，也曾为效法《上邪》而踵事增华的敦煌曲子词《菩萨蛮》（枕前发尽千般愿，要休且待青山烂。水面上秤锤浮，直待黄河彻底枯。白日参辰现，北斗回南面。休即未能休，且待三更见日头）而油然钦佩，还曾为法国著名诗人普列维尔（1900—1977）神圣之吻的《公园里》（一千年一万年/也难以/诉说尽/这瞬间的永恒/你吻了我/我吻了你/在冬日朦胧的清晨/清晨在蒙苏利公园/公园在巴黎/巴黎是地球上一座城/地球是天上一颗星）而潸然泪下。然而，我们则更为1 500余年前南朝宋时镇江（时称南徐）华山女子以身殉情的至爱绝唱《华山畿》而备感震撼！如果说《上邪》、《菩萨蛮》是以近乎咒语般的海誓山盟而感人肺腑，《公园里》是以超凡脱俗神圣纯洁的唯美之爱彰显爱力的话，那么，《华山畿》则是以大爱至上的悲壮之举而令人荡气回肠的。由美学角度观之，如果说《上邪》、《菩萨蛮》之爱堪称崇高美，《公园里》之爱堪称清纯优美的话，那么，

---

* 李金坤（1953—），江苏金坛市人，江苏大学文法学院教授、文学博士，主要从事中国古代文学与美学研究。

《华山畿》之爱则堪称悲剧美了。较之前两者,她更具有精神的感召力,心灵的震撼力,人性的感染力,从而显示出历久弥新的形象张力与艺术魅力,其启迪作用与教育意义无疑是至深至大而至远的。然而,对于这样一种为各部《中国文学史》著作所称道,诸种《古代文学作品选》所必选的意义重大、地位甚高的诗歌作品,所憾者迄今尚未见有深入而全面的论析。本文拟就其爱情意蕴及故事发生地诸问题进行粗浅探析,以就教于方家同仁。

一

《华山畿》是南朝乐府民歌中颂扬男女至爱深情的千古绝唱。南朝乐府民歌最主要的是吴声歌曲与西曲歌两类。吴声产生于江南吴地,以当时的首都建业(今南京)为中心地区,宋人郭茂倩《乐府诗集》卷四四尝云:"自永嘉渡江之后,下及梁陈,咸都建业,吴声歌曲,起于此也。"①《华山畿》故事发生于南徐地区(即今镇江市丹徒区石桥乡华山村,请见下文考辨部分),而此地区正属吴地,是吴声歌曲产生并流传的中心地区之一。《华山畿》组诗共25首,收录在《乐府诗集》卷四六"清商曲辞"中。其第一首在组诗中最具代表性,为全诗奠定了男女相思、至爱至悲的基调。其诗云:

华山畿,君既为侬死,独生为谁施?欢若见怜时,棺木为侬开!

《乐府诗集》尝就此诗转录《古今乐录》有关本事云:

> 《华山畿》者,宋少帝时懊恼一曲,亦变曲也。少帝时,南徐一士子,从华山畿往云阳。见客舍有女子年十八九,悦之无因,遂感心疾。母问其故,具以启母。母为至华山寻访,见女具说。闻感之,因脱蔽膝,令母密置其席下卧之,当已。少日果差。忽举席,见蔽膝而抱持,遂吞食而死。气欲绝,谓母曰:"葬时车载,从华山度"。母从其意。比至女门,牛不肯前,打拍不动。女曰:"且待须臾。"妆点沐浴,既而出。歌曰:"……"。棺应声开,女遂入棺。家人叩打,无如之何。乃合葬,呼曰:"神女冢"。②

上引《古今乐录》关于《华山畿》本事内容的描述,篇幅虽短,却给我们提

① 郭茂倩.乐府诗集[Z].上海:上海古籍出版社,1998:500.

② 郭茂倩.乐府诗集[Z].上海:上海古籍出版社,1998:520.

供了颇为丰富而有价值的信息内涵。其一,《华山畿》歌曲,乃宋少帝时流行的“懊恼一曲”的“变曲”,与“懊恼曲”(即“懊侬歌”)有脉承关系;其二,可知《华山畿》即产生于南朝宋少帝时代;其三,表明了男女主人公的所在地,士子为“南徐”(今镇江市),女子为“华山畿”;其四,明确了男女主人公之身份,士子为青年书生,女子为客舍主人;其五,南徐士子之母,是一个甚为通情达理之人,她非常懂得儿子的心事,尽量满足儿子的要求,委实是一位难得的慈母;其六,生动而传神地叙述了青年男女以身殉情的完整故事;其七,由士子“悦之无因”与女子“入棺,家人叩打,无如之何”可知,其女子家人是不同意他俩相爱的。这可能因为南徐士子当初还是一个没有功名的普通读书人而已,故南徐士子只能相思苦恋而成疾,最终因疾而亡。由此推之,他们的悲剧是封建门户等级制度与封建婚姻礼教所造成的;其八,由“神女冢”美称可知,当地百姓对青年男女追求自由、幸福、美好爱情生活的悲壮之举是何等之怜悯、推崇与敬仰,深刻反映了人们憎恶封建礼教、祈求美满婚姻的普遍愿望。《华山畿》本事内容之描述,表面看来似乎显得有些神异怪诞,却真实地反映了封建社会中男女恋爱无比艰难的情形,男女间没有社交和恋爱自由,唯有承受相思痛苦的折磨与煎熬,直至相思成疾,因疾而亡。但他们矢志不渝、决不放弃对爱的执著追求,于是便寄希望于“来世”,幻想着从死亡中获得解放,获得自由、幸福、美好的爱情生活。此之谓“生不能共罗帐,死也要同坟台”是也。因此,至爱绝唱《华山畿》便自然成为这种“同冢”与“阴配”的悲剧婚姻心态模式的奠基者。它直接影响了后来我国四大民间传说之一的《梁山伯与祝英台》,故《华山畿》遂有“小梁祝”之雅称。其文学地位之高,是不言而喻的。

二

那么,《华山畿》组诗第一首,何以历代文学史著作、各种诗词选本等都无不青睐它?千载而下,当人们阅读它时,何以依然是那样的鲜活动人,荡气回肠?其精神与艺术魅力究竟何在?下面便围绕文本之阅读,结合有关历史之事实,容笔者浅析之。

在特别注重礼制的中国文明古国,在“父母之命”“媒妁之言”的严厉约束下,青年男女要想获得自由幸福的爱情,简直是难于上青天的。早在《诗经》时代,青年男女的爱情就已经受到“父母”与“媒妁”的直接干预了。此所谓“取妻如之何?必告父母”。“取妻如之何?匪(非)媒不得。”(《诗经·齐风·南山》)因此在《诗经》许多反映爱情生活的诗篇中,我们每每听到爱情受阻的痛苦不堪的悲吟。如:“母也天只,不谅人只!”(《庸风·柏舟》);“岂敢爱之,畏我父母”(《郑风·将仲子》);“其室则迩,其人甚远”(《郑风·东方之墠》)。然而,在青年男女爱情严重受阻的万般痛苦的折磨中,他们埋藏于心底的爱情种子不灭。于是在他们顽强意志与美好祈愿的蕴育与激发下,这一粒粒爱情之种便幻化成为在另一世界蓬勃怒放的芬芳馥郁的爱情之花。你看,《周南·关雎》中那位青年小伙,因追慕“窈窕淑女”未成而幻想与其成婚的场面是何等热烈而喜庆,“窈窕淑女,琴瑟友之。”“窈窕淑女,钟鼓乐之”。而更让人震聋发聩的则是《王风·大车》中女主人公大胆又矜持的海誓山盟:“穀则异室,死则同穴。谓予不信,有如皦日。”像《诗经》这般男女苦恋的文化心理背景,在南朝宋时所诞生的组诗《华山畿》中,亦依然像一具黑色的幽灵在飘荡着,在男女纯洁的心灵上平添一道恐怖而令人窒息的阴影。

《华山畿》第一首较之《王风·大车》则更具有震撼心灵的悲剧力量。要知道,《王风·大车》等诗篇的誓言都是男女青年在世时所发,故誓言自然充满着可以获得爱情的决心和希望。然而,《华山畿》第一首中的女主人公则有所不同。因为她所爱之人已为她相思而亡,摆在她面前的是一口充满悲凉凄惨色彩的黑漆棺材。现实的爱情之路已完全断绝,爱情之花已彻底摧毁,她已别无选择。在她看来,唯一可以让她选择的就是与心爱之人携手同行天国路,祈望去另一个世界获得超凡脱俗的神圣之爱。呜呼,一个涉世未深、情窦初开的活泼美丽之少女,决计以结束生命的至悲方式去践行一种未经商量也无法商量的爱情契约,这是一种什么精神?又是一种什么勇气?在华山女子“欢若见怜时,棺木为侬开”的含有十二万分真诚与十二万钧爱力的强烈呼唤下,棺木神奇般地打开了,而她则毫不畏惧、依然决然地纵身跃入其中。她的生命虽然结束了,但她坚贞不渝的爱情精神则代代相传,感召后人。她那纵身入棺的高大而悲壮的形象永远定格在人们的心中。

很难想象,一个生前仅与南徐士子一面之见、未尝来得及品尝爱情甜蜜之果的十八九岁的美丽少女,竟能在死亡面前表现得如此从容不迫、镇静自若。其心智如泉水之清,决心似磐石之坚,爱意像大海之深,这不得不令人惊叹爱情魅力的神奇与巨大。

《华山畿》第一首,虽只23字,却字字含情,字字沉重,满纸悲凉,满纸悲壮,感天动地,震魂摄魄。此乃一首千古奇诗。奇就奇在它与以往表现爱情诗的格局大相径庭,别具异彩。以往的情诗大多交代男女相思相恋的过程,相思悠悠,缠绵悱恻,而此诗则省却了这一过程,直接截取华山女子目睹南徐士子棺木那一时刻,以全副精力将她那如潮水般奔涌的至爱深情倾泻出来,给人以巨大的心灵震撼与情感冲击。“华山畿”,劈头三字直呼地名,起势突兀,意蕴深厚。畿,山边。华山畿,即华山边(或华山傍),亦即华山女子所在的华山边的客舍。此处非同寻常之地，对于南徐士子而言，这是他爱上华山女子之起点，是令他魂牵梦绕、相思成疾之所在，更是他死也不肯离开的钟爱之地。而对于华山女子而言，这是她的安身之家，立命之所，也是她平生第一次为青年男子所爱之处，更是她以身殉情的悲壮而神圣之地。华山畿啊华山畿，你既是南徐士子与华山女子相爱的见证人，也是他们爱情悲剧的目击者，更是他们就此携手走向另一世界的婚姻殿堂的出发地。华山畿，这个记录着南徐士子与华山女子爱情起点与终点的非同寻常的小小地名，悲情万钧，气贯长虹。呼之顿然生悲，念之顷刻断肠。它不仅永远铭刻在南徐士子与华山女子的心坎上，也永远烙印在后世千千万万人们的心中。华山畿，这个积淀男女深厚相思因子的地名，在中国文学史上，与“五里一徘徊”的东南飞的“孔雀”一样，已成为青年男女爱情悲剧的象征物与代名词了。所以，华山女子那近乎呐喊的“华山畿”三字，呼天抢地，悲情遏云，它是华山女子唯其独有的惊诧、错愕、怜悯、惋惜、悔恨、沉痛种种复杂感情于刹那间的集中喷发，万般情思苦痛尽寓含于三字之中矣。她满以为将自己的“蔽膝”(围裙)由南徐士子之母带回给其子垫用后就会痊愈，然后俩人再设法排除干扰，克服困难，争取自由幸福美好的爱情。如此希望，是多么美好；这般憧憬，又是多么甜美！谁知，天有不测风云，人有旦夕祸福。她朝盼暮等，没有盼来健康活泼的心上人，也没有等来甜美爱情的福音。盼来的却是装载心上人的那口令人哀痛欲绝的黑漆棺材，等来的却是闻之令人断肠的哀乐。这突如其来的残酷现实，对于情窦初开、纯真善良的华山女子而言，何啻是晴天霹雳，简直是天塌地陷。但此刻正处于伤痛至极的她并未丧失理智，她十分清楚地知道(此前已由南徐士子之母将其子相思成疾之原委全部告之)，南徐士子完全是因为爱她而死，她深为他这种将爱视为高于生命的至爱赤诚所打动。其实，早在她获悉南徐士子因她而相思成疾之时，她便决计默许终身矣。因此，她便全然不顾“男女授受不亲”的封建礼教纲常之大防，当着士子之母的面，毅然解下“蔽膝”相赠，祈望士子早日康复，以缔结美好之姻缘。华山女子慷慨解“蔽膝”以赠，在当时礼教森严的封建社会中，委实是震天动地、惊世骇俗之举了。正因为华山女子有了这一层深挚情感的铺垫，所以，当南徐士子因她相思而亡的惨痛现实突然降临时，她便毅然决定、毫不畏惧地作出了与心上人同穴共眠的选择。在她看来，惟其如此，才能报答南徐士子对自己的一往情深。“君既为侬死，独生为谁施?”这就是华山女子对为己相思而亡的素昧平生的南徐士子的至爱誓言，铿铿锵锵，掷地有声。寥寥十字，语朴意深，情理毕现。“君既为侬死”陈述之句，直接表达女子对士子视爱胜命的爱情至上之伟大精神的高度赞美之情；“独生为谁施”反问之句，明确表明女子甘随士子而去的坚定决心，感情极其强烈。两句前因后果,极富情理双关的内在逻辑力量。真正的爱情,是双向真诚的付出。鲜艳芬芳的爱情之花,需要男女双方共同松土除草,浇水施肥。那种一方奉献,一方索取(老、弱、病、残者除外)的爱情模式,不是真正的纯粹美好的爱情。南徐士子与华山女子两人这种"你为我亡,我为你死"的共同奉献的爱情模式,才是人世间纯洁无瑕、真诚无疵、至高无上的知音式最佳爱情模式。紧接着"欢若见怜时,棺木为侬开"两句,假设语气中寓含着衷心祈祷的因素,体现出华山女子温柔敦厚、贤淑善良的美好品质。其实,女子"欢若见怜时"一句,是明知故问的,蕴含智慧而虔诚之怀。她当然知道,南徐士子当初是因她相思成疾、最终又因疾而亡的。可见,士子对她非"见怜"而何?正是华山女子这般明知故问,才逼真体现出她那谦逊、谨慎、文雅与庄重的少女性格特征,其艺术魅力也因此而更为动人。俗谚云:精诚所至,金石为开。在华山女子至爱深情的强大的感召之下,棺木终于打开,华山女子遂飞跃其中,棺盖迅速复合,家人无论如何也叩打不开。此所谓"有情人终成眷属"。南徐士子与华山女子这对"眷属",虽然以极端而神奇的方式婚配于另一个世界,但较之于人世间所有历经艰难成"眷属"的人们来,他们的追求则更崇高、更悲壮、更神圣、更伟大,亦更深入人心,百世流芳。当时人们将士子与女子合葬之墓称之为"神女冢",实在是人们对华山女子悲壮之举的最充分的肯定,对他们的爱情最热情的赞美,对他们的选择最深情的褒奖,对阻碍与破坏他们爱情的封建礼教婚姻制度最深切的愤恨,也是对他们矢志不渝的追求精神最恒远的铭记。"神女冢"不朽!南徐士子与华山女子永生!

由《古今乐录》本事可知,南徐士子与华山女子生前仅于女子客舍相见一面而已,然而这一面之见却非同寻常,士子遂一见钟情,由于"悦之无因,遂感心疾"。本事虽未直接叙述女子一面之见后的情感反应,但我们由士子母亲告知女子其子因她而患相思病,女子"闻感之,因脱蔽膝,令母密置其席下,卧之当已"等言行观之,毫无疑问,女子对士子同样也是一见钟情的。倘若女子对士子缺乏感情基础,她对士子焉能表现出如此超乎寻常的言行举止,以至于后来的纵身入棺?所以,他们的爱都是以一见钟情开始的,但由于不合理的封建婚姻制度与封建门户等级制度的严重阻隔,南徐士子与华山女子只能双双走向以身殉情的悲剧之路,从而达成他们成眷属于另一个世界的"生不同帐死同穴"的朴素而神圣的美好愿望。南徐士子与华山女子如此强烈抗争封建婚姻礼教、积极追求自由美好爱情的悲壮之举,与此前焦仲卿与刘兰芝的悲剧精神委实是一脉相承的。所不同的是,焦、刘毕竟已成夫妻,且生活多年,他们可以明里暗里共同抗争以焦母为代表的封建婚姻礼教。而南徐士子与华山女子生前仅是一面之见,还未来得及品尝爱情芳香甜美的滋味,即被残酷无情的封建礼教吞噬了年轻的生命。不过,他们那以身殉情的悲壮之举，如闪电，似震雷，像火炬，同灯塔，足以震撼封建婚姻礼教顽固的堡垒，照亮后人追求自由幸福美好爱情的道路，其思想价值与启迪意义都是极其巨大而深远的。南徐士子与华山女子的相见相爱虽然是极其短暂的，但他们敢于抗争、勇于追求的精神则如日月经天，江河行地。真所谓“金风玉露一相逢，便胜却人间无数”（秦观《鹊桥仙》）。这正是《华山畿》千古不朽的精神魅力所在。

在中国文学的爱情悲剧史上，南徐士子与华山女子以身殉情的悲壮之举，具有承前启后的重要桥梁作用。在此前，我们依稀可见青年男女们爱情誓词的历史轨迹。如《诗经・王风・大车》“穀则异室，死则同穴”，汉乐府《孔雀东南飞》“举身赴清池”（刘兰芝）、“自挂东南枝”（焦仲卿）、“两家求合葬，合葬华山傍”，汉乐府《双白鹄》“若生当相见，亡者会黄泉”，晋代杨方《合欢诗》“生为并身物，死为同棺灰”“生有同室好，死成并棺民”等。《华山畿》第一首承袭他们“生不同帐死同穴”的婚姻心态萌芽模式而来，但又有所发展，那就是《华山畿》的男女殉情，不是誓词的表白，而是着重于舍身践行。这种行为过程，则充满着动人心魂的神话传奇色彩，具有超凡的艺术魅力。《华山畿》所奠定的这种“同冢”与“阴配”的悲剧婚姻模式，对后来的《梁山伯与祝英台》《牡丹亭》等爱情悲剧，都有直接而深刻的影响。

《华山畿》的思想意义积极巨大、影响至远已如上述，而其艺术表现手法，亦自有其独特的审美价值。

首先，截取悲剧故事最精彩、最动人的华山女子向已故心上人哭诉并入棺同寝的神奇场面，极力表现男女主人公至爱深情的伟大人格魅力，尤其是凸显华山女子情理兼具、果敢执著、从容不迫、视死如归的难能可贵的精神与峻极于天之高大形象，极具震撼力与感染力。

其次，女子以第一人称“侬”（吴地人自称）口吻，直接面对棺木中的心上人倾诉衷肠，如泣如诉，显得格外亲切自然而温情脉脉。尤其值得注意的是，女子对士子的称呼前后有别，先称“君”，后称“欢”，虽然都是同称南徐士子，但在女子的情感程度上则是逐渐加深了。“君”，是对一般青年男子的敬称。华山女子与南徐士子原本素不相识，只是士子路过华山客舍，为女子之美所动，继而相思成疾，因疾而亡。在当初相见之际，在女子眼里，士子仅是一个普通青年男子而已，故华山女子先称其为“君”，这是合乎情理的。当她面对南徐士子因她而死的悲惨事实时，她对士子的情感程度陡然上升，钦敬之意油然剧增。因此，她不由得悲泪横飞，呼天抢地，情不能已。此时此刻，“欢”之昵称便冲口而出，公开表白南徐士子是自己最为喜爱的心上人。“欢”，乃南朝时女子对所爱男子的昵称。从“君”到“欢”人称的细微变化中，我们正可窥见华山女子细腻、婉丽、沉稳而炽热的情感变化历程。诗人用字精确,切情切理,的确达到了不求高妙而自然高妙的优美诗歌境界。

再次,语朴情真,别具地方语言风味。此诗短短五句23字,殆同口出,晓畅明快,然却情深意切,字字动人。加之反问句与假设句的交错使用,使得句式灵活,情感逼真。此外,人称代词“侬”与“欢”的使用,体现出南朝时吴地标志性的地方语言特征,洋溢出吴声歌曲别具细婉清雅的吴语风味,对塑造外柔内刚、直面死神的华山女子形象,起到了颇为理想的修饰效果。

可见,《华山畿》组诗第一首所反映的南徐士子与华山女子的爱情故事是极其悲壮而感人的,其诗歌艺术亦极具意味,其题材之非凡,情味之独特,魅力之奇伟,可谓于朴实中见深情,于自然中见功力,于方言中见性格。真是一首反映男女至爱深情的人生悲歌与千古绝唱!

三

吴声歌曲《华山畿》之曲名,当得之于汉乐府民歌《孔雀东南飞》,其结尾处云:“两家求合葬,合葬华山傍。”《华山畿》中南徐士子与华山女子的爱情悲剧故事与《孔雀东南飞》中的焦仲卿与刘兰芝颇有相似之处,其结果都是“两家求合葬”,而《华山畿》中男女也恰好是“合葬华山傍”。华山傍,即华山畿。正因为如此巧合的因素,诗人便取《华山畿》作为吴声歌曲名之一。《华山畿》组诗共25首,作为标志性的代表作第一首,无疑具有极其重要的思想价值与核心地位。那么,《华山畿》组诗的其余24首,几乎皆为反映男女爱情的“声过哀苦”[①]之词,且多以女子口吻抒发相思之情。不过,这24首诗均与《华山畿》本事传说了无关涉。它们则是在《华山畿》之总曲调名下收集一起的内容相似、风格相近的组合情诗而已。不过就《华山畿》25首的整体性而言,其反映男女相思悲苦的主题则是一致的,它与第一首诗的内在情思意脉是相承而相融的,它们都是流传于华山畿一带著名的吴声歌曲,因此有必要对其进行简要的论析,以见《华山畿》歌曲之总体精神与风格特征。下面便照录《华山畿》24首,并编以序号,以求论析之便。《华山畿》其余24首为:

(一)闻欢大养蚕,定得几许丝。所得何足言,奈何黑瘦为?

(二)夜相思,投壶不停箭,忆欢作娇时。

(三)开门枕水渚,三刀治一鱼,历乱伤杀汝。

① 刘昫等.旧唐书(卷二九)[M].北京:中华书局,1975:1064.

（四）未敢便相许，夜闻侬家论，不持侬与汝。

（五）懊恼不堪止，上床解要绳，自经屏风里。

（六）啼著曙，泪落枕将浮，身沈被流去。

（七）将懊恼，石阙昼夜题，碑泪常不燥。

（八）别后常相思，顿书千丈阙，题碑无罢时。

（九）奈何许，所欢不在间，娇笑向谁绪。

（十）隔津叹(一作欢)，牵牛语织女，离泪溢河汉。

（十一）啼相忆，泪如漏刻水，昼夜流不息。

（十二）著处多遇罗，的的往年少，艳情何能多！

（十三）无故相然我，路绝行人断，夜夜故望汝。

（十四）一坐复一起，黄昏人定后，许时不来已。

（十五）摩可侬，巷巷相罗截，终当不置汝。

（十六）不能久长离，中夜忆欢时，抱被空中啼。

（十七）腹中如汤灌，肝肠寸寸断，教侬底聊赖。

（十八）相送劳劳渚，长江不应满，是侬泪成许。

（十九）奈何许！天下人何限，慊慊只为汝。

（二十）郎情难可道，欢行豆荚心，见荻多欲绕。

（二十一）松上萝，愿君如行云，时时见经过。

（二十二）夜相思，风吹窗帘动，言是所欢来。

（二十三）长鸣鸡，谁知侬念汝，独向空中啼。

（二十四）腹中如乱丝，愦愦适得去，愁毒已复来。

以上所引《华山畿》24首，很显然，其主旨多是女子以第一人称的口吻表现她们对自己所爱之“郎”或“欢”的深切相思之情。此外，还有对阻碍青年男女婚姻的封建礼教所表现出来的强烈不满的情绪，愤恨至极，以至于以死抗争，凸显出青年女子勇于追求自由幸福美好爱情生活的大无畏精神，如(四)(五)两首。也有描写女子对男子的关心、体贴之情，以及对男子遭难不幸之伤悼之怀，如(一)(三)两首。与之相反者，则是表示女子对感情不专之行为的怨恨与谴责，如(十二)(二十)两首。还有表示女子坚贞不屈、拒绝不怀好意的轻慢行为者，如(十五)首。总的来说，描写最集中、表现最细腻、情感最动人者，还是那些青年女子们对自己所爱之人的刻骨相思、万般牵挂之诗。其思想价值最大，艺术成就亦最高。

《华山畿》24首的艺术表现手法亦颇具特色。其一，句式简短，情韵自然。除第一首为四句诗外，余者皆为每首三句，或三句皆五言，或首句为三言，后两句为五言。语言简洁，句子短促，随口吟唱，自然感韵，是典型的江南民歌小调。胡适在分析第四首“未敢便相许”时指出:“这诗用寥寥的十五个字写出一件悲剧的恋爱,真是可爱的技术。这种十三字或十五字的小诗,比五言二十字的绝句体还更经济。绝句往往须有‘凑句’,远不如这种十三字与十五字的短歌体,可以随宜长短”。① 正是充分肯定了这种小诗任情而发、自然明快的特点。其二,多用谐音双关、比喻、夸张等修辞手法。如(一)“定得几许丝(思)”,(七)“石阙昼夜题(啼),碑(悲)泪常不燥”,(八)“题碑(啼悲)无罢时”,等等,这些谐音字都用得自然巧妙而婉转,收到了很好的表达效果。比喻手法,如(十一)“泪如漏刻水”,(十七)“腹中如汤灌”,(二十)“欢行豆荚心,见荻多欲绕”,(二十一)“松上萝,愿君如行云”,(二十四)“腹中如乱丝”,这些喻体全采自诗人身边眼前所见景物,真切自然,形象生动,喻意恰切,体现了劳动人民的智慧与才华。夸张手法,如(六)“泪落枕将浮,身沈被流去”,(八)“顿书千丈阙,题碑无罢时”,(十)“牵牛语织女,离泪溢河汉”,(十一)“啼相忆,泪如漏刻水”。这众多的夸张,尤其是诗人对“泪”的夸张,描写女子相思痛苦至极之状况,极其动人,印象至深。

要之,《华山畿》组诗25首,是南朝特定时期吴地女子们渴望爱情、向往自由、追求幸福的美好心灵的真实记录。其思想之纯正,情感之真诚,情调之悲苦,风格之哀婉,在中国诗歌史上是一朵别具神韵、独放异彩的爱情奇葩。正如郑振铎所称道的那样:“人类情思的寄托不一端,而少年儿女们口里所发出的恋歌,却永远是最深挚的情绪的表现。……六朝的新乐府便是表现着少年男女们这样的清新顽健的歌声的,便是坦率大胆的表现着少年男女们这样的最内在、最深挚的情思的。在中国文学史上,可以说,没有一个时期有六朝那末自由奔放、且又那末清新健全的表现过这样的少年男女们的情绪过的。……他们真率,但不犷陋;他们温柔敦厚,但不隐晦。他们是明白如画的。他们是清新宛曲的。他们的情绪是那样的繁颐,但又是那样的深刻!”②《华山畿》组诗是南朝乐府民歌的重要组成部分之一,故将此移用来评价《华山畿》组诗,亦自是甚为恰切而允当的。

四

《华山畿》组诗25首,尤其是第一首,在男女爱情方面所体现出来的那种大爱、至爱之精神,还有那种矢志不渝、以身殉情、视爱胜命的悲壮气概,

① 胡适.白话文学史[M].北京:东方出版社,1996:80.

② 郑振铎.插图本中国文学史(一)[M].北京:人民文学出版社,1957:196-197.

已足以震撼山河、光辉万代了。然而，关于《华山畿》故事发生地华山究竟在何处的重要问题，迄今众说纷纭，莫衷一是。因此，甚有将这一学术悬案考辨清楚之必要。

关于华山之所在地，学界主要有二说。胡适《中国白话文学史》认为，南徐州是现在的江苏丹徒，云阳就是其附近的丹阳，而华山就是丹阳之南高淳境内的花(华)山。① 此乃"高淳华山"说；《辞海》"华山畿"条认为，华山即今江苏句容；②朱东润主编的《中国历代文学作品选》(上编第二册)亦认为，华山在今江苏省句容县北。③ 最近，王宁邦《〈华山畿〉小识》(下称"王文")认为"《华山畿》中的华山不是指西岳华山，亦非高淳的花山，而应当是与丹阳毗邻，今属句容的大华山。"④此乃"句容华山"说。其实，"高淳华山"说与"句容华山"说皆不合《华山畿》情理。笔者以为，《华山畿》故事真正的发生地，即在今镇江市丹徒区石桥乡华山村(镇江市以东 60 余里处)。其理由如次：

其一，元代俞希鲁编纂的《至顺镇江志》卷七《山水》条"丹徒县"目指出："华山，在县东六十三里，或以为花山，非。"并就此引注文曰："《润州类集补遗》载《华山畿曲》云，华山即今花山。观《古今乐录》所载华山畿事，谓南徐士子自华山畿往云阳。以地理考之，花山在州东北，云阳在州西南，华山神庙在两者之间，去云阳为近，则知华山畿，即今神庙之华山，非花山明矣。此地草葱郁而秀，故曰华山，取其光华也。今城东有花山寺可证。"⑤其中所云"华山神庙"，即《古今乐录》中所说的南徐士子与客舍女子合葬之"神女冢"。而"花山寺"之"花山"，即"华山"，"华"与"花"因音形相似而通用。地方志，乃一地百科式的权威之书，其可信度是颇高的。在《至顺镇江志》卷二十《杂录》条"文事"目"歌华山畿"中，还引录了《古今乐录》关于华山畿故事的全文，进一步佐证华山畿故事的发生地就在镇江丹徒境内的史实，并认定："自此有《华山畿》之曲。"⑥《古今图书集成·镇江山川考》亦云："华山在城东六十三里，即乐府所诏《华山畿》者，有神女冢。"

其二，光绪《丹徒县志》卷五九转录了宋人郭茂倩编录《华山畿》25 首诗时所引《古今乐录》关于南徐士子与华山女子颇为完整的感天动地的传奇爱情悲剧故事。其中所说男女合葬的"神女冢"遗址，至今在丹徒华山村仍有

---

① 胡适.白话文学史[M].北京：东方出版社，1996：69.

② 辞海编辑委员会.辞海(缩印本)[Z].上海：上海辞书出版社，1980：124.

③ 朱东润.中国历代文学作品选(上编第一册)[Z].上海：上海古籍出版社，1979：383.

④ 王宁邦.《华山畿》小识[J].江海学刊，2007(3)：123－123.

⑤ 俞希鲁.至顺镇江志(卷七)[Z].南京：江苏古籍出版社，1999：270－271.

⑥ 俞希鲁.至顺镇江志(卷七)[Z].南京：江苏古籍出版社，1999：847.

迹可寻,当地人又有“玉女墩”或“仙女墩”之称。“神女冢”在村口大堡头。过去,华山上曾建有神女祠(今已毁)。不过,每年春天,当地仍然保留着青年男女至玉女墩焚香烧纸、祈求婚姻幸福的古风。

其三,郭茂倩所引《古今乐录》注释中提及的地名“南徐”,即为今之镇江市(南朝宋永初二年改徐州置,治所在京口。)“华山畿”,即今丹徒华山村。“云阳”,即今之丹阳市。《华山畿》故事中南徐士子的行走路线是:由南徐出发,路经华山而至云阳。华山村位于镇江丹徒与丹阳交界处,是古代镇江至丹阳的重要通道。王文认为郭茂倩引注的“南徐一士子,从华山畿往云阳”“有误”,“应为‘南徐一士子,从云阳往华山畿’”,此乃臆说之词,郭之引语无误。而句容在南徐西南,云阳则在南徐之东,若按王文所说路线,士子必为绕道之行,与情理相悖。

其四,华山村素享江南第一村之美誉。该村口有一棵千年银杏树,至今树旁仍有银杏山房。村中有妇孺皆知、闻名遐迩的“华山八宝”:古银杏、无草地、奈何桥、万年台、龙脊街、大帝庙、文昌阁、栓马桩。如此富庶的江南古村,与南徐士子于华山畿所见女子客舍之情形,是甚相吻合的。华山村如此深厚的文化积淀,自是产生《华山畿》动人爱情故事的文化沃土。

其五,通过对华山村的实地考察与调查,可佐证《华山畿》故事的发生地就在华山村。1987、1992 年镇江市民间文艺家协会与镇江民间文艺资料库曾两次组织采风组深入华山村,就《华山畿》故事究竟是否发生此地之问题,进行全面考察。采风组访问了 83 人次,最长者 91 岁,最小者 12 岁,采录《华山畿》异文传说 11 种,有关民俗资料、民间传说、歌谣等 14 万字。这些材料在文字上与《华山畿》故事虽然有所差异,但在人物、情节、主旨方面则颇多相同,而且这些故事至今传唱不已。50 年代,丹徒剧团曾演出过反映《华山畿》的戏剧。1987 年,县文化馆曾创作《华山畿》道情演唱,并获江苏省曲艺节目一等奖。华山村冷珊老师所讲述的《华山畿》长篇传说,曾被整理发表于 1995 年第三期《采风》杂志。①

尤其值得一提的是,明代朝鲜诗人金宗直曾到丹徒华山村考察《华山畿》故事,曾即兴作诗一首云:“冢上青青连理枝,行人争唱《华山畿》。野棠花发当寒食,几度春魂化蝶飞。”诗意深挚而玲珑,且透露出《华山畿》乃《梁山伯与祝英台》戏剧之蓝本的消息。《梁祝》故事最早见于初唐梁载言《十道四蕃志》,记叙梁祝两人“同学”、“同冢”的爱情悲剧故事,而《华山畿》故事则发生于南朝宋少帝之时,早于前者 200 余年,最早表现了“生不能同罗帐,死也要同坟台”的“同冢”“阴配”的悲剧婚姻心态。故 20 年代学术界遂有称

① 康新民. 大地的吻[M]. 北京:中国文联出版社,2000.

《华山畿》为"小梁祝"者，实乃可信之论。

综上所述，而今镇江市丹徒区石桥乡华山村，才是《华山畿》故事的真正发生地。至于胡适《中国白话文学史》之"高淳花山"之说、《辞海》之"江苏句容"之说，以及王文的补充《辞海》之说，皆与《华山畿》故事之情理不合。

要之，1 500 年前诞生镇江市丹徒区的《华山畿》至爱悲剧故事及其诗歌，其思想意义与艺术价值，不唯今天，即便在未来都依然是至深至大而至远的。因为只有爱，人类才和合，社会才和谐，世界才和平。因此，人们需要爱，呼唤爱，期盼爱，拥护爱，尊敬爱，崇拜爱。只要人人都奉献一点爱，这个世界将变得无限美好。在我国汶川大地震中人们所表现出来的前所未有的真诚爱心，已足以说明了这个问题。这就是我们从《华山畿》的男女至爱精神中所获得的应有启迪与教育意义。

论“亚鲁王”的军事谋略思想

杨茂锐*

摘　要：主要流传于贵州省麻山地区的苗族英雄史诗——《亚鲁王》，作为国家级非物质文化遗产名录，被文化部列为2009年中国文化的重大发现之一。它的内容包罗万象、博大精深，是研究苗族古代社会的“百科全书”，对哲学、文学、史学、民族学、文化人类学、宗教学、民俗学、语言学、神学等学科有十分重要的研究参考价值。本文仅从坚持正义谋略、坚持智慧谋略和坚持粮草先行谋略来对亚鲁王的军事谋略思想进行探讨。

关键词：亚鲁王　军事谋略　主要思想

所谓的军事谋略就是客观事物反映于人的头脑，经过思维加工形成的运用于军事领域的计谋与策略的总称。它是战胜敌人，取得军事斗争胜利的智力武器，是加强武装力量建设的思想指导。例如，我国古代孙子兵法的中心思想就是力争以智谋胜敌，而不是以力胜敌的军事谋略。作为国家级非物质文化遗产名录，被文化部列为2009年中国文化重大发现之一的苗族英雄史诗——《亚鲁王》，主要是在贵州省麻山地区苗族丧葬仪式中唱诵，至今已有两千多年历史，其内容包罗万象，博大精深，是研究苗族古代社会的“百科全书”。《亚鲁王》的重大发现不仅对哲学、文学、史学、民族学、文化人类学、宗教学、民俗学、语言学、神学等学科有重要的研究参考价值，而且对研究军事谋略思想也具有重要的意义和价值。亚鲁王的军事谋略思想，在已经公开出版的苗族英雄史诗——《亚鲁王》和未公开出版的资料中是极其丰富的，本文主要以贵州省文化厅、贵州省非物质文化遗产保护中心编印的苗族英雄史诗——《亚鲁王》为蓝本，谈笔者对亚鲁王军事谋略思想的学习体会。

---

* 杨茂锐(1953—)，男，苗族，贵州省凯里市人，贵州师范学院贵州民族学与人类学高等研究院特聘研究员，贵州大学人民武装学院教授，贵州省苗学会副会长。研究方向：国防教育学、苗学等。

一、坚持正义谋略

据有关资料统计，在人类五千多年有文字记载的发展史上，世界上共发生了14 513次战争。[①] 可以说，人类文明史就是一部战争史，战争与人类文明的发展息息相关。“每一个民族在历史上都经历过战争。而苗族历史经历战争时间之长，次数之多，规模之大，实属罕见。苗族的历史就是一部战争史”。[②] 苗族英雄史诗《亚鲁王》唱诵的是苗族先人的创世、战争和迁徙的历史。史诗中的第一章“远古英雄争霸”用了10 000余行来叙述战争，可以说战争这一主线贯穿于英雄史诗《亚鲁王》的始末。而第五节的《龙心大战》和第九节的《争夺盐井大战》叙述了数次战争中的两次典型大战。第五节的开头就唱吟到：“远古之前，岁月之初，赛阳安居在王都麻阳，赛霸定居都城钠京垛。亚鲁得龙心的大事传给了赛阳，亚鲁得兔心的大喜赛霸已知晓。”[③]而作为长兄长子的赛阳、赛霸没有得到龙心和兔心；而作为兄弟、幺弟的亚鲁却得到龙心和兔心。因为“亚鲁得龙心就得七十坝水田，亚鲁得兔心就有七十坡肥土。亚鲁得龙心能占据七十个城堡，亚鲁得兔心就盘踞七十个城地。”[④]为了得到龙心、兔心，赛阳、赛霸说：“我们得去进攻他，我们要发动战争。不让战事发生可战事已经发生，不想战争爆发而战争已经爆发。”第九节吟诵亚鲁王部族在迁徙过程中，发现了盐井，并发明了锅熬盐水的技术，再一次引来了赛阳、赛霸对亚鲁王及其部族发动的侵略和战争。“天下族人都在说，所有族人都在传。灾难在这里发生，战争从这时爆发。灾难由七个务的商人引起，战争是七个上方的务引发。”[⑤]由于亚鲁王发现了盐井并且熬盐石、制盐块，三年没有去赶集市，三年不再做生意。引起了赛阳、赛霸的生疑。自三年前赛阳、赛霸抢得亚鲁王的大片疆域，吃上糯米饭和鱼虾，并把亚鲁王驱赶到丘陵山地。亚鲁王用小米红稗充饥，露宿荒野之后，已有三年没有给他们送粮，没有给他们缴契。赛阳、赛霸密谋商议，派七个务生意人、七个上方务去探究竟，发现“亚鲁王已有生盐井！亚鲁王真有盐井了！”[⑥]“赛阳、赛霸说，我们是长兄，我们没有得生盐井。赛霸、赛阳

---

① 军事理论[M].北京：解放军出版社，2001：23.

② 石朝江.战争与苗族[M].北京：光明日报出版社，2010.

③ 贵州省文化厅、贵州省非物质文化遗产保护中心编印.苗族英雄史诗《亚鲁王》.129.

④ 贵州省文化厅、贵州省非物质文化遗产保护中心编印.苗族英雄史诗《亚鲁王》.130.

⑤ 贵州省文化厅、贵州省非物质文化遗产保护中心编印.苗族英雄史诗《亚鲁王》.178.

⑥ 贵州省文化厅、贵州省非物质文化遗产保护中心编印.苗族英雄史诗《亚鲁王》.193.

说,我们是长子,为啥得不到盐井?亚鲁是兄弟,亚鲁哪来生盐井?亚鲁是幺弟,亚鲁咋能有盐井?我们得去夺盐井,我们要发动战事。不让战事发生可战事突然发生,不想战争爆发而战争已经爆发。"①从这两次战争的案例中我们不难看出,赛阳、赛霸对亚鲁王发动的战争是非正义的战争,而亚鲁王则是被迫的、反侵略的战争,是正义的战争。史诗中多次的提到,"Mut gongs sheuf ndangd sheuf hax ndangd\不让战事发生可战事突然发生,Mut gongs chongf ndoud chongf hax ndoud\不想战争爆发而战争已经爆发。"关于战争,孙子曰:"兵者,国之大事,死生之地,存亡之道,不可不察也",所以,要用"五事"去研究它,用"七计"去比较它,以求得对战争情况的认识。"故经之以五事,校之以计,而索其情:一曰道,二曰天,三曰地,四曰将,五曰法。"什么是"道"?孙武讲:"道者,令民与上同意也,故可以与之死,可以与之生,而不畏危。"(《孙子·计篇》)孙武在论述战争制胜的条件时,把"道"这个属于政治范畴的因素放在首位,表明他在一定程度上朴素地看到了战争与政治的联系。他在《形篇》中进一步指出"道"是战争胜败的决定因素,"善用兵者,修道而保法,故能可胜败之政。"由此可见,孙武把修明政治,看作是决定战争制胜的最首要的条件。本文虽然不是专门研究亚鲁王与战争的政治关系,但从亚鲁王的战争史实中,我们看到亚鲁王所进行的战争,从道义上来说,它是反侵略的正义的战争。纵观中外历史上发生的大大小小战争,人们可以按照不同的标准对这些战争进行划分归类,如按历史时期分类有:古代战争、近代战争、现代战争,按社会形态分类有:原始社会末期的战争、奴隶社会战争、封建社会战争、资本主义社会战争等,按兵器的发展和使用分类有:冷兵器战争、热兵器战争、核战争,按战争规模分类有:局部战争和世界战争。这些分类是战争多样性的客观反映,为人们全面认识战争提供了客观依据。如果从战争的本质上进行分类的话,只有正义战争和非正义战争这两种基本类型。从这一理论出发,苗族英雄史诗——《亚鲁王》描述的战争,是反侵略的正义战争,得道多助,才被苗族人民代代传颂,亚鲁王是苗族人民英雄的典范。

二、坚持智慧谋略

中国古代著名的军事思想家孙武所著的《孙子兵法》中写道:"是故百战百胜,非善之善者也,不战而屈人之兵,善之善者也。故上兵伐谋,其次伐

---

① 贵州省文化厅、贵州省非物质文化遗产保护中心编印.苗族英雄史诗《亚鲁王》.193-194.

交，其次伐兵，其下攻城。攻城之法，为不得已。”这就说：百战百胜，并不是最好的；只有不经过兵刃交锋而使得敌军降服才是最好的。最好的用兵是以谋略取胜，其次是运用外交手段取胜，再其次是以军事手段取胜，最差的要算强攻敌国的城池了。在苗族英雄史诗——《亚鲁王》第一章第十七节“亚鲁王计谋多端，步步侵占荷布朵王国”，叙述了亚鲁王运用智慧谋略获取荷布朵部落疆域的过程。荷布朵是一片开阔的盆地，又是一处险要的山区。一条大河穿过盆地中央，大片田坝散在河的两岸。这里可逃避追杀，这儿能躲避战争。水源多多，粮草丰盛。亚鲁王说这里能抚养我儿女，亚鲁王讲这儿能养活我族人。史诗首先交代了荷布朵非常适合亚鲁王及其族人生存的环境和条件，然后一步一步地通过谋略获取荷布朵疆域。首先是与荷布朵王拜把，赢得荷布朵及家人的信任。“我们先辈是弟兄我才投拜你这里，我们先祖是兄弟我来投靠你这方。我来和你拜个把，我来与你拜弟兄。”①“结拜兄弟不论玛人或务人，不讲门户，结拜弟兄不管蒙人还是夷人，不论部族。我是一片诚心，我是满心诚意。亚鲁王与荷布朵结拜兄弟，亚鲁王与荷布朵打了老庚。”与此同时，由于“荷布朵天天带兵士耕田，荷布朵日日率将领种地。”而亚鲁王却每日待在王宫，帮荷布朵王妃霸德宙做菜、煮饭。日积月累产生了爱念之情，并使霸德宙有了身孕。随后，亚鲁王又向荷布朵提出了疆土要求。“这里是祖业，我投奔哥哥而来，这里为祖地，我是来投靠兄长。这疆域也是我的疆域，这王国同为我的王国。”②后来亚鲁王进一步说：“这疆域本是我的疆域，这王国就是我的王国。”③再后来荷布朵与亚鲁王经过几个回合的“讲道理、辨是非”的较量后，荷布朵败北后迁出其疆域。第一回合：“荷布朵说我俩来喊祖奶奶，荷布朵说我俩去唤祖爷爷。祖奶奶答何人，就是何人的疆域，祖爷爷应哪个，就是哪个的王国。”④第一回合，荷布朵输了。第二回合：“荷布朵说，我们呼唤画眉鸟。画眉鸟回应谁人就是谁的疆域，画眉鸟应声哪个就是哪个的王国。”第二回合亚鲁王赢了。第三回合：“荷布朵说，我俩来烧茅草祖奶奶，我俩来燃芭茅祖爷爷。谁烧完了茅草祖奶奶，这疆域是谁人的疆域。哪个燃尽芭茅祖爷爷，这王国是哪个的王国。”⑤第三回合，荷布朵又输了。第四回合：“荷布朵说，我俩来射白岩。何人射中白岩就是何人的疆域，哪个命中白岩就是哪个的王国。”⑥第四回合，

① 贵州省文化厅、贵州省非物质文化遗产保护中心编印. 苗族英雄史诗《亚鲁王》. 327.
② 贵州省文化厅、贵州省非物质文化遗产保护中心编印. 苗族英雄史诗《亚鲁王》. 341.
③ 贵州省文化厅、贵州省非物质文化遗产保护中心编印. 苗族英雄史诗《亚鲁王》. 343.
④ 贵州省文化厅、贵州省非物质文化遗产保护中心编印. 苗族英雄史诗《亚鲁王》. 344－345.
⑤ 贵州省文化厅、贵州省非物质文化遗产保护中心编印. 苗族英雄史诗《亚鲁王》. 347.
⑥ 贵州省文化厅、贵州省非物质文化遗产保护中心编印. 苗族英雄史诗《亚鲁王》. 350.

亚鲁王又赢了。第五回合:“荷布朵说,我俩喊暗河,我俩喊山岩。暗河回应谁,这疆域就是谁人的疆域。岩石应声哪个,这王国就为哪个的王国。”①第五回合,荷布朵再次输了。第六回合:“荷布朵说,我俩来抓河里虾子,我俩去捕水中鱼儿,哪个抓得河虾,疆域就是哪个的疆域。何人捕得河鱼,王国就为何人的王国。”②第六回合,亚鲁王再次赢了。第七回合:“荷布朵说,我俩去砍岩上那棵青枫树,我俩来伐岭上这株岩梢树。青枫树倒向上方,疆域是你的疆域,岩梢树倒朝上边,王国是你王国。青枫树倒向下方,疆域是我的疆域,岩梢树倒朝下边,王国是我王国。”③第七回合,荷布朵又一次输了。第八回合:“荷布朵说,你喊龙祖宗,如是他听见了,这疆域就是你的疆域。你喊雷祖宗,要是他能听见,这王国就是你的王国。……面朝太阳升起的那边,亚鲁王三声大喊,面向太阳落坡的地方,亚鲁王呐喊三声。三声炸雷轰响,瓢泼大雨落下。滚滚潮水涌来,成了巴乐甬河。巴乐甬河将荷布朵隔在对岸。亚鲁王说,哥哥哩哥哥,龙祖宗听见我的话啦,雷祖宗听到我的话啦,这疆域是我的疆域,这王国为我的王国。”④第八回合亚鲁王最终赢了。最后,“比输的荷布朵远走他方,惨败的荷布朵迁徙他乡。”⑤亚鲁王在八个回合的“讲道理、辨是非”的较量中皆赢,暗中却使了一些计谋,比如说在第一回合“喊祖奶奶唤祖爷爷”过程中,亚鲁王预先安排七十个王后、七十个王妃去睡在荷布朵祖坟边,荷布朵喊不回应,亚鲁王一喊“祖奶奶的‘应答’回荡旷野,祖爷爷的‘声音’回响山间”。再如在第七回合,亚鲁王之所以赢,是因为“亚鲁王派欧德聂带兵士将树梢系在岩上方,亚鲁王派欧德聂率将领把树栓在岭上边”。可见,亚鲁王在与荷布朵王的比赛中使了计谋和策略,哪有不赢的道理。

三、坚持粮草先行谋略

古人云:兵马未动,粮草先行。在战争中,后勤保障问题始终是战争胜败之大事。因为没有充足的作战物资,用兵越多,困难越大,一旦供应中断就受制于敌。特别在进行战略、战役性的作战中,后勤保障显得更为重要。所谓的“兵马未动,粮草先行”,道理如此。古今中外战争的实践证明,没有

① 贵州省文化厅、贵州省非物质文化遗产保护中心编印.苗族英雄史诗《亚鲁王》.353.
② 贵州省文化厅、贵州省非物质文化遗产保护中心编印.苗族英雄史诗《亚鲁王》.355.
③ 贵州省文化厅、贵州省非物质文化遗产保护中心编印.苗族英雄史诗《亚鲁王》.358.
④ 贵州省文化厅、贵州省非物质文化遗产保护中心编印.苗族英雄史诗《亚鲁王》.362.
⑤ 贵州省文化厅、贵州省非物质文化遗产保护中心编印.苗族英雄史诗《亚鲁王》.364 - 365.

充足的物资基础，便没有战略上的辉煌战绩。故此，士兵上前线打仗必须有充足的粮草和畅通的粮道。从某种意义上来说，“打仗就是打后勤”。由此不难看出，粮草是打赢战争的关键之关键。关于这一思想，早在几千年前孙武在《孙子兵法·作战篇》中就谈道：“驰车千驷，革车千乘，带甲十万，千里而馈（运送）粮，则外内之费，宾客之用，胶漆之材，车甲之奉，日费千金，然后十万之师举矣。”战争中经济消耗极大，特别是在当时经济条件下，没有任何国家经得起长期战争的消耗，因之，它提出“兵贵胜，不贵久”的原则：“久暴师则国用不足。夫钝兵挫锐，屈力殚货，则诸侯乘其弊而起，虽有智者，不能善其后矣。”由贵州省文化厅、贵州省非物质文化遗产保护中心编印的苗族英雄史诗——《亚鲁王》，蕴藏着丰富的在战争中粮草要先行的军事谋略思想。例一：在逃避战争的迁徙过程中，“亚鲁王砸破家园拿干粮就上路，亚鲁王捣毁疆土带糯饭团出征”。① “我们得带七十挑麻种去开新疆域，我们要挑七十担构皮麻找新领地”。② 同时，羊、鸡、狗、猪、牛、马、猴、虎、蛇、龙、兔、鼠等动物，亚鲁王迁徙到哪里，它们就“尾随而到”，还有“稻谷种跟随而来，糯谷种尾随而到。红稗种跟随而来，红稗种尾随而到。麻种跟随而来，麻种尾随而到。棉花种跟随而来，棉花种尾随而到。青枫树跟随而来，青枫树尾随而到。豆冠树跟随而来，豆冠树尾随而到。五棓子树跟随而来，五棓子树尾随而到。椿菜树跟随而来，椿菜树尾随而到。杉木树跟随而来，杉木树尾随而到。枫木树跟随而来，枫木树尾随而到。万物跟随而来，万物尾随而到”。③ 万物跟随亚鲁王日夜迁徙来到新地方。以上的这些内容，在英雄史诗——《亚鲁王》的叙述中，在很多的章、节中不断重复。可见，物质基础对于战争和迁徙来说是多么地重要。例二：在尚未编入由贵州省文化厅、贵州省非物质文化遗产保护中心的苗族英雄史诗——《亚鲁王》的集子中也有类式的思想。由陈兴华、梁老胖、杨光顺、韦老王等人唱述的：dix dex lengl\“迪德棱”，讲到亚鲁王儿女波布聂磅因为：Nggub lod gongt jik nggub bleid\牛斗断了角就转身迁徙远去，Shengl tiaf jiK rad lex\丈夫死了妻子走人。她要“Gongd lex kos suot nob nof\去寻找地方吃饭，Gongd lex kos rongl nob rot\去寻找村庄吃菜”。亚鲁王对她说：“Gongd dongt gex red gongd tul had gex nid lex\我女儿你洗了我的尿裤你再去，Gongd dongt gex red gongd tul neil gex nid lex\我女儿你洗了我的尿裤你再去。Yangb Luf lul hil gongt qangf jux zad dous tul\亚鲁王藏了七十金在裤袋里，

① 贵州省文化厅、贵州省非物质文化遗产保护中心编印. 苗族英雄史诗《亚鲁王》. 366.
② 贵州省文化厅、贵州省非物质文化遗产保护中心编印. 苗族英雄史诗《亚鲁王》. 368.
③ 贵州省文化厅、贵州省非物质文化遗产保护中心编印. 苗族英雄史诗《亚鲁王》. 201 - 202.

Yangb Luf lul hil nyib qangf jux zad dous bangs\亚鲁王藏了七十银在衣兜里”。亚鲁王说:“Gongd dongt gex jongb lex red zad hongf gangt\我女儿你拿到河岸去洗吧,Gongd dongt gex jongb lex red zad hongf sheif\我女儿你拿到河滩去洗吧。Bob Bux Nerl Bangd jongb lex red zad hongf gangt\波布聂磅拿去洗在了河岸上,Bob Bux Nerl Bangd jongb lex red zad hongf sheif\波布聂磅拿去洗在了河滩上。Bangt Yangb Luf deit qangf jux gongt lul bux hlenl zenl\叮叮的响声落下了亚鲁王的七十金,Bangt Yangb Luf deit qangf jux nyib lul bux hlok zok\当当的响声落下了亚鲁王的七十银。Bob Bux Nerl Bangd mad nblax suf nblax muk nyot Yangb Luf deit had\波布聂磅一褶褶地翻看没有亚鲁王的屎,Bob Bux Nerl Bangd mad ngeis suf ngeis muk nyot Yangb Luf deit reil\波布聂磅翻完衣角没有亚鲁王的尿。Nad yongf jid Yangb Luf nbok qangf jux gongt kongf gongd lex kos suot\这是父王亚鲁王拿七十金给我去寻找地方,Nad yongf jid Yangb Luf nbok qangf jux nyib kongf gongd lex kos rongl\这是父王亚鲁王拿七十银给我去寻找村庄”。这就是亚鲁王的兵马未动,粮草先行和“打仗打后勤”的军事谋略思想。

研究“亚鲁王”军事谋略思想,不仅有重要的理论意义,而且也具有重要的现实意义。《亚鲁王》作为国家级非物质文化遗产名录,是我国非物质文化遗产的重要组成部分,也是人类优秀文化遗产的重要组成部分。我们要挖掘和打造好“亚鲁王”这块文化名片,并把它做大做强,来促进麻山地区乃至贵州省经济社会又好又快发展,全面建设小康社会,实现各民族的共同团结进步和共同发展繁荣。

中国香囊文化试探

徐华龙*

摘　要： 香囊是中国的文化，是一种高雅品位的象征。人们用香囊来改善自身气息，也试图让对方也能够沉浸在优雅别致的空气之中，这是一种文化修行，也是对别人的尊重。因此香囊不仅存在于皇宫雅府内的各种地方，同样也被老百姓所喜欢所佩戴。可惜的是现在香囊已经成为可有可无的摆设，其历史、文化也逐渐被遗忘，不再是上乘生活的一部分。如今挖掘这一块文化，希望香乃至香囊逐渐成为人们追逐的一种高尚的生活。

关键词： 中国　香囊　文化　历史

香囊，也叫香袋、花囊、荷包等。佩戴香囊，是历史久远的一种有情调的生活状态。中国古代女性爱戴香囊，有一个最典型的例子，就属于杨贵妃佩戴香囊。《艳异编正集·艳异编》卷十二曰：

> 至德二年，既收复西京。十一月，上自成都还，使祭之。后欲改葬，李辅国等不从。时礼部侍郎李揆奏曰："龙武将士以杨国忠反，故诛之。今改葬故妃，恐龙武将士疑惧。"肃宗遂止之。上皇密令中官潜移葬之于他所。妃之初瘗，以紫褥裹之。及移葬，肌肤已消释矣。胸前犹有锦香囊在焉。中官葬毕以献，上皇置之怀袖。又令画工写妃形于别殿，朝夕视之而欷歔焉。上皇既居南内，夜阑登勤政楼，凭栏南望，烟月满目。上因自歌曰："庭前琪树已堪攀，塞外征人殊未还。"

这是马嵬坡事变的前后。天宝十四年(755)十一月，安禄山兵变，攻占潼关。唐玄宗见长安不保，携杨玉环仓皇入蜀。途经马嵬坡时，禁军将领杀死杨国忠父子之后，遂请求处死杨贵妃。唐玄宗无奈，被迫赐杨贵妃自缢，史称"马嵬之变"。平定之后，移葬杨贵妃时发现其佩戴香囊。唐玄宗还将香囊放进"怀袖"中，以示怀念。

除了贵妃佩戴香囊之外，宫女等也可以戴香囊。《古今情海》卷二十三

* 徐华龙，男，上海人，上海文艺出版社编审，上海筷箸文化促进会会长。

《情中浪》:"侍郎、宫奴穿戴新鲜并佩着香囊,肆无忌惮地住在远条馆里,没人敢说话。"在民间,普通女子也佩戴香囊,是一种很普遍的现象。难怪元宵节看灯时候,可以在不经意之间就捡到香囊呢。《今古奇观》第六十七卷《张舜美灯宵得丽女》:"且说在京一个贵官公子,姓张名生,年方十八,生得十分聪俊,未取妻室。因元宵到乾明寺看灯,忽于殿上拾得一红绡帕子,帕角系一个香囊。细看帕上,有诗一首云……"。

古代男子也佩戴香囊,但有时要遭到鄙视。《独异志》曰:"晋谢玄,字幼度,有才业,甚为从父安所重。少好佩紫罗香囊,安鄙之,而不欲伤其意,因戏赌得焚之。"历史上谢玄是个文武兼备的志士,他创建的"北府兵",能征善战,吃苦耐劳,成为东晋最为精锐的军队。在淝水之战中,打得秦主部队望风而逃。但是谢玄小时候却喜欢佩带紫罗香囊。叔父谢安不喜欢侄儿佩戴香囊,就设法把香囊烧掉。以后谢玄成为英勇善战的将领,是否与摆脱了香风之气有关,不得而知,但是晋代,男子佩戴香囊的风气却是存在的。

二

香囊在中国传统文化中曾扮演了重要角色,在不少小说、戏曲等文学作品中,香囊被作为爱情的见证。

在《红楼梦》里,香囊是宝玉、黛玉爱情的纽带,一旦黛玉发现自己送给宝玉的香囊被送给了别人,生气就将香囊剪破。其情节如下:

> 少时袭人倒了茶来,见身边佩物一件无存,因笑道:"带的东西又是那起没脸的东西们解了去了。"林黛玉听说,走来瞧瞧,果然一件无存,因向宝玉道:"我给的那个荷包也给他们了?你明儿再想我的东西,可不能够了!"说毕,赌气回房,将前日宝玉所烦他作的那个香袋儿——才做了一半——赌气拿过来就铰。宝玉见他生气,便知不妥,忙赶过来,早剪破了。宝玉已见过这香囊,虽尚未完,却十分精巧,费了许多工夫。今见无故剪了,却也可气。因忙把衣领解了,从里面红袄襟上将黛玉所给的那荷包解了下来,递与黛玉瞧道:"你瞧瞧,这是什么!我那一回把你的东西给人了?"林黛玉见他如此珍重,带在里面,可知是怕人拿去之意,因此又自悔莽撞,未见皂白,就剪了香袋①。

① 《红楼梦》第十八回《隔珠帘父女勉忠勤,搦湘管姊弟裁题咏》。

此处对香囊描述非常精准、到位，将黛玉的斤斤计较的性格，与宝玉的痴情木讷形成强烈的对比，由此宝黛之间的误会、矛盾也就充分展开。另外，“从里面红袄襟上将黛玉所给的那荷包解了下来”让黛玉看，也将香囊的佩戴习俗直接表现出来。

到了《红楼梦》第八十七回《感深秋抚琴悲往事，坐禅寂走火入邪魔》里香囊依然贯穿情节之中：

雪雁走去将一包小毛衣服抱来，打开毡包，给黛玉自拣。只见内中夹着个绢包儿，黛玉伸手拿起打开看时，却是宝玉病时送来的旧手帕，自己题的诗，上面泪痕犹在，里头却包着那剪破了的香囊扇袋并宝玉通灵玉上的穗子。原来晾衣服时从箱中捡出，紫鹃恐怕遗失了，遂夹在这毡包里的。这黛玉不看则已，看了时也不说穿那一件衣服，手里只拿着那两方手帕，呆呆的看那旧诗。看了一回，不觉的簌簌泪下。紫鹃刚从外间进来，只见雪雁正捧着一毡包衣裳在旁边呆立，小几上却搁着剪破的香囊，两三截儿扇袋和那铰折了的穗子，黛玉手中自拿着两方旧帕，上边写着字迹，在那里对着滴泪。

可见，香囊是宝黛两人感情纠葛的重要的物件，也是他们之间的矛盾冲突的焦点。如果没有香囊作为婚恋的媒介，就不可能有宝黛故事的发展，正是有了香囊的故事内核，才使得情节得以顺利展开了。因此，香囊曾是中国古代男女之间的一种爱情信物。

《太平广记》卷第三百一十八《鬼三》记录了这样的爱情故事：

晋世王恭伯，字子升，会稽人，美姿容，善鼓琴，为东宫舍人，求假休吴。到阊门邮亭，望月鼓琴。俄有一女子，从一女，谓恭伯曰：“妾平生爱琴，愿共抚之。”其姿质甚丽，恭伯留之宿，向晓而别。以锦褥香囊为诀，恭伯以玉簪赠行。俄而天晓，闻邻船有吴县令刘惠基亡女，灵前失锦褥主香囊。斯须，有官吏遍搜邻船，至恭伯船，获之，恭伯惧，因述其言：“我亦赠其玉簪。”惠基令检，果于亡女头上获之。惠基乃恸哭，因呼恭伯以子婿之礼。其女名稚华，年十六而卒。（出刑子才《山河别记》）

人鬼之间爱情的故事往往有着超脱于凡世的一种情感，为了表达这种情感，同样也是以香囊作为男女爱慕的依据。

《二刻拍案惊奇》卷十一《满少卿饥附饱飏，焦文姬生仇死报》中又可以找到另外一个证据：

> 大郎听罢，气得抓耳挠腮，没个是处，喊道：不成才的歪货！他是别路来的，与他做下了事，打点怎的？青箱说：姐姐今日见爹爹不在，私下摆个酒盒，要满官人对天发誓，你娶我嫁，终身不负，故此与他酒吃了。又脱一件衣服，一个香囊，与他做纪念的。

很显然，这个故事再次证明香囊是男女爱情的信物，有了这样的信物就表明男女的感情是真实的，而且也是坚决的。

香囊是婚姻的信物，在《今古奇观》第六十七卷《张舜美灯宵得丽女》还可以看到：

> 次夜，生复伺于旧处，俄有青盖旧车，迤逦而来，更无人从，车前挂双鸳鸯灯。生睹车中，非昨夜相遇之女，乃一尼耳。车夫连称："送师归院去。"生迟疑间，见尼转手而招生。生潜随之，至乾明寺，老尼迎门谓曰："何归迟也？"尼入院，生随入小轩，轩中已张灯列宴。尼乃卸去道装，忽见绿鬓堆云，红裳映月。生女联坐，老尼侍旁。酒行之后，女曰："愿见去年相约之媒。"生取香囊红绡，付女视之。女方笑曰："京都往来人众，偏落君手，岂非天赐尔我姻缘耶？"生曰："当时得之，亦曾奉和。"因举其诗。女喜曰："真我夫也。"

故事虽然离奇，但将香囊作为男女之情的信物，表露无遗。

同样，为了表示情义已绝而烧掉香囊，这是与以上感情相反的另外一种情形。《二刻拍案惊奇》卷十一《满少卿饥附饱飏，焦文姬生仇死报》一文中写道："满生与朱氏门当户对，年貌相当，你敬我爱，如胶似漆。满生心里反悔着凤翔多了焦家这件事，却也有时念及，心上有些遣不开。因在朱氏面前，索性把前日焦氏所赠衣服，香囊拿出来，忍着性子，一把火烧了，意思要自此绝了念头。"可见，香囊在爱恋过程中是重要的不可或缺的道具。表现爱慕之意的是香囊，而表示恩断义绝的也是香囊，这就反映了香囊在古代人们情感生活中是一个重要的表达工具。

二

香囊发展到唐代成为一高峰，可以佐证的是在有唐记载里出现大量相关的内容，如唐李濬《松窗杂录》："镂白玉香囊"。唐皇甫枚《三水小牍》："因授象以连蝉锦香囊，并碧苔牋。"宋代，香囊更成为人们日常生活所必须。陆游《老学庵笔记》(学津讨原本)卷一:“京师(开封)承平时,宗室戚里岁时入禁中,妇女上犊车,皆用二小鬟,持香毬在旁,而袖中自持两小香毬,车驰过,香烟如云,数里不绝,尘土皆香。”①这里的香毬,其实就是香囊。这种香气如此浓烈,“数里不绝,尘土皆香”,达到如此的境界,可见当时的香是多么迷人。

唐诗就有香囊为题材的作品,如《容斋续笔》卷第二里有唐诗《香囊子》。唐张祜《太真香囊子》更是重要作品:“蹙金妃子小花囊,销耗胸前结旧香。谁为君王重解得,一生遗恨系心肠。”在这首诗里,很清楚地表明了杨贵妃有佩戴香囊的习惯,香囊里装有散发香气的干花。马嵬事件之后,唐玄宗被迫下令赐死他最宠爱的杨贵妃。过去杨贵妃佩戴花囊,是为了引起唐玄宗的注意,如今时过境迁,杨贵妃的香囊已经不再起任何作用。此诗好像在责怪香囊不再有过去的魅力,其实这是借用香囊来比对杨贵妃得宠前后的不同境遇,令人唏嘘。

到了明清社会,人们喜欢香囊的氛围空前高涨,因此在各种俗世作品有了大量的关于香囊的记录,而这些恰恰是当时社会的写真。如《三刻拍案惊奇》第三十回“窃篆心虽巧完璧计尤神”有:“有那烧冷灶的,不曾有事寻他,先来相处他,请酒、送礼,只捡小官喜欢的香囊、扇子、汗巾之类送来,结识他做个靠山。有那临渴掘井的,要做这件,大块塞来,要他撺掇”。《三刻拍案惊奇》第十三回《匿头计占红颜,发棺立苏呆婿》有:“忽一日,拿了支金簪、两个金戒子走来道:贤妹,这回妳昨日香囊。”从这段话本文字,可以知晓香囊是值钱之物,否则不会再还其香囊的。

明代是个商品经济逐渐兴盛的时代,香囊从家庭制作,慢慢成为一种商品而可以买卖。到了清代,香囊不再是家庭自产自用的物品,而成为社会流通中的商品。《儒林外史》第四十一回《庄濯江话旧秦淮河,沈琼枝押解江都县》有:“次日,武正字来到杜少卿家,早饭后,同到王府塘来。只见前面一间低矮房屋,门首围着一二十人在那里吵闹。杜少卿同武书上前一看,里边便是一个十八九岁妇人,梳着下路绺裘,穿着一件宝蓝纱大领披风,在里面支支喳喳的嚷。杜少卿同武书听了一听,才晓得是人来买绣香囊,地方上几个喇子想来拿囮头,却无实迹,倒被他骂了一场。”这里描写的是人们在买卖香囊时候的情形,说明了香囊已经成为商品。

不仅香囊可以买卖,而且还有了一定的市场。清余怀《板桥杂记》:“曲中市肆,清洁异常。香囊、云舄、名酒、佳茶、饧糖、小菜、箫管、琴瑟,并皆上品。外间人买者,不惜贵价;女郎赠遗,都无俗物。正李仙源《十六楼集句》

---

① 陈裕箐译.蒲寿庚考[M].北京:中华书局,1954:196.

诗中所云'市声春浩浩,树色晓苍苍。饮伴更相送,归轩锦绣香'也。"为什么香囊会有市场,说明当时有一种需求,人们喜欢佩戴,而且互相贻赠,就因为香囊不是"俗物",为此"不惜贵价"加以购买。这就造成了买卖,进而形成市场。

香囊成为商品,是因为它具有多重功能,比如装饰功能、药用功能、人际交往功能、宗教信仰功能等,详述如下。

1. 香囊的装饰功能

香囊不仅佩戴在人的颈部,而且还装饰在辇(古代用人拉着走的车子)的周围。《太平广记》卷第二百三十七《奢侈二》记录了唐懿宗爱女——同昌公主曾乘坐七宝步辇。辇的四角缀有五色锦香囊,囊里装的是辟邪香、瑞麟香、金凤香,都是外域国家进献的贡品。其间掺糅着龙脑香料金屑粉等。辇上用水晶、玛瑙、避尘犀等宝物镂成龙凤花木的各种形状,上面都络沽着珍珠、玳瑁等。辇上的流苏是用金丝制作的,并且用轻玉雕刻成各种饰物①。因此,每次同昌出游,所过之处芬香扑鼻,街巷都被照得亮晶晶的,看的人眼睛都花了②。

香囊还用于装饰睡床,在晋陆翙《邺中记》有记载:

> 石虎御床,壁方三丈。冬月施熟锦流苏斗帐,四角安纯金龙,头衔五色流苏。或用青绨光锦,或用绯绨登高文锦,或紫绨大小锦。丝以房子绵,百二十斤白缣里,名曰复帐。帐门角安纯金银鉴镂香炉,以石墨烧集和名香。帐顶上安金莲花,花中悬金箔,织成绲囊。囊受三升,以盛香。帐之四面上十二香囊,采色亦同。春秋但锦帐,里以五色缣,为夹帐。夏用纱罗,或綦文丹罗,或紫文谷,为单帐。

帐子四周装饰12个香囊,中间"织成绲囊"用来盛更多的香。春夏秋冬的帐子材质不同,色彩不同,充分表现了一种奢侈与华贵。石虎是十六国时期后赵皇帝,其本性残暴,荒淫无度,劳民伤财,大肆营建太武殿,殿基高2丈8尺,东西75步,南北65步,全殿饰以漆瓦、金铛、银楹、金柱、珠帘、玉

---

① 《太平广记》卷第二百三十七《奢侈二》:公主乘七宝步辇,四角缀五色锦香囊。囊中贮辟邪香瑞麟香金凤香,此皆异国献者。仍杂以龙脑金屑,镂水晶玛瑙辟尘犀为龙凤花木状。其上悉络珍珠玳瑁,更以金丝为流苏,雕轻玉为浮动。每一出游,则芬香街巷,晶光耀日,观者眩其目。时有中贵人,买酒于广化旗亭,忽相谓曰:"坐来香气? 何太异也?"同席曰:"岂非龙脑乎?"曰:"非也。予幼给事于嫔妃宫,故此常闻此。未知今日何由而致。"因顾问当垆者,云:"公主步辇夫,以锦衣质酒于此。"中贵人共请视之,益叹异焉。

② [唐]苏鹗.杜阳杂编[M].北京:商务印书馆,1939.

壁，极尽华丽之能事。为打猎需要，石虎派司虞中郎将贾霸车工匠四千人，在东平的罔山造猎车千乘。这种猎车辕长三丈，高1丈8尺，置高1丈7尺；同时造格兽车40乘，车上又加建2层楼①。像这样一个穷奢极欲的皇帝，用香囊来装饰自己的睡床，更是小事一桩，不必挂齿了。

此外，作为饰品的香囊还用于幔上。清虫天子辑《香艳丛书》：十娘曰："人生相见，且论杯酒，房中小小，何暇匆匆！"遂引少府向十娘卧处：屏风十二扇，画障五三张，两头安彩幔，四角垂香囊；槟榔豆蔻子，苏合绿沉香，织文安枕席，乱彩叠衣箱。这里的资料显示，十娘的卧房内有彩幔，用"四角垂香囊"，就表示其卧室的雅致、静宁，具有一种不同凡响的气质。

2. 香囊的药用功能

香囊可以治病，在古代医书里多有记载。《医门补要》："凡佩香袋香珠，及焚辟秽诸香，皆宜弃去。"如果得了疮疡，溃烂之后就不能佩香囊。《疡医大全》卷六《论疮疡用香散药》："溃后忌佩香囊、离宫锭等物，不独耗散真气，且恐引动相火遗泄。"这两个例子，正好一正一反，说明了香囊的医疗效果。

香囊装的是香料，而香料大多数为中药，因此就有一定的疗效。其中的疗效之一就是能够解除毒药。《孽海花》第四回《光明开夜馆福晋呈身，康了困名场歌郎跪月》曰："我曹事已泄，妾将被禁，君速南行，迟则祸及。附上毒药粉一小瓶，鸩人无迹，入水，色绀碧，味辛，刺鼻，慎兹色味，勿近！恐有人鸩君也。香囊一扣，佩之胸当，可以醒迷。不择迷药或迷香，此皆禁中方也。别矣，幸自爱！"很显然，这里所说的香囊，就具备了解药的作用。

香囊的佩戴有医药的疗效，在治疗病痛的时候，一般戴在"肘后"，与平时的佩戴方法有异。《中国医籍考》卷四十《方论（十八）》："抱朴子曰：辟蛇蝮，以干姜附子，带之肘后。其意并同。友人都梁伊芳甫（恬）亦曰：肘后者，斥佩囊之类，谓常在于肘腋下也，犹斥剑云腰间物。《玉台新咏集·魏繁钦诗》：何以致叩叩，香囊系肘后。"可见，香囊系佩在"肘后"，就是要离心脾近些，以利于药效的发挥。

由香囊盛放中药防治疾病或者发展出将中药盛放于香袋中浸酒的方法。《古今图书集成·医部全录》卷二百二十八："骨髓风毒，痛不能动者：取大麻子中仁炒，香袋盛，浸酒饮之。"这里，香囊里装的是大麻子，其不但有香味的作用同时也可以用来浸酒，预防风毒等病状。大麻子，即蓖麻。由于其适应性很强，中国广大地方都有种植。不过这里所说的香囊（即香袋）不是普通香囊而是用来盛放中药方便浸酒的。《本草品汇精要》卷之二十八《禽部下品、羽虫》也有类似的记录："治风疾冬春间取细锉炒令香袋盛于酒

① 王霄燕．三晋历史人物[M]．北京：书目文献出版社，1992.

中浸每朝取酒温服之。"

此外,香囊驱逐怪味的功能也与它的药用功能有关。古代贵族都喜欢用香囊来抵御不洁的气味的侵袭,比如上厕所要用香囊。《寄园寄所寄》卷六《焚麈寄》曰:"石季伦厕有纱帐茵褥,婢供香囊。"石季伦,即石崇,西晋开国元勋石苞第六子,西晋时期文学家、大臣、富豪。他上厕所还要婢女拿着香囊站在旁边,以防臭气熏天。

3. 香囊的交际功能

香囊常作为答谢之礼品。《三刻拍案惊奇》第十三回《匿头计占红颜,发棺立苏呆婿》:"徐铭道:我替妹妹好歹做一头媒,叫你穿金戴银不了。只是你怎么谢媒?腼腼腆腆的缠了一会,把她身上一个香囊扯了,道:把这谢我罢!随即起身道:我明日再来。去了。"做媒人,索要礼物,也是人之常情,但强行索要,显得有点霸道。

香囊原本是可以作为礼品来互相赠送,有的香囊是自己制作的,到明代也可以从市场上购买,作为礼物赠送。《醒世姻缘传》第一百回《狄希陈难星退舍,薛素姐恶贯满盈》:"狄希陈还与素姐二三十两银子,叫他随便买甚么使用;又收拾了许多汗巾、丝带、膝裤、手帕、蜀扇、香囊等物,叫他做人事拜见之用。"可见在古代,香囊属于一种高尚的礼物,而不是普通的礼品。特别是在病人与医生之间,如以香囊相赠,更代表一种虔诚和敬意。

《醉花窗医案·外感风热》有:"越日申刻,余公退将入门。景波又遣车迎余曰:校书病益甚,请再视之。余骇曰:既病甚,则药病枘凿(不相合)。可请别人,余不必往也。其仆曰:家主望君如岁,不去,恐小人获戾。不得已,随之至。则景波颦蹙曰:病益甚,当奈何?见校书仍拥衾卧,蒙其面。揭之则花妆簇簇,跃然而起。继命媪辈,皆敛衽叩头曰:昨宵服君药,三更如梦醒,浑身出汗,到晓,病若失。服君之奇,感君之义,特设一筵,置酒为乐。恐君不来,故托辞招之耳。余故不喜此辈,拟托公而辞。校书跪留曰:自知垢污之肴,不足染高贤之腹。然献芹之忱,窃难自已。言之泪欲下。景波急进曰:勾栏(妓院)中一杯水,未必即阻两庑特豚(古代祭礼)。何惺惺作态乃尔。余不敢再辞,相与狂饮。肴错纷陈,至夜四更始罢。归检衣袱则罗香囊一对,絮绢方巾二事在焉。知为校书之遗。越数日,转景波而还之。"医术高明的医生,治愈了校书(妓女)的大病。校书不仅请医生吃饭,而且赠送香囊等物,表示心意。由此可见,香囊在当时人们看来也是非常珍贵的礼品了。

4. 香囊的宗教信仰功能

在南方等地,香囊是用来酬谢爱情神灵的器物。《广东新语》卷六《神语》:"有急脚先锋神者,凡男女将有所私,从而祷之,往往得其所欲,以香囊酬之，神前香囊堆积，乞其一二，则明岁酬以三四。”急脚先锋神，是掌管爱情和婚姻的神明，南方颇多信奉。为了婚姻成功，人们需要酬谢这位神灵，而最受欢迎的礼物就是香囊。清李调元《南越笔记》也载：“急脚先锋神者，凡男女将有所私，从而祷之，往往得其所欲，以香囊酬之”。可见香囊还是一种通灵的器物。其原因，未有人加以研究，其实还是与香味有关。

三

在漫长的历史演进过程中，中国香囊的材质、图案和所盛放的香料都有了很大发展。

从材质来看，香囊主要是用丝织品制作的。《太平广记》卷第四百四十七《狐一》曰：“晋习凿齿为桓温主簿，从温出猎。时大雪，于临江城西，见草雪上气出。觉有物，射之，应弦死。往取之，乃老雄狐，脚上带绛缯香囊”。（出《渚宫故事》）晋朝时习凿齿是桓温的主簿。他跟着桓温出去打猎。当时正下着大雪。在临江城西，发现草雪上冒出气来，觉出其中有东西，就用箭射。那东西应弦而死。去取出来一看，是一只老公狐狸，脚上带着一个绛红色丝绸香囊。所谓“绛缯香囊”，就是用紫色的缯（古代对丝织品的总称）所制作的香囊。狐狸脚上带有香囊，显然不是现实里的故事，而是虚构的小说。为什么会在魔幻小说里出现香囊，是现实生活的写照，或许可以这样说，香囊出现在狐狸的脚上，是将现实里的生活写进了动物的世界里了。

丝制的香囊上大都有刺绣的图案。《夜航船》卷十八《荒唐部》有：“钟馗唐明皇昼寝，梦一小鬼，衣绛犊鼻，跣一足，履一足，腰悬一履，一筠扇，盗太真绣香囊。上叱问之，小鬼曰：‘臣乃虚耗也。’上怒，欲呼力士，俄见一大鬼，顶破帽，衣蓝袍，系鱼带，朝靴，径捉小鬼。先刳其目，然后劈而食之。上问：‘尔为谁？’奏云：‘臣终南进士钟馗也。’”唐明皇梦见小鬼来偷盗杨贵妃绣的香囊，当然生气，“欲呼力士”来驱鬼，但却见钟馗来将“劈而食之”。

鸳鸯是香囊刺绣纹样中常见图案。《二刻拍案惊奇》卷十一《满少卿饥附饱飏，焦文姬生仇死报》有：“大郎一日推个事故，走出门去了。半日转来，只见满生醉卧书房，风飘衣起，露出里面一件衣服来。看去有些红色，像是女人袄子模样，走到身边仔细看时，正是女儿文姬身上的，又吊着一个交颈鸳鸯的香囊，也是文姬手绣的。”这里所说的鸳鸯是象征爱情的禽类，而且鸳鸯交颈更显得亲昵、友好。文姬手绣的“交颈鸳鸯的香囊”，为案件的水落石出，奠定了基础。

在作品中，满少卿是一个落魄书生，奔告无门，生活无着，幸被财主焦大郎收留在家,方免冻馁之苦。后来,他又与焦大郎之女焦文姬勾搭成奸。焦大郎无奈,只得让他们成亲。两年之后,满生到京城应举及第,授官临海县尉。这时,他家中叔父已为他另娶名门之女为妻。他喜新厌旧,把焦文姬遗弃。十年之后,他官至鸿胪少卿,出知齐州,被焦文姬鬼魂索命而死。

中国香囊的香气是十分迷人的。有时候,香囊非常之香,以至于一个小小的香囊可以使得满屋子充满香气。《太平广记》卷第六十八《女仙十三》曰:

> 太原郭翰,少简贵,有清标。姿度美秀,善谈论,工草隶。早孤独处,当盛暑,乘月卧庭中。时有清风,稍闻香气渐浓。翰甚怪之,仰视空中,见有人冉冉而下,直至翰前,乃一少女也。明艳绝代,光彩溢目,衣玄绡之衣,曳霜罗之帔,戴翠翘凤凰之冠,蹑琼文九章之履。侍女二人,皆有殊色,感荡心神。翰整衣巾,下床拜谒曰:"不意尊灵迥降,愿垂德音。"女微笑曰:"吾天上织女也。久无主对,而佳期阻旷,幽态盈怀。上帝赐命游人间,仰慕清风,愿托神契。"翰曰:"非敢望也,益深所感。"女为敕侍婢净扫室中,张霜雾丹縠之帏,施水晶玉华之簟,转会风之扇,宛若清秋。乃携手登堂,解衣共卧。其衬体轻红绡衣,似小香囊,气盈一室。

本文的最后情节是:郭翰与织女手拉手地进了内室,解衣共卧。织女贴身的轻红薄绸内衣,像个小香囊,香气散满整个卧室。可知,香囊的香气如此浓厚,以至于整个房间都充满了香气,这是何等的香味啊。

香囊中所盛放的香料种类很多。根据宋书记载,当时各种香品就有:龙脑香、婆律香、沉水香、生沉香、蕃香、青桂香、栈香、黄熟香、叶子香、鸡骨香、水盘香、白眼香、檀香、木香、降真香、生熟速香、暂香、鹧鸪斑香、乌里香、生香、交趾香、乳香、熏陆香、安息香、笃耨香、瓢香、金颜香、詹糖香、苏合香、亚湿香、涂肌、拂手香、鸡舌香、丁香、郁金香、迷迭香、木密香、藕车香、必粟香、艾蒳香、兜娄香、白茅香、茅香花、兜纳香、耕香、雀头香、芸香、零陵香、都梁香、白胶香、芳草、龙涎香、甲香、麝香、麝香木、麝香草、麝香檀、栀子香、野悉密香、蔷薇水、甘松香、兰香、木犀香、马蹄香、穰香、蕙香、蘼芜香、荔枝香、木兰香、玄台香、颤风香、伽阑木、排香、大食水、孩儿香、紫茸香、珠子散香、熏华香、榄子香、都夷香、荼芜香、辟寒香、月支香、振灵香、神精香、兜末香、沉榆香、沉光香、威香、返魂香、茵墀香、石叶香、祇精香、雄麝香、蘅芜香、文石香、百和香、金殚香、百濯香、芸辉香、凤脑香、一木五香、升霄灵香、区拨香、兜娄婆香、羯布罗香、玉蕤香、修制诸香、飞樟脑、笃耨、乳香、龙脑、檀香、沉香、藿香、茅香、甲香、炼蜜、煅炭、合香、捣香、收香、窨香等①。

如果加以细分的话，香料可以分为如下几个类别。

1. 草本植物香料

据记载，从三千多年前的商周时期开始，就有关于采集、利用香料的记载，其中有泽兰、蕙、蒿、小蒜、芗、艾、香蒲、椒、桂、萧、郁金、白芷、香茅等，都是一些中国原生芳香植物。《诗经》收集的诗歌里，共载有植物 178 种，其中芳香植物 30 种左右。《尔雅注疏》卷八《释草第十三》：《诗·小雅》云："菁菁者莪。"陆机云："莪，蒿也。一名萝蒿。生泽田渐洳之处。叶似邪蒿而细，科生三月中，茎可生食，又可口，香美，味颇似蒌蒿。"是也。莪，即是一种香料，茎可以生吃，也可以制作成香。另外，苏，也是一种香料的来源。《尔雅注疏》：[疏]"苏，桂荏"。释曰：苏，荏类之草也。以其味辛似荏，故一名桂荏。陶注《本草》云："叶下紫色而气甚香。其无紫色不香似荏者，名野苏。"生池泽中者，名水苏，一名鸡苏。皆荏类也。无姑，属于草本植物，其味辛香。《尔雅注疏》卷九《释木第十四》：无姑，其实夷。（无姑，姑榆也。生山中。叶圆而厚，剥取皮合渍之，其味辛香，所谓无夷。）

2. 木本植物香料

木本植物，是根和茎因增粗生长形成大量的木质部，而细胞壁也多数木质化的坚固的植物。这种香料，在自然界同样有很多种，《山海经》卷十五《大荒南经》里所说的枫木就是其中一种。古人说是枫香树，叶子像白杨树叶，圆叶而分杈，有油脂而芳香，是古代香料之一。

3. 动物香料

《尔雅注疏》卷十《释兽第十八》里的麝香记载。麝香为雄麝的肚脐和生殖器之间的腺囊的分泌物，干燥后呈颗粒状或块状，有特殊的香气，有苦味，可以制成香料。《字林》云："小鹿有香，其足似獐，故云口足。"郭云："脚似口有香。"麝香是动物类的香料，也是中国传统医药中的十分重要的药物。

《历代本草药性汇解》开窍类《麝香·本经》："麝香为鹿科动物林麝、马麝或原麝成熟雄体香囊中的干燥分泌物。野生或饲养，主产于四川、西藏、云南、陕西、甘肃、内蒙古等地。原动物栖息在 1 000～4 000 米的多石针叶林、针阔混交林、阔叶林及灌木丛、草坪地带，性胆怯、孤僻、活动有规律，多在晨昏活动，行动敏捷，善跳跃，食性广泛。味辛，性温。归心、肝、脾经。功效开窍醒神、活血散结、止痛消肿、催产下胎。临床用名麝香。"这里，讲述了麝香的来源，同时也将其药效进行了解析。

《500 种中药现代研究》的"开窍药"中亦提及麝香，并认为：麝香，因其

---

① ［宋］陈敬. 新纂香谱[M]. 北京：中华书局，2012.

入药时已去香囊外壳，故有麝香肉之称。麝香肉中呈颗粒状者，称为当门子，亦称香子，乃因其常存留于油皮外面正对囊孔处，似有挡门之势而得名；麝香肉中呈粉状者，通称元寸香，简称寸香、元寸。传统认为，当门子为麝香中之上品，药力最强；元寸香则力略逊，但价格较低廉，临床处方用麝香之名时，一般多付予元寸香。

麝香，也称之为当门子、香子。古时获取麝香比较方便，因此价格也不贵，因此被用作香囊的香料来源也就顺理成章了。

番沉香、檀香、龙脑香、乳香等香料中国不产，古时主要通过朝贡贸易的方式传入，属于昂贵的奢侈物，主要为皇亲贵族所用，用香成为高贵身份的象征。魏武帝曹操尽管生前禁止家中用香，但在临终前还是吩咐把香料分给诸位夫人。西晋镇南将军刘季和用香成癖，上完厕所也要熏香，他的主簿张坦说，人家都说你是俗人，果然不假。他辩解说，我远不及汉魏时“坐处三日香”的荀彧，为何要责备我呢？后世以“荀令香”或“令君香”形容男子风流倜傥。南朝张正见《艳歌行》：“满酌胡姬酒，多烧荀令香”；王维诗：“遥闻待中佩，暗识令君香”，说的就是此香。

这些香料具有各种功能。比如可以驱逐气郁。《本草纲目》序例上《十剂》：“是以气郁有余，则香附、抚芎之属以开之；不足，则补中益气以运之。”又比如香料可以治疗伤寒热病。《本草纲目》主治第三卷《百病》：“主治药·伤寒热病”。〔草部〕麻黄、羌活(太阳、少阴)、葛根、升麻、白芷(阳明，太阴)、细辛(少阴)、苍术(太阴)、荆芥、薄荷、紫苏(并发四时伤寒不正之汗)、香薷(四时伤寒不正之气，为末，热酒服，取汗)、香附(散时气寒疫)、艾叶(时气温疫，煎服取汗)。此外，香料可以避免瘟疫。《本草纲目》主治第三卷《百病主治药·瘟疫》：“〔木部〕沉香、蜜香、檀香、降真香、苏合香、安息香、詹糖香、樟脑、返魂香、兜、木香、皂荚、古厕木(并烧之，辟疫)、钓樟叶(置门上)、乌药、预知子、阿魏乳香(腊月二十四日五更，取初汲水浸至元旦五更，人嚼一块，饮水三呷，一年无疫)。”

香料还可以沁入心脾，治疗“心痛恶气”“鼻痈”等疾病。《本草求真》上编卷三《散剂、温散》：“熏香(专入肺)，即书所谓零陵香者是也。味甘而辛，性平无毒。按书有言能治心痛恶气，以痛与恶，多属寒聚，得此能以故耳！又言能除鼻中肉鼻痈，以鼻得香则开，得臭则闭之意耳。至云多服作喘，亦能以香能耗气。温服则气上应而作喘耳，但此服之则少(亦有治鼻塞头风齿痛狐惑下痢等症)。而香铺用以作料甚多(有妇人用此浸油省头)。是亦众香中之不可缺也矣！出湖岭者佳。”

日本京都华侨主办的普度胜会
日本京都华侨墓地
摄影　田兆元　2014 年 10 月 18 日拍摄于日本京都

域外学术研究

对少数民族的国内移民与国际移民研究的一些反思①

[英] 王富文*

摘　要：有关中国城乡移民的研究，已经有了近30年的时间了，但少数民族移民的研究还很少。移民研究的方法非常复杂多元，在研究国内移民与国际移民的过程中，应强调网络方法的重要性，即约翰·厄里(John Urry)在社会学中提出的观点，同时，也应该强调空间生产这一需求的重要性，将迁移看作是一种原始的空间生产。

关键词：少数民族　移民研究　研究方法　反思

引言

中国历史上的苗族通常被区分成三到四个族群，族群间的语言互不相通，在文化上也几乎与今天的苗族人相去甚远，其中一支自称"蒙"(Hmong，"苗"是汉字)。在过去的200年里，"蒙"开始从广西、云南迁徙至越南和缅甸境内，后辗转到了老挝和泰国，他们在河流山间聚居起来、建立村庄。长久以来，他们一直都与来自云南的回族和汉族商人们接触，商业网络遍及老挝、越南、泰国和缅甸山间的少数民族村寨。笔者于1981到1982年在泰国北部做"蒙"的田野调查时，年长的男人们(爷爷辈)仍然能说一口流利的云南话，他们的记忆里仍有祖辈们在越南和中国生活的印记。早已不会汉语的他们多使用自己的语言——蒙语(Hmong)，加上泰语或越南语或老挝语。他们在这些语言占主导地位的国家里已经生活了七代或者更长时间。

在越南战争期间，越南和老挝的"蒙"都被卷入了反对美国及其同盟国

① 本文发表在2012年6月22—24日中山大学"移民与族群关系国际研讨会"上，该研讨会由中山大学社会学和人类学学院、亚太研究院、海外华侨华人研究中心、移民与族群研究中心联合主办。我很感谢主办方和华东师范大学对我访问给予的支持。本文为教育部人文社会科学研究规划基金项目"少数民族的都市迁移研究：以上海为例"阶段成果，项目代码：71196001。王蕾译。

* 王富文(Nicholas Tapp)，英籍社会人类学家，原华东师范大学人类学研究所所长，已故。

的反帝国主义斗争。他们中的许多人支持越南和老挝的共产党,其中约有1/3的“蒙”被杀害。然而,也有很多人支持美方并为他们工作,如作为上山导游、搬运工、直升机飞行员,或游击队员。当1975年北越南最终打败南越南以及在越南和老挝宣布革命的时候,曾支持过美国的十万老挝“蒙”难民,逃到了泰国。联合国把这些来自泰国的人安置在法国、加拿大、美国、澳大利亚和新西兰,由此,“蒙”已成为了一个全球性的人们共同体。

对于这些习惯了山区生活的“蒙”来说,在法国、美国等地方的大城市生活是非常困难的,他们中的许多人至今仍然很穷,年长的人不能说一口流利的英语,需依靠孙子们为他们翻译;但也有依靠勤劳和聪明取得成功的人。调查显示,美国至今已有数百个“蒙”博士(截止到1999年有120个;Kou Vang)和诸多“蒙”研究生,地方政府教育委员会和市议会也有“蒙”人参与;同时还包括一些著名的“蒙”人艺术家、作家和音乐家,美国国会中有一个“蒙”议员,更有20多位“蒙”人作为教授在美国大学教书(截止到1999年有8位被授予终身或预备终身教授;Kou Vang);笔者在最近访问美国的途中遇到一个赚了大钱的“蒙”商人,他投资了明尼苏达州圣保罗的一个大型购物广场。

最近的国际移民理论已经脱离了旧的“大熔炉”理论模式,即来自许多不同国家的移民移居到美国,要么被同化到新的主体社会,要么未能被同化。从巴希、席勒、布兰卡(Basch, Schiller, Blanc)(1994),席勒、格里克、福伦(Schiller, Glick, Fouron)(1999;2001)的书中,我们了解到,今天的许多移民,尤其是海地人,没有失去与原籍国家的联系,他们有时同时生活在这两个国家,并且在这新旧两个国家里都发挥着重要作用。例如,澳大利亚的阿什利·卡拉瑟斯(Ashley Carruthers)(2008)等已经指出在悉尼的越南年轻人如今是如何经常奔走于澳大利亚和他们父母逃离的越南之间的,他们开始在越南创业,甚至在当地政治中扮演着重要的角色,并且很自然地形成了我们称之为“跨国”关系;阿什利关注新媒体在其中所起的至关重要的作用。这很大程度上与中国境外西方国家的“蒙”的情况一样。

继1989年在四川“蒙”村庄做田野调查之后,我于2000年到2005年获得了台湾蒋经国基金会的资助,去研究“蒙”的跨国关系。除了泰国、老挝和中国这些亚洲国家之外,我和同事李绍明(Gary Lee)一起还在澳大利亚、法国、加拿大和美国做过一些田野工作。我们发现,许多老一辈的“蒙”难民和小部分年轻人经常回到泰国、老挝甚至中国学习“蒙”族医学或经营国际进出口贸易,乃至与家乡的“蒙”交朋友,娶当地的“蒙”做妻子(他们认为这些女人没有在美国的“蒙”那么娇气)。思乡之情或对故乡的渴望,促成了这些“蒙”人的跨国流动。一些回乡的人还将越南、老挝、泰国等地传统“蒙”人生活中的神话、故事拍成了影视。这些影视深受那些无法回去且年长的“蒙”人们的喜欢。正如路易莎·沙因(Louisa Schein)所言,某些情况下,这种与家乡、祖籍地之间的关系很可能被利用和消费,比如,从美国来的有钱的“蒙”游客可能被视为正在利用他们在亚洲和贫穷第三世界的同族弟兄们的图景。当然并非只是有钱人可能这样做,如果失业或相对贫困的“蒙”能因此赚到足够多的钱,他们也会这么做。这其中更最有意思的是新通信手段的使用造成全球性的时空压缩,比如,美国年轻的“蒙”能运用互联网在同族中寻找自己的另一半,或用手机跟在老挝当地的年轻亲人们通话、视频,甚至把家庭新闻刻录成 DVD 邮寄到家乡(老挝和泰国的“蒙”则用磁带记录家乡的生活,然后寄给在美国或澳大利亚的亲戚)。基于这些跨国性的信息交流和情感邂逅,“蒙”作为一个具有全球化意义的身份概念则应运而生。

如今在上海,承蒙中国教育部的资金支持,笔者正在进行一个关于农村少数民族移民到上海的研究。今天我在这儿要对我的项目做一些文献综述,并审视国际语境下此类研究与我之前做过的国际移民研究之间的关系。我希望这些内容可以在某种程度上对在座的研讨会成员有帮助。当然,在这方面已经有了很多的著作,尤其是关于海外华人“散居”和中国的城乡移民。应该看到这两大类型的研究各有侧重,但总的来说,无论是海外移民还是国内移民,关于少数民族的研究还很少。首先来看一些最新的理论方法。

一些理论方法和文献综述

在过去的 15 年里,关于“流动”(mobility/movement)、“场所”(place)和人们通常所说的“场域”,抑或人类如何熟悉并适应新的环境,都已有了大量的人类学著作:詹姆斯·克利福德(James Clifford; 1997),阿尔让·阿帕杜莱(Arjun Appadurai; 1991;1995),古普塔和弗格森(Gupta & Ferguson; 1997)都是特别有影响力的。巴索和菲尔德(Basso & Feld; 1996),赫希和奥汉隆(Hirsch & O'Hanlon; 1995),和王斯福(Stephan Feucht Wang; 2004)为这一领域将来的研究提供了重要的指导方针。

关于研究国内移民和国际移民之间联系的一个直接理论灵感来自奥克斯和沙因(Oakes & Schein; 2006),一个是地理学家,一个是人类学家。他们认为跨国主义研究的理论见解应该被应用到国家移民的研究。沙因(Schein; 2006)通过她对嫁到其他省份(如江苏)并且通过流动性改造当地的中国苗族女性的研究,在某种程度上发起了这项研究。因为她的其他工作,就像我自己的一些,涉及美国“蒙”和中国“苗族”之间的跨国接触。沙因

(Schein)描述了贵州苗族妇女如何嫁到一个江苏汉族村庄,并且改变了那儿的"场所感"。因为她们现在给她们的汉族丈夫做辣的食物并且当她们在田里劳动时会裹头巾。在这个村子里辣的食物和女人的头巾已经变为相当常见的场景。所以中国的"场所"(place)、"地方认同"(place identity)的观念由于流动和移民而发生了改变。奥克斯(Oakes)和沙因(Schein)(2006)引用了"地域规模"(geographies of scale),提出一个问题,是否流动引起了不平等的真正改变,或者只是用相同的老方法复制了这些不平等。这是一个很重要的问题。当人们向上层社会(upscale)流动,从一个贫穷的国家到一个富裕的国家,或者从一个贫穷的农村到一个发达城市,他们真的改变和挑战城乡之间、穷富人之间的不平等差异,或者他们只是加强了那些不平等吗?这个问题可能是类似于社会阶级;当一个工人成了中产阶级,他也不会改变阶级结构。

笔者做这项研究的另一个理论灵感,来自英国社会学家约翰·厄里(John Urry; 2000)理解复杂社会的"流动社会学"(sociology of mobility)的观点。正如费孝通经常提醒我们的,中国是一个复杂的社会,而不是一个简单的社会,所以调查有点像厄里用转变场所(place)和意旨(intention)描述的网络的角色是合适的。在信息时代同样多的后现代作品也在强调人的流动性,以及事物(货物、商品)和信号(图像、价值观)的流动性。大部分的作品一直强调流动性为主和空间生产的要素。澳大利亚国立大学瓦桑(Wasan Panyageow)的博士论文是第一个强调流动性为主这一观点的,他研究的是云南的西双版纳傣族人的佛教和摇滚音乐。笔者目前在上海的少数民族移民研究是基于这些想法。在笔者看来,上海是在国际语境下检测这些想法(关于"地域规模"和网络如何改变场所和意旨的想法)的一个理想地方,因为上海在很长一段时间里被移民者视为从中国内地到海外,及以后的东南亚这一移民路径上的一块"跳板"。从上海社会科学院得知,即使在1947年,上海的人口中有85%是出生在上海以外的地方!现在,上海的人口估计超过了2 200万,人口迁入和迁出的影响实际上更大了。如埃尔文(Elvin; 1977)、甘布尔(Gamble; 2003)和潘(Pan; 2005)等人类学和历史学的研究已经表明,上海是一个不断变化的动态场所。

在中国国内少数民族移民的语境下,爱芮德,纳日碧力戈和郭非(Iredale, Bilik, Guo; 2003)在中国开启了中国少数民族移民这个话题,并且提供了一些有用的参考材料。这是一部综合的著作,书中的大多数贡献集中在北方少数民族,不是南方的。在这本书中,张继焦(2003)的一篇关于贵州少数民族外迁的文章对我很有帮助。文章中显示一个村庄中有24%的农村劳动力外迁。除了这篇文章,实际上很少有从事中国少数民族移民的研究调查。笔者希望以自己的绵薄之力鼓励其他人在其他城市去做类似的工作。

我们可以将迄今为止为数不多的对中国少数民族移民的研究与数十年来广泛且众所周知的研究,(1)中国境内的汉族移民;(2)散落在世界各地的"海外华人",进行比较。对海外华人的研究,早期东南亚的王赓武和其他人的研究,通常强调老乡的乡愁影响。近期华裔学者王爱华(Aihwa Ong)和美国学者诺尼尼(Donald · M · Nonini)对"具有伸缩性的公民"(flexible citizens)的研究,指出中国企业家很容易在不同国家和不同的民族语境中用一个相当"国际化"的方式转换身份。我们可能会注意到,其中的不少作品中提到的流散在世界各地的海外华人中必然涉及少数民族,既包括那些在中国被正式识别的少数民族(如南方语境中的苗族、瑶族、傈僳族、拉祜族以及东南亚的哈尼族),也包括那些虽然没有被正式识别为少数民族,但是其本身的差异可能被视为"族群"或"次族群",比如在巴黎的温州人(曹南来)或者在泰国的潮州人(施坚雅),当然,还有客家人(谢剑,郭思嘉)。然而,这些中国海外移民的族群标识不常被强调。

笔者认为葛婷婷、杰华(Gaetano, Jacka; 2004)和杰华(Jacka, 2006)有关农村妇女移民的著作给在中国从事此类研究,包括笔者自己在上海的研究,提供了一个很好的模式。因为他们的著作是基于用敏锐和综合的方式对农村移民的长期调查,并且给出了移民者本身的生命叙述史,并质疑对着眼于少数移民的研究也很重要的女性自杀率。但是,正如杰华(Jacka, 2006)指出的,这没有涉及少数民族。

张黎(2000、2001)、戴维斯(Davis; 1995)和苏黛瑞(Solinger; 1995; 1999)总体上对中国城乡移民过程提供了重要的背景材料。中国的大多数农村移民研究集中在经济领域,如孟鑫(2000)对劳动力市场改革的研究指出,70%—80%的农村移民优先考虑的是就业,他们通过家人和朋友这种非正式网络获得工作;城市居民和农民工之间的城市劳动力市场的人工"细分"(segmentation),意味着农民工并没有显著地影响到"城市潜在失业者"。贝茨学院的毛雷尔-法齐儿(Maurer-Fazio; 2005;2006)与澳大利亚国立大学的詹姆斯 · 休斯(James Hughes)、张丹丹一起,主持的一个长期项目,关注少数民族以及性别对劳动力参与率的影响,并对这些议题提出了一些指示性资料,比如城市劳动力参与率的种族差异是否反映了性别差异。现在,少数民族移民中的女性参与率可能高于汉族移民。但是,这只是人口普查样本数据的描述性统计结论。当有了大量的背景材料,并且议题指向那些值得进一步调查的,比如性别差异,以及在政府部门与其他形式的雇佣劳动之间的就业差异时,这一结论并没有体现出我们如今调查采用的作为基础的田野调查和质性方法。有关中国城乡移民的研究,已经有了近 30 年的时间了,但少数民族移民的研究还很少。

田野实例

笔者可以从他人的研究和笔者自己目前的研究项目中得出一些实例。

最近,安娜·逖辛(Anna Tsing)在对松茸的比较研究中,提出了一种人类学如今都必须屈服地将地方化与全球化结合的新型研究典范,将国际移民研究与国内移民研究结合在一起(Tsing; 2009a;2009b)。安娜·逖辛(Anna Tsing)的这种"多点"研究包括她在美国太平洋西北地区的俄勒冈州森林里的个人田野调查。她发现了来自东南亚的难民,包括柬埔寨人、老挝人、瑶族人和"蒙"人。在秋天,这些人采摘松茸卖到日本,以获得巨大利润。要理解这一情况,安娜需要去到把松茸看得很珍贵的日本,去对京都中产阶级的日本人口味和消费习惯进行研究,并从根本上与俄勒冈州的采摘者以及贸易出口商进行比较。这项研究现在已经扩展到了同样向日本出口松茸的中国,并且成为了一个创新的和公共的合作研究项目。许多不同的研究人员会交换数据,甚至是交换写到了一半的论文。她把这样的研究称为"供应链资本主义"(supply chain capitalism),包含物品,以及人、思想和价值观的流动。事实上,这项研究包括了一个研究团队,而不是单一的研究人员。对我们来说,当我们试图结合国际移民和国内移民研究时,这可能是一个很好的经验例子。

话题回到国内,笔者想提一下川岛久美子(Kumiko Kawashima)目前正在开展一个很有趣的博士后研究。她之前是我们澳大利亚国立大学的博士生,现在在新加坡亚洲研究院工作,获得过澳大利亚研究理事会奖。这项研究关注的是日本中产阶级青年大规模移民到中国经济开发区,然后在日本外包公司从事着没有什么技术含量的互联网相关工作。大连,这个她认为的中国最发达的北部城市,承担着 80%的日本外包业务。在这里日本青年人领着不到日本法定工资一半的人民币薪水。正如她指出的,这种现象挑战着移民研究的许多假设,并且与从欠发达的地区向发达地区流动的这种正常移民潮现象相反。在亚洲最大的两个经济体之间,我们能够说明这种典型的非技术劳动力迁移是跟随着全球资本弹性运动出现的吗? 或者它更像是世界北部大量青年精英们的一种冒险旅游,旨在提升自我,通过世界旅游获取经验以及体验他国?

在笔者目前与上海大学的张江华教授合作开展,并且有 7 名助理研究员协助的在上海的研究项目中，我们专注的是中国官方认定的少数民族，并且试图界定在他们的移民过程和移民类型中，种族在多大程度上是一个重要因素。这项研究的目的是通过对用人类学方法选出的从老家迁移到上海的移民者的考察，验证一种假设，即少数民族地位与中国内部的城市移民之间有很强的联系。第一年，我们收集统计数据并且采访移民来上海的少数民族临时务工者。第二年，我们将选取他们老家中的四个地方调研，可能是贵州、云南以及广西等，通过参观他们的老家，更好地整体理解外迁模式。我们关注的是，作为不同时期移民的潜在激励因素的不同、贫困程度以及移民的不同类型(例如：短期的、循环的、长期的，本地的、远距离的)。

到目前为止我们已经接触的研究对象来自苗族、壮族、回族、侗族、萨拉族、蒙古族、傣族、朝鲜族、土家族、仡佬族、维吾尔族，他们有着不同的职业和社会地位。我们必须承认中国境内移民的现象已经有30年了，正如大多数当前的研究表明，如今进城的青年人比他们的父母更加城市化。官方文件中通常假设少数民族地位与贫困之间存在联系，而这种假设是有些许问题的，因为政府所做的贫困统计的对象大多数选自少数民族自治地区，而在这些地区实际生活的少数民族人口不到一半，在这些地区里，很少有少数民族人口是实际上占绝大多数的，所以少数民族和贫困之间的联系并没有那么明显，因为最穷困的人通常不会移民。我们的初步结论表明，不仅对于这些少数民族来说，上海通常是移民的第二或第三个城市，因为他们中的许多人已经选择在主要工厂集中的广州或东莞或重庆或深圳或其他地方打工，有时他们还会多次重复往返这些地方，而且对于那些受过高等教育并且汉化的少数民族来说，移民到上海工作是一种趋势。在很多情况下，我们的受访者甚至不知道他们本族语言或习俗，并且他们的父母中有相当大的比例是在20世纪80年代“变成”少数民族身份的，或者父母中一个汉族，一个是少数民族。

笔者的研究集中在20个从贵州东南部的凯里和台江移民过来的苗族人身上。笔者的主要报道人是一群不同时间来到上海的三姐妹。她们的大姐是最先来到上海的，也是笔者的最主要的报道人。二姐在她们村被绑架，被卖给了广东的一个老人做妻子。几年后，在她的家人和当地警察的帮助下，她才得救，这时她已经有两个孩子了。但自那以后，她发现在老家贵州定居是已不可能的了，于是她最终定居上海，从事着各种不稳定的职业。两个姐姐的工作是给几个家庭做保姆。最小的妹妹和她的丈夫最近在做点小生意，给上海的新(或刚出售的)房子做装修。她们的弟弟过去是一名司机，最近刚结婚，也来到了上海。他和大姐的丈夫现在经营着一个小本生意，比如从贵州进一些食品和酒到上海来卖。除了出于一些官方的目的会需要用到他们的“苗族”身份外,“苗族”身份对他们来说似乎并不是特别重要。然而,他们自称是“Khanao”人,他们回去后很清楚谁是“Khanao”以及谁不是“Khanao”,因为他们可以用相同的语言对话,并且能够彼此理解。当被问及凯里中的其他民族时,他们也不知道那儿谁是布依族或侗族的,虽然他们知道有群人在种族上和他们不一样,被他们称作 Hyana 和 Dako。事实上,他们也并不确定自己是否是苗族。这群人最有趣的特性之一是,大姐和小妹都嫁给了汉族人,并且她们的丈夫来自江苏的同一个村庄。她们在贵州老家的其他苗族老乡也和她们一样。大姐只是暂时来上海工作,在上海遇见她的汉族丈夫,然后嫁到了丈夫老家江苏的村庄,她在江苏住了几年之后,又和丈夫一起回到上海,但把女儿留给她的公公婆婆抚养。于是这些孩子们就成了“留守儿童”,这在中国城乡移民过程中很常见,因为在上海抚养孩子要花更大的生活成本。当大姐和小妹结婚后,她们的户口就转到他们丈夫在江苏的村庄。出于某种他们似乎并未多想的原因,他们的女儿户口簿上写的是汉族。两姐妹跟丈夫和孩子在一起时说江苏话,但当她们单独或与其他从凯里来的苗族人在一起时就说苗语。当被问及“家”时,这对姐妹最先认为的是指他们老公的家乡,因为在传统的苗族(和汉族)习俗中,当一个女人嫁给一个男人,他的家就成了她的家。然而,他们与娘家之间仍然保留一些重要的联系。现在,大姐的女儿已经高中毕业了,并且也来到了上海,在一个销售节能家用设备的公司找到了一份很不错的工作。她会说一点英语,并且掌握良好的计算机技能。大姐在上海的第一个雇主是一个土生土长的上海人,是司法部的一位高层。这位雇主告诉笔者,她就像自己大学毕业的女儿一样,她们穿同样的衣服,使用相同的化妆品,有相同的品味,听相同的音乐等。就像上文提到的日本年轻人到大连工作一样,这些情况,当然与贫穷且未受教育的人从农村到城市这种单向定向流动的想法不同,它们表明了一种复杂得多的移动过程。但是这些是否是少数民族或者是苗族移民的一种面貌,或者是当今“临时性”农民工“流动”人口中很普遍的现象,回答这个问题还为时尚早。不过,它给我们提出了一些问题,正如奥克斯(Oakes)和沙因(Schein)(2006)提出的,这些移民是如何挑战或加强现有的区域地理空间的不平等的。

最后一个例子是笔者在上海的研究,也说明了这一点。研究助理束霏,一直在研究中国的朝鲜族。她的报道人是几个在上海韩国餐馆打工者。他们要么之前在韩国工作,要么父母目前在韩国工作。这是一个有点不同寻常的案例,我们从中可以清楚地看到国际和国内交叉移民模式。当然,像中国许多其他民族一样,朝鲜族本来就是一个跨境的少数民族。朝鲜和韩国都有朝鲜族。朝鲜族人去韩国打工或找一个比较富裕的韩国配偶都是比较常见的情况。最主要的报道人已经28岁了，来自与朝鲜接壤的吉林。他的父母目前在韩国工作。在找到目前这家韩国餐馆做服务员之前，他花了数年的时间去韩国购买军刀，并在返回中国的途中将这些军刀私下出售出去。这家餐馆的经理来自同样与朝鲜接壤的辽宁。经理和他的妻子在移民到上海做生意之前都在韩国工作过几年。他的妻子在这之前甚至在日本工作过一年，但很不成功。当然，朝鲜族与中国的大多数少数民族有着不同的地位。朝鲜族是以较高的教育水平和普遍小康社会地位而闻名（尽管这可能符合我们认为的接受更多教育的少数民族来上海的普遍模式）。不过，当有人想到中国其他一些跨境少数民族，如维吾尔族和藏族，或云南的佤族和德昂族，或是广西的壮族，更不用说苗族或瑶族，我们会很明显地发现，国内和国际移民流越来越成为连接和重新连接全球过程中的个体所在的单一流动的一部分。

结论

移民研究中移民方法非常复杂多元，苏黛瑞（Dorothy Solinger）和艾达莱（Ada Lai）在香港对此有过研究。苏黛瑞（1999）对比了三种移民研究方法，第一种方法基于理性计算（rational calculation），我们从理性选择的理论角度考查个体移民的动机；第二种方法基于强调导致移民的历史结构条件（historico-structural conditions），如发展不平衡、干旱、失业、外迁传统，或地方政府和城市之间的契约；第三种方法基于社会网络（social networking）的分析。在笔者看来，我们需要关注以上所列的三种方法。艾达莱（Ada Lai）在香港研究贵州农村苗族妇女外迁，以及在广东的贵州苗族同乡会。她在两篇未发表的论文中有效地区分了几种方法。(1) 新古典经济方法，强调工资差距对移民的影响；(2) 结构方法，关注移民史作为历史结构变化的结果；(3) 近些年提出的一个以“家庭”为基础的方法，是基于黛安·沃尔夫（Diane Wolfe）在爪哇的研究。依据移民是在结构上并入经济，而不是移民的动机或原因。她还区分了“少数民族中间人”模型（middlemen minority model），即当地精英可能会雇佣一个少数民族的人缓冲或屏蔽他们与当地群众之间的张力，以及“移民创业者”模型，即将家庭和社区看作是一种资源，还有“民族聚居地”和“民族利基”模型，即分别关注移民者在他们迁徙到的地方如何创建住宅区和职场利基。

最后，笔者认为，在研究国内移民与国际移民的过程中，应强调网络方法的重要性，即约翰·厄里（John Urry）在社会学中提出的观点，同时，也应该强调空间生产这一需求的重要性,将迁移看作是一种原始的空间生产,正如最近许多人类学著作中强调的那样(瓦桑 Wasan)。詹姆斯·克里福德(James Clifford)在《文化之道》(*Route*)一书中指出,纵观历史,人们总是在不断迁徙,但是这其中也有着利益的驱使,政府和国家当局需要在固定的场域解决人口问题,将这些移民者视作是与固定场域的联系。詹姆斯·斯科特(James Scott)在新书中也强调了这点。在当今世界,移民现象更明显、更庞大、并且更迅速了,但这种现象一直都存在。

参考文献:

[1] APPADURAI, ARJUN. Global ethnoscapes: notes and queries for a transnational anthropology, in *Recapturing Anthropology: Working in the Present*. Edited by R. Fox. Santa Fe: School of American Research Press. 1991.

[2] The Production of locality, in *Counterworks: managing the diversity of knowledge*. Edited by Richard Fardon. London and New York: Routledge. 1995.

[3] BASSO K, and S FELD (ed.). *Senses of Place*. Santa Fe: School of American Research Press. 1996.

[4] BHALLA, A. A. and SHUFANG QIU. *Poverty and Inequality among Chinese Minorities*. London and New York: Routledge. 2006.

[5] CLIFFORD, JAMES. *Routes: Travel and Translation in the Late Twentieth Century*. Cambridge, Mass: Harvard University Press. 1997.

[6] DAVIN, Delia. *Internal Migration in Contemporary China*. New York and London: St. Martin's Press. 1999.

[7] DAVIS Deborah et. al. (ed.) *Urban Spaces in Contemporary China*. Cambridge: Cambridge University Press. 1995.

[8] ELVIN, MARK. Market Towns and Waterways: The County of Shang-hai from 1480 to 1910, in *The City in Late Imperial China*. Edited by G. William Skinner. Stanford: Stanford University Press. 1977.

[9] FEUCHTWANG, STEPHAN (ed.). *Making Place: State projects, Globalisation and Local Responses in China*. London and Portland: University College of London Press. 2004.

[10] GAETANO, ARIANNE, and TAMARA JACKA. *On the Move: Women in Rural-to-Urban Migration in Contemporary China*. New York: University of Columbia Press. 2004.

[11] GAMBLE, JOS. *Shanghai in Transition: Changing Perspectives and Social Contours of a Chinese Metropolis*. London: Routledge Curzon. 2003.

[12] GUPTA, A and FERGUSON J (ed.). *Culture, Power, Place: Explorations in Critical Anthropology*. Durham: Duke University Press. 1997.

[13] HIRSCH, ERIC and M. O'HANLON (ed.). *The Anthropology of Landscape: Perspectives on Space and Place*. Oxford: Clarendon Press. 1995.

[14] IREDALE, ROBYN, NARAN BILIK, and FEI GUO (ed.). *China's Minorities on the Move*. New York and London: M. E. Sharpe. 2003.

[15] JACKA, TAMARA. *Rural Women in Urban China: Gender, Migration, and Social Change*. New York and London: M. E. Sharpe. 2006.

[16] MAURER-FAZIO, MARGARET, JAMES HUGHES and DANDAN ZHANG. A Comparison of Reform-Era Labor Force Participation of China's Ethnic Minorities and Han Majority. William Davidson Institute Working Papers No. 795, University of Michigan. 2005.

[17] Many Dragons Striving for the Pearl: The Effects of Ethnicity, Gender, Marriage, and Location on Labor Force Participation in Urban China. Forthcoming, in *Feminist Economics*. 2006.

[18] OAKES, TIM and LOUISA SCHEIN. *Translocal China: Linkages, identities, and the reimagining of space*. Oxford and New York: Routledge. 2006.

[19] PAN TIANSHU. Historical memory, community-building and place-making in neighbourhood Shanghai, in *Restructuring the Chinese City: changing society, economy and space*. Edited by Laurence J. C. Ma and Fulong Wu. Oxford and New York: Routledge. 2005.

[20] PERREMENT, MATT with NICK YOUNG. *On the Margins: Migration among Miao, Yi and Tibetan people in China*. China Development Brief, Beijing (CDB Special Report, June 2006). 2006.

[21] PIEKE, Frank and Heine Mallee (ed). *International and Internal Migration: Chinese Perspectives*. Richmond : Curzon Press. 1999.

[22] SCHEIN, LOUISA. Negotiating scale: Miao women at a distance, in *Translocal China: Linkages, identities, and the reimagining of space*. Edited by Tim Oakes and Louisa Schein. Oxford and New York: Routledge. 2006.

[23] SOLINGER, DOROTHY. The Floating population in the cities: Chances for assimilation? in *Urban Spaces in Contemporary China*. Edited by Deborah Davis et. al. Cambridge: Cambridge University Press. 1995.

[24] *Contesting Citizenship in Urban China: Peasant Migrants, the State, and the Logic of the Market*. Berkeley: University of California Press. 1999.

[25] URRY, JOHN. Mobile Sociology. *British Journal of Sociology* 2000, 51(1).

[26] XIN MENG. *Labour Market Reform in China*. Cambridge, New York, Melbourne: Cambridge University Press. 2000.

[27] ZHANG JIJIAO. Ethnic Minority Labor Out-migrants from Guizhou Province and their Impacts on Sending Area, in *China's Minorities on the Move*. Edited by Robyn

Iredale, Naran Bilik, and Fei Guo. New York and London: M. E. Sharpe. 2003.

[28] ZHANG LI. *Strangers in the City: Reconfigurations of Space, Power, and Social Networks within China's Floating Population.* Stanford: Stanford University Press. 2001.

[29] The interplay of gender, space, and work in China's floating population, in *Redrawing Boundaries: Work, Households, and Gender in China.* Edited by Barbara Entwistle and Gail Henderson. Berkeley: University of California Press. 2000.

海外华人对春节的记忆与文化认同

——以印尼雅加达为例

［印尼］范丽波　徐赣丽*

摘　要：节日是一个民族深刻的记忆，春节是中华民族最重要的传统节日，华人在移民的同时也将春节"移植"到海外。本文以"印尼雅加达华人春节"为个案，通过审视雅加达华人春节所经历的"移植"与当代传承来说明春节在雅加达华人生活中是乡愁的寄托和认同的需要。全球化趋势下，春节在当代华人生活中发生变迁，呈现认同的淡化。论文藉此说明，文化控制和高压政策的同化效果是有限的，而现代商品化社会的侵蚀和新一代华人对春节记忆的消失才是认同产生变异的根本原因。

关键词：春节　印尼雅加达　华人　记忆　认同

春节是中华民族具有标志性的文化符号，无论从持续时间、节日内容，还是从形式过程、文化内涵来说，都可以称为中华民族最重要的节日，承载着中国人最美好的希望和祝福。伴随着移民，春节传播到海外，并成为海外华人的精神支柱与认同依据。

印度尼西亚（以下简称"印尼"）很早就有中国移民的足迹，全印尼现约有 2 000 万华人①。在这个实行过强制同化政策的国家里，华人曾面临艰难复杂的政治环境和歧视压迫，但一直较好地传承春节民俗至今。在当代全球化背景下，商品社会的便利主义使多样性文化呈现均质化趋势，春节在雅加达社会一面随着中国国力的增强而在公共领域表现出旺盛的态势，一面在华人家庭内部的传承中，由于新生海外华人的文化记忆淡化，春节的传承呈现出逐渐衰弱而持续不断的趋势。

---

* 范丽波：印尼孔子学院教师。徐赣丽，华东师范大学民俗学所教授。

① 庄国土. 华侨华人分布状况和发展趋势[J]. 侨务政策研究，2010(4).

一、雅加达华人社会概况

雅加达(Jakarta)为印尼首都,是印尼的政治、经济、文化中心,是世界著名的海港,东南亚第一大城市。华人移居印尼从汉代算起已有上千年的历史,但18世纪前,人数都极少。荷兰殖民时期,大批中国人被带到当地。20世纪初及50年代,由于社会变革、战乱、自然灾害等,许多中国人移居印尼。1965年,印尼发生"9·30事件",数千华人惨遭杀害,华人财产被抢劫一空,部分华人主动选择回中国发展,而那些继续留在雅加达的华人则大多选择加入印尼国籍。60年代末至90年代,印尼政府采取强制措施同化华人,华人处境艰难。随着中国国际地位的提高,印中两国实行了友好的外交政策。1998年,哈比比和瓦希德总统上任后先后废除了过去多项限制华人的法令,反对歧视与不公正地对待华人。现任总统苏西洛非常尊重华人的文化,提倡华人与本地人一起共同建设印尼。当代雅加达华人不仅在经济上为印尼作出了巨大贡献,而且在政治舞台上崭露头角,华人的政治、社会地位都稳步提升,华人的文化也从封闭走向开放共享,春节成为印尼的法定节日。

雅加达主要民族为爪哇族,华人在当地约有200万,约占当地总人口的10%,其中90%以上已加入印尼籍。在雅加达华人群体中,福建人和广东人最多①,华人使用的语言除印尼语和汉语普通话外,还通行福建话、客家话、潮州话和广府话等方言。雅加达人主要的宗教是伊斯兰教,而华人的宗教信仰中除了传统中国人信仰的佛教、道教及孔教外,主要为基督教和天主教②。

雅加达华人以经商为主,这种传统缘起于荷兰殖民统治时期。华人初来没有土地,同时由于印尼排华,长期不准华人参政、参军,所以雅加达华人为了生计,只能从事商业贸易活动。华人凭借勤劳、俭朴、坚韧不拔的精神,逐步获得了生存的物质基础,并且在雅加达的经济中也占据了一定的地位。

当代华人社会之所以能够协调稳定发展,离不开华人社团、华文教育和华文报纸这三大支柱。这三个方面与华人所传承的中华传统春节文化存在密切的关系。当今印尼华人社团有四五百个。③ 其形式、活动内容、功能已

---

① 范玉春.移民与中国文化[M].桂林:广西师范大学出版社 2005:159-168.

② 曹云华.变异和保持——东南亚华人的文化适应[M].北京:中国华侨出版社,2001:270.

③ 丁丽兴.从被动适应到主动融入:印度尼西亚华侨华人社团的历史演进[J].东南亚纵横,2009(8):24-27.

从最初的联络乡谊、扶贫救危逐渐转向为关心政治、为华人争取平等权利。在特定的节日时期，如春节、中秋等，华人社团会举行丰富多彩的庆祝活动，对于节日文化的传承和传播起着不可磨灭的作用。华文教育对于华人自身的定位、华人文化的传承和传播具有直接的作用。印尼早期华文教育在开埠不久就已产生，基本是国内私塾的移植。1901 年，印尼华侨创办了第一所华文学校，随后华校数量大幅增加，截止到 1957 年，印尼华文学校有 1 669 所。① 1966 年，印尼政府下令关闭所有华校，中文在公开场合几乎被停止使用。1990 年中印复交，华文解禁，之后，中文学习和使用逐渐复兴，大学开设汉语专业②。新闻媒体方面，2000 年成立的美都电视台开创了播放中文新闻的先例，并有多种公开发行的中文报纸。华人社团、华文教育和华文报纸已经成为当代华人社会传承与展示中华文化的重要中介和平台，在华人生活的各个方面都发挥着不可替代的作用。

早期华人移民规模小，而且分散，他们在雅加达各处与本地人杂居。直到 17 世纪荷兰殖民统治时期，统治者对雅加达各种族人口实行分区管理，即“分而治之”政策，在北部沿海一带建立了具有一定规模且相对独立的华人社区。如今，在机场附近出现了新的雅加达华人聚居区。春节期间，社区街道以及每栋别墅都装饰着串串红灯，与“福”“喜”交相辉映。

二、春节在印尼的移植、受限与发展

春节移植到印尼的最初情形，史料典籍中没有记载。在《热带猎奇》这本游记中，简略地讲到 17 世纪华人可以自由举行春节庆祝活动，书中有关于华人节日中燃放烟花和表演木偶戏的记载③。鸦片战争后，大量华人来到雅加达，为春节文化的传承注入了新的力量。有关 19 世纪末、20 世纪初华人过春节的情形，可参考如下文字：

> 印尼华侨多过阴历年，而于阳历新年向不重视，只邀知交，饱吃一顿而已。若逢阴历年关，家中多购“年货”，多做年糕。至燃放炮竹，则为禁令。除夕备“三牲”在家祭祖先，而亲友间互馈烟酒鲜花食物，尔来

---

① 王受业，梁敏和. 列国志——印度尼西亚[M]. 北京：社会科学文献出版社，2006：332.

② 王受业，梁敏和. 列国志——印度尼西亚[M]. 北京：社会科学文献出版社，2006：333.

③ 有关记载可参见：[德] 克里斯托费尔·弗里克，[德] 克里斯托弗尔·施魏策尔著. 姚楠，钱江译. 热带猎奇：十七世纪东印度航海记[M]. 北京：海洋出版社，1986.

我往。“年初一”间有到寺庙上早香者,亲友间互相拜年,语喏恭喜,再无行打仟拜跪之礼。卑下辈到长辈家中拜年,必赏以“红包”。久居印尼之华侨,风俗已与本地人同化者,过年时仍贴红对联,崇敬祖宗,此为华侨与印尼人杂处之分野。印尼人善打鼓向华侨拜年,一对未去,一队又来,意在索“红包”。华侨于过年后之正月九日敬天公,祭品之丰,礼节之重,不减过年。

正月十五日为元宵佳节,其习尚不如国内游灯、赏灯、烧烟火、放孔明灯之盛,惟扎娥眉,则盛行于各境,一连三晚中,亲朋成群,往来街市。有的举家老少,配以洋乐,缓缓而行。又有待字闺女,于元宵过七度,必得佳婿之传说。故夜深月沉,仍有二三少女从行于桥头。更有男化女或女化男者,一而饮,似醉似狂,遂行于街道中,莫辨雌雄。印尼人亦多插足其中,狂欢情绪,似不亚于华侨,一若欢度其印尼佳节。有迷信神佛之华侨,于正月十五日左右,抬“大伯公”祭拜,“肃静”“回避”之火牌为前导,欢乐喧闹,拈香合十之“善男信女”,肩摩踵接。有在店门或家门前拈香以敬之者,交通常为之堵塞,警察不加禁止,而且为之维持秩序。①

在这段记载中,我们可以大致想象到一幅当时华人庆祝春节的图景,它基本上延续了中国华南地区传统的春节习俗。这些节庆习俗活动是华人对祖国不能忘怀的思念,也是区分华人与本地人的标准之一。

进入近代以来,印尼政府1967年颁布《总统关于支那宗教信仰和风俗习惯的第14号指示》,禁止华人在公开场合庆祝中国传统节日,并且禁止华人燃放鞭炮。这一强制同化的政策一直持续了近30年,雅加达春节庆祝活动在公共场合顿时销声匿迹。春节是华人最传统也是最为隆重的节日,印尼政府不允许华人公开庆祝春节,实际上也就是要禁止华人传承其传统文化,从而彻底使华人融入印尼社会。已加入印尼国籍的华人清楚地知道要想在印尼长久、安稳地生存和发展就必须调整自身来适应印尼政府的政策。对于不准公开庆祝春节的禁令,华人大多没有公开抗争,而是选择表面顺从的态度,华人称之为“静度春节”:没有公开出售的新年物品,华人就自己制作,如写福字、蒸年糕等;不能祭拜孔子、老子,华人就将孔子与释迦牟尼、观音等共同摆放在寺庙里;不能公开庆祝,华人就关起自家门窗,在房间内烧香祭拜祖先和神灵,举杯畅饮欢度春节;不能大张旗鼓送礼拜年,华人就以平常串门的方式带着几个橘子或饼干去亲戚家聚会……总之,禁止的政策

① 华侨志编纂委员会编.印尼华侨志[Z].华侨志编纂委员会出版,1961:175-176.

并没有真正使春节的习俗中断。

1998 年，雅加达爆发五月风暴，它不仅给印尼华人带来了巨大伤害，而且也导致了印尼经济的瘫痪，哈比比、瓦希德等人上台后开始着手实行新政。2000 年 1 月 18 日，瓦希德签署了第 6 号总统令，宣布取消 1967 年的第 14 号总统令，允许华人在公开场合庆祝春节。2001 年，印尼宗教部宣布春节为“自选公休日”。2002 年 2 月 17 日，梅加瓦蒂签署 19 号总统令，规定春节为“国民公假日”，①正式解除了过去 30 多年限制华人举行庆祝春节活动的禁令，华人终于可以公开地欢度春节了。

当代华人庆贺春节的方式有了很多新的变化。伴随科技进步，一些新兴的庆贺方式，如打电话、手机短信、电子邮件、网络贺卡、视频聊天等，这些庆贺方式省时省力，特别为相隔较远的亲友提供了方便。现在印尼法定春节假期为 2 天，而大多数华人公司、学校等至少会放 3—4 天假。在这样一个休闲小假期中，不少华人家庭全家老少偏爱以外出旅游的方式庆祝春节。当地旅行社反映，春节前后两周是华人外出旅游的高峰期，旅行社接待的游客数量是平时的几倍。出国旅行，尤其是去中国会亲、游玩的华人数量每年都在高速递增。②

春节期间，华人民间社会也会自发举行一些庆祝活动，寺庙就是其中的一个重要场所。每年除夕，在雅加达的文德庙里都会有很多华人集体举行烧香祈福仪式、武术表演以及本地巴达维族的传统舞蹈，非常热闹。除寺庙外，华人社区、华人社团也都会举行一系列活动欢庆春节，社区和家庭张灯结彩，全雅加达商场的年货琳琅满目，贺岁歌曲处处可闻，大街小巷挂满炫目的装饰品，处处洋溢着喜庆气氛。有的年份，印尼华裔总会还会举办春节讲座；民间组织和地方政府也会联合举办华人文化展览、抬神座游行以及华裔先生、华裔小姐选秀比赛等。③

每年春节前夕，印尼政府、各部门领导、各社团联合会、社会知名人士、大型公司企业都会在新闻节目和报纸上公开向全体印尼华人祝贺新年，雅加达媒体，特别是电视媒体、广播电台和新闻报纸等也逐渐成为华人庆贺春节的平台。现任总统苏西洛每年都会在电台、广播和报刊上向广大华人祝贺春节，并随夫人、其他政府官员参加春节庆祝活动。雅加达除美都中文电

---

① 徐长恩. 印尼华人融入主流社会研究——1998 年 5 月暴乱以来的印尼华人问题辨析[M]. 广州：暨南大学出版社，2008：20－21.

② 访谈对象：陈建源，男，30 岁，旅行社职员. 访谈地点：双芒果商场. 访谈时间：2012 年 4 月 21 日.

③ 印尼宣布大年初一为公共假期当地华人喜迎羊年[DB/OL]. 人民网，来源：中国新闻网，2003－1－31. http://www.people.com.cn/GB/guoji/22/82/20030131/917609.html

视台外,国营印尼电视台和私营第七电视台也都分别安排了春节特别节目,主要是用印尼文介绍中华传统春节的由来与习俗。刚过的牛年初一早晨,印尼主流电视台 6 频道前三条新闻都是有关春节的报道,而且主持人还尝试用汉语问候与祝福。媒体的推广有助于传播中华传统的春节文化。

旧时中国处于封建时代,移民过来的老一代华人非常封闭和保守,不愿让自己的春节"走出去",也不让本地人的文化"走进来"。同时由于华人与本地人被分区管理,所以华人的文化并没有被广泛地传播给本地人,尤其是中华优秀的传统文化——春节。久而久之,华人的春节在本地人的眼里既陌生又神秘。随着中国改革开放以及华人国民地位提高,春节从传统的局限于一个小小唐人街中,扩展到其他华人社区,再到发展成为印尼重要的节日之一,传承的范围慢慢扩大,接受度和认可度不断提高,这是文化扩散和传播的结果,春节自身也得以不断丰富和发展。

三、当代雅加达华人春节文化内涵

传统的生命力在节日中得到了最大化的体现,节日成为民俗传统的展示舞台。中华传统的春节文化伴随华人移民而移入,并为雅加达华人继续传承。

如果没有了文化,人便似乎缺少了灵魂。雅加达华人先辈及其自身漂洋过海来到这个陌生的环境时,或许身无长物,但这并不影响中华文化伴随华人移民而被移入,并且以春节来支持自己的华族认同。生活的真相是,人们一次一次、一代一代的优选生活程式,把它们作为习惯传承下来,新的成员在新的条件下进行适当的调整,使之更加合宜。① 老华人将中国传统春节移植到海外,当代华人在传统的基础上加入新的观念和理解,这种新生的节日程式又将作为新的传统被继续传承。

当代雅加达华人的春节活动,基本与其祖籍地相近。在新年前,要做各种准备迎接新年。比如扫尘、装饰房间,买新衣、买年货、储备食物。除夕日则休息,并去寺庙或佛堂、教堂拜祖先、拜神灵,放鞭炮、放烟花,吃团圆饭,看春晚,守岁等。初一继续休息一天,并去寺庙拜神灵、在家拜祖先、拜年、给晚辈红包。初二到元宵节,部分华人正常工作,其余则休息,访亲会友、互相拜年;元宵节之后正式开始工作。元宵节虽然不放假,但是华人都拜神灵、拜祖先、逛庙会、看花灯、放鞭炮和烟花。从初一到十五,都可以看到舞

① 高丙中. 现代化与民族生活方式的变迁[M]. 天津: 天津人民出版社,1997: 75.

龙舞狮表演，初八初九部分华人也会拜天公、土地公和祖先。总体来说，春节节日内容主要包括以下几方面。

（一）仪式活动

在中国传统春节期间，人们常常会举行各种庆祝活动，这些活动中的一部分是为了营造节日气氛，准备迎接新年，一部分是为了满足人们的精神需求。当代雅加达华人依旧保留着中华传统春节的精华，准备活动从年前开始，直到正月十五元宵节后落下帷幕，在此期间华人都会遵从传统习俗，进行相应的仪式活动。

当移民们背井离乡来到南洋谋生，面对移居地陌生的自然与人文环境，他们迫切需要从所熟悉的祖籍地神明那里获取精神力量。因此，海外华人对民间信仰充满热情，有华人的地方，就有华人庙宇。① 金德院这座拥有360多年历史的古老寺庙内供奉着三尊大佛、天后、关帝，以及十八罗汉、城隍爷、花公花婆、达摩等。它是雅加达华人民间信仰的产物，也是华人的精神依托。春节期间，每年都会有大量虔诚的善男信女蜂拥而至。华人商店、饭馆等也都要祭拜财神爷和关公，店家希望关公可以保护自己的生意一帆风顺，同时财神爷多多散财，生意蒸蒸日上。祭拜祖先是华人春节期间的重要内容，除夕、初一和十五都要进行。华人在春节期间祭祖一方面传承了中华重祖宗的伦理道德，另一方面也使华人得到心理慰藉，找到归属感。华人的信仰是融宗教信仰与民间信仰为一体的，所以春节期间在任何祭拜神灵的地方，如佛堂、寺庙，都可以看到共同摆放着佛祖、观音、玉皇大帝、太上老君、关公、妈祖等神像，人们点香燃烛，在神灵面前昭示自己的恭敬、虔诚之心，以期感动神灵获得福佑。由此可知华人的敬神不论门类、教义，不过是寻求保护而已。新年来临之际，华人这种寻求保护的心理更加强烈。

春节期间，许多华人还保留着在家拜天公和土地公的习俗，这是为了感谢他们过去一年对自己家庭的照顾和保护，并期望新的一年继续享有好运。传统家庭拜天公和土地公、祖先的仪式比较复杂，以下是笔者采访到的个案。

个案1：大概早晨7点，父母就叫我们起来拜天公。门口的桌子上会摆水果、3块年糕、装满花朵的1盆水、3杯茶、2根蜡烛、3根有龙纹的红色粗香、3根小小的细香等。父母也会把我们3个孩子的睡衣或者其他贴身物品摆在桌子上，这样做是因为新的一年如果有不好的运气，也可以通过这个办法改变运气。桌子旁边是一个烧纸的盆子，父母

① 曾玲.越洋再建家园：新加坡华人社会文化研究[M].南昌：江西高校出版社，2003：212.

会提前做或者买些金纸做的物品,像皇帝帽子、元宝、金纸凤梨、莲花、金纸做的东西来烧。拜完天公然后拜土地公,父母在家里的一个墙角摆5个小水杯,因为有5个土地公,我们也要一起拜拜。[①]

个案2:晚上12点拜天公,感谢他们这一年的保佑。拜天公要到家门口拜,因为天公在上,不能有遮挡。父母会在家门前摆桌子,上面摆放香炉、鸡、鱼、红蛋、米线、凤梨、金元宝、金莲花、金帽子等,父母说这些都是用来贿赂天公的,都要工整摆放。父母先点一根很大很粗的香,然后将金元宝之类的烧掉给天公,说:"谢谢上天这一年的保佑,希望在新的一年可以平平安安,身体健康,学习进步,全家幸福"。拜天公是按照年龄顺序的,先是爸爸、妈妈、哥哥、姐姐,然后是我和弟弟。接下来是回到家中的墙角拜土地公,土地公可以保护我们的家。最后是拜祖先,恭喜祖先新年快乐,祈求保佑。一般都是妈妈跪拜而我们不拜。等都拜完后,要看神灵是否满意,能不能停止,要用puapue(福建话,两个半月形状的木板)来验证,将它们一起握住抛出,如果是一正一反,表示同意(wupue),就可以停止拜拜,回去睡觉了;如果是两个同面的,就表示不同意(boyue),若连续3次都是这样,那就要过1个小时再继续拜拜。[②]

拜天公是福建、台湾、广东人的春节习俗,一般要在凌晨12点到早晨6点之间全家一起祭拜,也拜土地公、拜佛祖。通过上述个案,我们可以看到部分传统家庭仍遵循一套固定程式祭拜天公和土地公。当然,对于当代华人年轻一代来说,无论是天公、土地公,抑或其他一些神灵信仰和崇拜都有不同程度的弱化,他们不再是来自其中国祖籍地民间信仰的坚定拥护者。除了对神的祭拜之外,还要向长辈拜年。通常,初二去长辈家拜年,可以带一些水果,如桔子。见到长辈要用福建话(或广府话)说:"恭喜发财,万事如意!"。这些习俗也跟中国国内是一样的。

年节实际上是华人按照一定的心理定势和行为习惯对日常生活进行的处理。每当春节这样的传统节日来临,它总会表现出一种很强的约束力和推动力,使华人社会每个角落分散的个体按照统一的秩序进行活动,如回家团圆、互相拜年祝吉等,此时所有的个人行为都被定义成群体活动。华人自觉或不自觉地在华人群体无形的推动下庆祝春节,从而固化为一种文化记忆和身份认同。

---

① 访谈对象:黄彩芳,女,21岁,大学生.访谈地点:其大学。访谈时间:2012年5月7日。

② 访谈对象:洪青山,男,20岁,大学生.访谈地点:其大学。访谈时间:2012年5月7日。

（二）饮食习俗

饮食习俗往往伴随共同的历史背景，是民族文化的基础；是人们在这方面连续重复的群体实践，以及关于它们的民众解释。[①] 对当代社会和家庭来说，这些节日食品年年吃，辈辈吃，甚至平时可以轻易吃到，节日里也必须要吃，这是文化驱动力的一种体现。华人传承着中华传统饮食文化，其节日饮食习俗尤其体现对于祖源文化的记忆和认同。

华人偏爱团圆美满，逢年过节喜欢围坐在一起，于细嚼慢咽中享受饮食的乐趣。对于华人来说，一年中最重要的一餐莫过于除夕晚上的团圆饭了。团圆饭菜式，主要有鸡、鱼、猪肉、海鲜、豆腐、青菜等，做法包括炒、煎、炸、炖、煮、蒸、卤等，这些都跟中国国内一样。春节作为迎接新年的特殊时期，不仅强调食物的丰盛美味，更注重食物的象征意义。中华汉字中相近的音很多，由此形成的谐音文化也为华人所钟爱。华人平时喜欢吃咸食，而在春节期间大家都喜欢吃甜食，如糖、年糕、应子等，华人吃甜是希望新年甜甜蜜蜜，不要遇到过多的痛苦挫折。华人春节常吃鸡，祈祷新的一年吉祥如意；吃鱼，希望新年生意顺利，年年有余；吃年糕，期盼新年步步高升；吃乌龟糕，祝家人健康长寿；吃萝卜，希望讨得新年的好彩头；吃青菜是为了清新视觉，看人看事准确；正月初九早上吃米线和红蛋，吃米线代表长寿，吃红蛋代表吉利，好运来临。正月十五吃汤圆，希望合家团聚，生活美满幸福。在南方水果很多，春节这些成为吉祥的象征。如柑橘，寓意大吉大利；菠萝，取发财得利之音；苹果，象征平安吉祥；香蕉，期望拥有好运；柚子，福建话发音类似印尼语的“有钱”(uci)；番荔枝，印尼语为“srikaya”，包含“富贵”(kaya)的意思；石榴，多子多福，会有好预兆……有着好运、兴旺、发财寓意或谐音的水果都备受华人青睐，成为春节期间的抢手货。

节日每年如约而至，在反复的实践中也在不断加深着人们对于传统文化的记忆。节日食物是伴随节日而产生的，因此可以视节日食物为节日的一种象征符号。传统的节日食物在给海外华人带来美味的同时增强着家庭、家族成员间的凝聚力，也给他们提供了一个重温故乡记忆的契机。

（三）行为禁忌

禁忌习俗也是华人春节文化的一个重要方面。为了新的一年有好兆头，春节这个时候有一些言语和行为要受到约束，也就是禁忌特别多。这些节日禁忌表现了人们对神灵、对灾祸的畏惧和对未来、对平安的盼望。华人的春节禁忌主要有忌食某些物品、忌说某些言语和忌做某些行为等。

食物方面：除夕吃荤，初一吃素，荤素调节，这种习俗比较符合健康理

---

① 董晓萍.说话的文化——民俗传统与现代生活[M].北京：中华书局，2002：140.

念,同时也是长辈教育后代勤俭治家、不可铺张浪费。春节期间最重要的饮食禁忌是严禁吃药,否则就被认为会导致新的一年身体不好,疾病缠身。

言语方面:为了新的一年更加顺利和吉祥,华人普遍都禁忌说“死”“病”“穷”“输”“光”“败”“鬼”“杀”等不吉利的字眼和脏话。春节期间华人也忌讳小孩儿啼哭,因为啼哭是“没彩头”,预示疾病、凶祸。所以在春节这几日,无论家中小孩儿有什么要求都会尽量满足,有什么过错家长们也不叱责,以免他们啼哭招来厄运。

行为方面:在春节期间,尤其是除夕和初一两天,华人从老到小端杯、盘、碗、碟都会格外小心,避免打碎。此外,除夕与初一这两天华人家庭大多是不扫地的,尽管客人来往垃圾很多,但华人认为这些都是亲友带来的福气和好运,如果清理就是把它们扫出去,这样做是不吉利的。还有华人认为新年前3天不宜干体力活,如洗衣服和做针线活等,否则新的一年工作就会比较辛劳。

雅加达的老华人为了消灾祛病、平安吉祥,春节期间依然遵守着国内春节所奉行的传统禁忌习俗。当代一些受西方文化影响的年轻人,或许自身并不相信这些所谓的禁忌,但是迫于家中长辈、亲友和其他人的习惯势力,也会根据禁忌习俗调整自身。

此外,春节来临,华人家庭普遍会买对联、福、年画、梅花、红灯笼等来装扮自己的家,这些装饰品提早将华人带入新年氛围中。华人老少也传承中华传统提前购置新衣。红色是吉祥、喜庆的颜色,同时红色也是印尼国旗的颜色,代表着勇敢。因此,红衣在春节期间成为最时尚的符号。送红包也是华人传承的习俗,送给老人的叫敬老红包,祝愿他们健康长寿;送给孩子的叫福气红包,希望他们快乐成长。红包的数额一般是4万—20万,一般是6万、8万比较吉利的数字,访谈对象中甚至有给88.88的,这种数字民俗心理正是广府福建人所特有的。节日中有着吉祥和好运象征的服装、物品、食物、水果等,通过色彩、形状以及谐音等形式含蓄地表现出中华传统文化的深厚内涵。

民俗文化有其传承性和变异性,文化为不同代际的人们所传承,但伴随社会不断发展变化,文化也在不断变迁。文化变迁是一种纵向系统与横向系统共同作用的结果:纵向系统主要是人类社会的演变,如社会的发展、科技的进步等;横向系统则是指相对的一个时间内文化发生的改变,有导致其发生的内因和外因之分。文化内部的发展变迁通常源于文化自身的发现和发明,而外部发展变迁则是与民族迁徙、文化接触和政治制度变更有关。①最早的华人移民都是一些贫苦农民,他们或为了谋求生计主动前来,或被动

① 黄淑娉,龚佩华.文化人类学理论方法研究[M].广州:广东高等教育出版社,2004:218-238.

迁移到雅加达。他们处于社会底层,漂洋过海后,不但物质性的技艺有所遗落,就连保留的精神气质也有所折扣。因此,中华传统文化伴随华人移民而移入雅加达,但这种记忆性的移植并不是、也不可能照搬全部。

四、雅加达华人的春节记忆与文化认同

春节在华人节日体系中占有重要的位置,雅加达每年都要举行众多的节庆活动,其中既有传统节日,也包括现代节日。依据调查,并对比“1926年荷属雅加达华校公休日”及“当代雅加达华人节日体系表”,可以了解到华人节庆活动的变化脉络和特点。近100年来,随着时代的发展,华人庆祝的节日发生了很大的变化:有些以前过的节日,如南京政府成立、马厂起义等纪念日,渐渐退却其神圣色彩走入尘封的史册;有些新增的节日,如印尼国庆节、圣诞节等,也成为华人节日生活的一部分,但一些重要的中国传统节日始终为华人所认同与传承,如春节、元宵节、中秋节、端午节等。

温北炎曾针对当代印尼华人文化认同做过一次问卷调查,统计结果如下:92.8%的印尼华人认为要保留自己的传统文化习俗,93.5%的华人庆祝农历新年,69%的华人在清明节会去扫墓祭拜先人,55.4%的华人庆祝中秋节,54%的华人端午节吃粽子或烧香。① 由调查结果可知,印尼华人普遍珍视自己的传统,而春节作为传统中的传统更是得到华人的普遍认可,从古传承至今。

当代雅加达华人已逐步融入印尼主流社会,但他们还坚定地传承着中华传统文化,华人之所以仍被称为华人的依据也就在于此。春节是海内外中华儿女共享的一个节日,为华人提供了一个欢聚的机会,无论是购买年货,除夕团圆聚餐,还是参加舞龙舞狮、观赏庙会花灯等,每一项活动都是在群体的共同记忆中的。“集体”和“文化”本是比较抽象的概念,但在春节前后它们却表现得那么实在和具体,每个华人都能强烈感受到华人集体和华人文化的存在。如果说共同体是被想象出来的,华人的春节文化就是华人想象华人共同体的媒介,是华人文化记忆的沉淀,是凝聚华人群体的纽带。

春节成为华人群体的集体记忆,为华人提供了一个交流和沟通的平台的同时,不断延续着一些重要元素的记忆,共同庆祝春节又形成新的集体记忆,在无形中维系与强化着华人群体,春节是华人文化传承的纽带,也是华

---

① 温北炎.印尼华人融入当地主流社会的现状,挑战和发展趋势[J].东南亚研究,2008(4):65-70.

人维持华人群体的一种方式。

（一）不同年龄层次华人的春节认同

对于春节这个传统节日，每一位雅加达华人内心都有自己独特的记忆与情感。春节对不同年龄层次华人的意义和价值也有所不同，通过他们的春节表述，可以比较全面、客观地了解当代雅加达华人的文化认同。

1. 老年华人的春节认同

老年华人是一个或几个华人家庭的核心，是血缘亲属间的黏合剂。老人的思想与行为也会不自觉地影响其子孙。雅加达华人社会中，春节是一个老年华人比较偏爱的传统节日，老年华人秉持着较多的传统春节习俗。

> 个案1：春节很重要，是所有节日中最重要的，现在也是印尼的公休日。小时候过春节很快乐，因为可以收到很多红包，现在却要给小孩准备红包。准备过年的物品也很麻烦，虽然这样，但还是一定要过。春节我们还要去长辈家里拜年，兄弟姐妹、亲戚可以有一个机会见面聊天，小孩子也会非常快乐。我家是信仰孔教的，各种祭拜活动，我和老婆一定会拜，儿女就不勉强了。但是我还是会给他们讲不要忘记自己的传统，今年春节我给小孙子讲了关于龙的传说呢！春节期间，唐人街那边会举办庙会和其他庆祝活动，很热闹的。①
>
> 个案2：中华传统的节日我都会过的，印尼国庆日也会过，毕竟自己是印尼的一分子，但是最重要的节日一定还是春节。在雅加达，春节是华人特有的节日，就像外国人的圣诞节、伊斯兰教的开斋节一样，华人在春节时全家团聚，放假不用工作，家人、亲戚交谈、互相探访。春节很有必要保留，因为它是中华民族的文化，只有享有自己的传统文化，华人才能生活得更加有意义。春节期间，买新衣、拜年、送红包、吃团圆饭等这些习俗都是很好的，我也告诉我的子女要好好传承下去。②
>
> 个案3：我们会给孩子讲关于新年的传说和故事，龙年、十二生肖等，家里会装扮得喜气洋洋的，年前打扫房间，舞龙舞狮是中华文化的精华，这是一种传统，唤醒大家对中华文化的重视。③

上述说明，在雅加达，老年华人是中华传统春节最坚定的传承者，他们

① 访谈对象：洪德裕，男，60岁，化学原料公司老板。访谈地点：其家。访谈时间：2012年6月2日。

② 访谈对象：杨学科，男，61岁，报社编辑。访谈地点：其报社。访谈时间：2012年2月2日。

③ 访谈对象：黄念航，男，76岁，记者。访谈地点：其报社。访谈时间：2012年2月2日。

还残存着许多传统过节的记忆。他们为春节的传播起着重要的作用。与此同时，春节也为老人提供了一个对子孙实践教化的窗口，华人在儿女、子孙面前践行自身的节日传统，有助于使后辈华人受到熏陶。

2. 中年华人的春节认同

中年华人一辈多成长于苏哈托统治时期，由于强制同化政策，他们大多对中华传统文化了解不多，保留的传统也多是受到父母的影响。中年华人是华人社会的支柱，他们上要孝顺老人，下要养育子女，一方面承担养家的工作重任，另一方面也要主持日常生活，使之协调有序发展。

> 个案1：我家每年会过清明、端午、七月十五、中秋、冬至和新年，新年是比较隆重的。小时候比较热闹，最高兴的是去长辈家里拜年收到红包，现在都是我要给别人红包。初一开始，我会带孩子去给亲戚拜年，小孩子玩得开心，我和亲人、朋友可以聊天，平时比较忙，春节放假了会觉得很轻松。喜欢过年还因为全家可以聚在一起，其实不在乎吃什么，只要大家团圆、开心就好。过春节的各项习俗都是从父母那传下来的，自己有时间、有机会也照做，可能会简略一些，过年有时间的话我会带小孩去街上看表演，他们还是挺快乐的。①

> 个案2：我对中国的了解不多，感觉很陌生，但老人们也会偶尔讲给我们听。父母每年要过很多节日，自己也会沿袭这些传统，过年回家就要跟着父母一起烧香拜拜。我从小长在雅加达，过春节很安静，近十年来政府才允许华人公开庆祝春节，雅加达开始热闹起来，新年气氛也越来越浓。小时候是因为可以得到红包，喜欢过新年。家人团聚一起、亲戚也都会来拜年……过年的喜庆气氛一直会延续到正月十五，很多地方有舞龙舞狮表演，唐人街也很热闹……我们华人是从中国来的，所以中华传统一定要保留。自己也会教小孩要保留春节，但是我不会讲，也没有给小孩讲那些古老的神话故事。②

对于平时繁忙、劳碌的中年人来说，春节假期是一个很好的休息、调整机会。在节日里，中年人表达了自己对长辈的敬意，对子女的爱护。他们既继承与享受着传统春节带来的便利，又在不自觉地传承与变更着传统春节。

---

① 访谈对象：蔡安娜，女，37岁，会计。访谈地点：佛堂。访谈时间：2012年4月15日。

② 访谈对象：陈丽丽，女，43岁，政府税务人员。访谈地点：佛堂。访谈时间：2012年4月15日。

3. 青年华人对春节的认同

青年华人中部分尚处于大学阶段,部分已走入社会,但共同点是他们正处于人生的奋斗期,怀揣梦想,积极向上,因此用忙碌而充实来形容青年华人最恰当不过。相比起少年的不谙世事,青年接触社会的范围更广,眼界也更为开阔,当然对于春节也有他们别具一格的表达。

个案1:我出生在印尼,印尼是我的祖国,但也认为自己是华人的一份子,所以过春节。小时候爷爷给我讲春节年兽的故事,但关于春节的来源和习俗,我很多都是上了大学才知道的。感觉小时候春节比较好玩,有红包、新衣服,还有好多好吃的,总是盼望着过新年。现在新年感觉好累,因为父母工作很忙,我要帮忙打扫房间、刷墙,今年除夕那天全家都还在忙。虽然很忙很累,但大家都还是快快乐乐的,毕竟一年只过一次春节。给长辈们拜年我还是一定会去,只是坐坐就走了,感觉很无聊,还是喜欢和朋友多聚聚,一起出去玩。一般初三四拜年也就少了,但还是有新年气氛的。①

个案2:对我来说,我感觉春节和清明比较重要,端午和中秋只要有好吃的就行,不重要的。新年时候,我们家人团聚,然后一起开车出去玩。虽然我已经工作了,但仍会收到父母给的红包,还是很高兴。小时候妈妈给买新衣服,现在自己买。家里也会买装饰品,但一般都是妈妈买,我不在乎这些。以前家里条件不好,过年也主要吃素食,现在生活水平提高了,很丰盛。由于平时都可以吃到,也就不会有多兴奋。初一我会给远方的亲戚打电话拜年,初二就要开始上班了,新年也就结束了。②

对于青年华人来说,童年欢乐的春节记忆一去不返,春节的传承与否,如何传承,都是青年要面对的一个关键问题。现实的春节留给他们更多的是物质层面的、是传统的形式,伴随着他们的是空虚的春节观。

4. 少年华人对春节的认同

自2002年春节成为印尼法定节假日以来,雅加达各中小学都已逐步贯彻实施这项政策,假期少则2天,多则一周。对于平时有着规律作息的少年来说,春节假期是一个值得期盼的时刻。经过家中长辈的熏陶与学校老师的教育,他们已习惯在大人的带领下进行必要的新年活动(如拜年),但却对

① 访谈对象:符原旺,男,21岁,大学生。访谈地点:其大学。访谈时间:2012年5月25日。
② 访谈对象:陈建成,男,24岁,银行职员。访谈地点:佛堂。访谈时间:2012年4月15日。

春节的文化渊源与意义并无深刻理解。春节对于少年华人来说是神秘的、复杂的，也是幸福的。

> 个案1：我喜欢过春节，因为不上课，可以玩，我想要什么爸爸妈妈也会给我买，买新衣服，也买好多好吃的，有糖、巧克力、饼干、水果、蛋糕。我们全家一起吃饭，有爸爸、妈妈、哥哥、弟弟和我。爸爸妈妈带着我们去拜年，老师教我们这时候要说“恭喜发财”。最喜欢的就是有红包拿，妈妈帮我收着钱，说给我留着以后买东西。①
>
> 个案2：一年中开斋节和春节放假最长，开斋节我和爸爸妈妈去旅游，没什么其他活动，所以我还是喜欢春节，哥哥也会回家，我们一家就团圆了。春节前爸爸妈妈会给我买新衣服，红色的，爸爸妈妈说这样会有好运气。我知道今年是龙年，爸爸给我讲过十二生肖的故事。过新年到姑姑家拜年，我会说：“姑姑，新年快乐，恭喜发财。”姑姑给我红包，其他亲戚也都会给。过新年了，到处都是红色的，很有气氛，我家本地人的邻居也有庆祝的。小时候很害怕街上舞龙舞狮的，也怕鞭炮声，走路都会躲着。现在不怕了，蛮喜欢过春节的，很快乐。②
>
> 个案3：我家过春节，很热闹。爸爸妈妈打扫房间，家里很干净，贴了很多红色的福。妈妈会给我们做年糕吃，还有其他好多吃的。因为亲人大多在棉兰，我们总是和阿姨家一起吃烤肉过节，我们会看春节晚会。初一我给大家拜年就会得到红包，我准备用这些钱去买新书包和新文具……妈妈说我是华人，春节是我们的传统，所以一定要过，虽然什么叫传统我不懂，但过春节我就会很开心。③

在少年华人的眼中，春节是一个快乐的节日，物质和精神上的需求都能获得满足：一方面，春节提供给他们期待的物质需求，如红包、新衣服和好吃的。另一方面，由于春节假期，学生们得到了休息和放松；春节期间，父母也会较平时和善宽容，春节欢乐祥和的气氛也给少年带来了精神的愉悦。对于春节的历史和内涵，少年华人却并不了解，也不会特意地去关注，只是单纯享受节日的快乐。

从不同年龄层的雅加达华人的春节话语中，可以看出华人对春节的期待与热情大都高于其他节日。春节作为一个特殊的时刻，连接双岁，是对过

---

① 访谈对象：吴欣芸，女，9岁，小学生。访谈地点：其小学。访谈时间：2012年4月9日。
② 访谈对象：施玥伶，女，12岁，小学生。访谈地点：其小学。访谈时间：2012年4月9日。
③ 访谈对象：林保宝，女，15岁，初中生。访谈地点：其家。访谈时间：2012年4月10日。

去一年的总结,也开启着新的一年,因而春节仍是华人心目中最重要的传统节日;但不同年龄层的华人对春节的态度有很大差异:老年人最重视传统春节也保留最多传统习俗;中年人只是在一定程度上进行传承;青年人保留下来的只有一些形式;少年人则忽略了节日的内涵,单纯享受节日的乐趣。相似的情景模式,相异的话语态度,这或许就是文化对于个体的不同影响。当代雅加达华人的春节话语反映了华人春节观念日趋淡化,春节这个周而复始的中华传统节日对于雅加达华人的总体价值逐渐降低。

何彬曾指出,"每年定期和重复发生的春节是确认华人文化认同的时间契机,春节内涵的吸引力是强化华人文化认同的文化契机。家乡传统节日的氛围和节日行为留给移居到异文化社会的华侨们的,不单单是热闹的氛围和美味的食物,它留给他们的是一种综合式的民族文化记忆,是他们在海外继续保持民族节日习惯的文化动力"①。老年华人因为移居异国他乡的精神需要,以及自我坚守的信念,更多注重传统节日及其所负载的文化,因此,也保持着更多的传统节日的记忆,并强化着对祖源国的认同。而年轻华人,因为其记忆更多伴随着出生地和生长的环境,因此,虽然也会受家里长辈影响,但其认同相比就要淡化很多。

(二)选择性失忆与传承的中断

对传统节日的行为记忆和物象记忆,是维系海外华人身份认同的重要驱动力。华人有着强烈的中华传统观念,"二战"以前的华人移民大多只是想在雅加达临时居住,他们想通过经商赚钱后衣锦还乡,叶落归根。因此,时刻不忘自己是中国人,恪守祖籍地的文化传统。与此同时,在当代全球化时期,海外华人对于祖源地的文化坚守,也受到商品社会的侵蚀。记忆是一个人对过去活动、感受、经验的印象累积,如果现在没有行为和物象的信息储存,将来就没有记忆,许多伴随节日准备过程的活动随着节日的精简化而日趋消弭,记忆也将不再延续。访谈中,一位老人说到:"我小时候,家里过春节都是自己写对联和福字,记得父亲拿着毛笔和墨汁写些自己不认识的汉字,边写边教育我说这是咱华人的传统,到哪也不能忘了。我现在会写毛笔字就是小时候父亲亲手教的,自己成家了也还写过,虽然不怎么好看,但确实有心满意足的感觉。可是后来就不再写了,需要去买工具很麻烦,现在自己也愿意直接买成品了。"②

闽粤地区新年有吃年糕的传统习俗,主要是祈求五谷丰登、健康长寿。

① 何彬.从海外角度看传统节日与民族文化认同[J].文化遗产,2012(1):71-79.

② 访谈对象:黎先生,男,89岁,退休工人。访谈地点:其家。访谈时间:2011年12月16日。

当代雅加达华人也保留着这一习俗，年糕用香蕉叶或塑料袋包裹，正面贴红“福”，有单个及多层年糕两类。多层年糕层层堆积，逐渐减小，年糕越高寓意生意越好。“很小的时候，阿妈就教我做年糕，我渐渐学会了，其实很简单的。嫁人后，我也做给公公婆婆吃。现在我当了婆婆，平时家务我不用操心，可是儿媳妇根本不知道怎么做年糕。刚开始我还做一些的，可是这几年也就不做了。春节期间到处有卖的，儿媳妇会买些回来，这样也很方便”①。

正月十五元宵节，华人有挂红灯的传统。“我小时候在坤甸，那时家庭条件不好，还记得自己和爸爸妈妈一起做灯笼，要用红纸、铁丝、竹条，每家都会做，邻居会比谁家的灯笼又大又亮、美观漂亮。我爸爸每年都花很多时间做，他喜欢在灯笼上贴“福”，下边还要加红毛线穗子，每当听到邻居赞扬，他就会很高兴。现在我们全家搬家到了雅加达，这里的生意比较好做，爸爸妈妈很忙，我家过春节不再自己动手做灯笼了，都是去商店买，有很多款式，其实比我们自己做的好看。现在的灯笼可以用布、塑料做外套，里边也改为电灯了，我们不再担心蜡烛被风吹灭了。”②

春节曾是华人展现美好心灵和才华的舞台，从以上访谈中，我们发现，无论是写对联，还是做年糕、做灯笼，这些都是老华人娴熟的技艺。那些亲手制作的春节物品曾带给华人审美享受及精神愉悦，制作春节物品的场面是幸福温馨的回忆。其制作技艺也成为华人一笔宝贵的财富。伴随生活水平的提高和物质生产技术的进步，节日物品已经市场化地批量生产，华人省却了琐碎的制作过程，选择直接购买成品。随着老一辈技艺传承者的先后离开，这些华人传统的民间技艺也将逐渐被人遗忘，乃至失传，淡出华人的生活。那么可想而知，春节在年轻一代华人那里，对于中华文化的认知，也会越来越简单和模糊，并进一步抽象为一个遥远的符号，最后导致认同度的降低，这也是文化移植和变迁的必然规律。

春节的淡化，不仅表现在一些物象记忆和传统手工艺的消失，仪式行为记忆也在消失。比如，早期雅加达华人曾传承这样的春节习俗，在春联两边各竖立一根甘蔗，直到新年结束。这是因为在南方方言中“蔗”与“佳”发音相近，人们由门进入，即祈盼迈入佳境，这种传统在一些老华人小时候或者偏僻的乡村华人家庭都会有。虽然雅加达盛产甘蔗，但当代却很少有华人继续保留这样的习俗了。老华人记忆中的春节内容更多，腊月二十三通常有祭灶的传统，他们认为灶王爷腊月二十三这天回天庭复命。为了新的一年得到上天的眷顾，华人都会在神像前摆上糖果和年糕，烧香祭拜灶王爷，

① 访谈对象：许海英，女，53岁，家庭妇女。访谈地点：佛堂。访谈时间：2012年4月15日。
② 访谈对象：林莉芳，女，23岁，大学生。访谈地点：其宿舍。访谈时间：2012年4月30日。

然后烧一些印有马像的黄纸，据说是请神仙骑马飞天。这一古老的祭灶传统在当代华人社会日趋淡化，只有极少的保守华人家庭还会象征性地进行，大多数的年轻人甚至不知道腊月二十三有什么习俗。历史上华人曾非常重视来源于其祖籍地的民间信仰，将其作为精神支撑，愿意为之坚守复杂的传统仪式。但是对于当代雅加达华人来说，他们对这些民间俗信及其繁琐仪式的保留非常有限，因为他们认为，神灵的保佑是虚幻不切实际的，未必能对他们的生活起到积极的作用，因而更不会费时费力地去履行相应仪式。民间俗信的弱化是雅加达华人春节发展必经的一个过程。无论是写对联，还是做年糕、做灯笼，甚至做年夜饭，现在都觉得自己亲自动手比较麻烦，在商品化社会，人们都愿意直接买成品或以市场劳动代替节日准备工作，这其实是全球化的共同结果，使得丰富复杂的中国春节最后只剩下一些节日内容的主干。

五、结语

德国哲学家赫德曾说“乡愁是最高贵的痛苦”①，对于海外华人来说，他们唯一可以做到的就是不要轻易忘记遥远的祖国，只有记住祖籍地的文化，才能慰藉其孤独漂泊的赤子之心。本民族的传统节日是族群成员保持自身认同的有力支撑，而春节是中华民族最富有内涵的传统节日，饱含吉祥如意、团圆美满的希望，海外华人移民通过对春节的行为记忆和物象记忆，寻找精神寄托；新一代移民在文化全球化背景下，其春节记忆的保存越来越有限，其认同也趋于淡化。从印尼华人过春节的案例可以说明，文化控制和高压政策的同化效果是有限的，而记忆的消失才是认同产生变异的根本原因。正如何彬所说的：“有无对民族文化和传统习俗的记忆，是有无民族文化认同意识或民族文化认同意识强弱的重要因素”②。

---

① ［美］本尼迪克特·安德森著.吴叡人译.想象的共同体［M］.上海：上海人民出版社，2011：16.

② 何彬.从海外角度看传统节日与民族文化认同［J］.文化遗产，2012(1)：71－79.

在日华人华侨公墓与后土神信仰

[日]松尾恒一，徐铭（译）*

摘　要： 长崎、神户、京都、横滨等地是华人华侨集中的区域，这些区域的华人华侨公墓与日本人的墓地有明显区别。主要表现在：埋葬方式、墓葬形式以及土地神信仰上。总的来说，日本的华人华侨构成了后土神信仰圈，他们共享相似的墓葬习俗。而这些习俗的形成，与在日华人华侨同根同源的自我认同密切相关。

关键词： 华人华侨　公墓　后土神信仰

有关在日华人社会的问题在日本曾被作为移民问题从历史角度进行研究，而当代的华人社会研究则被作为族群属性问题以社会学及民族学方面的研究为主要方向。

在日本民俗学研究进程中，柳田国男在其后期研究阶段提出了“应以对‘普通’日本人的研究为主”的所谓的“常民论”——水田劳作人民及其村落，这给此后日本民俗学研究带来了决定性影响并为其确定了方向。战后，在开展县史、市乡村史编撰工作的过程中，“民俗篇”被作为其中一卷而编纂，并被予以确立。为此，当地民风史学家、民俗学研究人员，以及中央政府的民俗学家也进行了很多参与和指导工作，促进了地区性“日本人”的民俗调查及研究工作向前发展。

此后，伴随1960年以后的经济快速发展，出现了农民生活的城市化和农村传统习俗的弱化、消失等情况。1980年以后，由仓石忠彦、富田登等提出的“都市民俗学”的研究亦有所推进，但却没有取得超越柳田国男“常民论”或寻求理论重组性的成果。我们能够想到其中的若干个原因，但笔者认为其主要原因在于下面所提到的论点的缺失，以及对实际情况的忽视。

1. 极少关注东京、京都、大阪等从前近代延续而来的城市的由前近代走向近代的历史、民俗（生产生活、信仰、城市与周边村庄的交流互动等）的变迁，抑或消失及连续性。

2. 虽然对出现在企业集中的城市周边地区的近郊城市有所关注，但对

---

* 松尾恒一，日本国立历史民俗博物馆研究部教授；徐铭，日本明海大学讲师。

这些问题几乎没有重视：新城市居民所来自的地区及搬迁至城市后与他们出身地之间的关联，与家乡、亲人的隔绝或以“同乡会”为代表的为同一出身地的人们的集体组织，对于这些方面几乎没有予以重视。

换句话说，我们可以认为，将城市等同于村落集体，从“静态的”“构造性的”视角来加以理解作为出发点，以及通过村落调查工作的开展来解析城市之民俗的考量，成为20世纪80年代的“都市民俗学”并没有取得像此后城市研究那样巨大成果的主要原因。

然而，生活方式的城市化进程波及农村，伴随以互联网为代表的新世纪信息技术的普及而来的新社会组织的出现，外国移民、国际婚姻(结婚或离婚)等新的集体(家庭)形态问题的出现，以及在文化人类学研究方面被作为新课题而提出的旅游、开发、民俗、民族文化变迁等问题的出现，使我们既要面临现代社会真实性或民俗主义等城市化问题日渐扩大的趋势，又要在日本倡导“现代民俗学”，将民俗学变成努力研究的对象。因此，我们要对民俗学调查方法及理论进行重新考问，积极推进相关研究工作。

本论文中所涉及的关于现代在日华人华侨公墓的考察，亦与如上所认识到的问题有切合之处。本文在这样的认识之下，聚焦长崎、神户、京都、横滨等地的华人华侨公墓，尝试探讨在日华人圈的存在形态及其信仰特质等问题。

一、华人华侨墓地的地区性差异及在日本的变迁——以长崎、神户、京都、横滨等地为例

关于今日在日华人华侨问题，以社会学、文化人类学的视角作为在日族群属性问题，亦多从历史学角度以从前近代至近代的过渡时期，日本废除闭关锁国政策，华人主要以横滨、神户等地为据点开始进行商业活动为时间起点来进行论述。

但此前也有华人活动。比如于近世时期(江户时代)闭关锁国政策实施过程当中，从成为屈指可数的与外国进行交流的窗口——长崎，通过郑成功所率船队而于1654年(万治元年)来到日本的隐元禅师，以长崎崇福寺为根据地开始了弘法活动，不久被幕府政权所公开认可，并于1660年(万治3年)开创京都万福寺。这些寺院至今仍被继续经营。

日本都城于平城京(奈良市)、平安京(京都市)、镰仓(镰仓市)、室町(京都市)等地区之间迁移，权力中心因此在古代时期(大约700年)—中世时期(1500年)期间持续转移。当时佛教时有传入，富有各时期建筑特点的寺院

以政权所在地为中心建立起来，这些都与隐元禅师或其所开创的寺院有关。与此之前的寺院相比较，隐元禅师之后的寺院在以下两方面具有特别明显的差异：

其一是与神佛供奉方式有关，将明、清时期具有浓厚民间信仰色彩的关帝、妈祖等神灵与布袋和尚、如来等佛像合在一起祭祀。

其二与第一点相关，这些寺院集合了以现今华人华侨为主的华人信仰，不仅仅是僧侣，华侨华人也会参与到与寺院运营密切相关的祭祀活动当中。

然而，对以神户、大阪为中心的关西华人华侨们来说，关帝庙成为他们在精神层面、信仰层面的巨大支柱（比如关帝庙的庙堂作为华人华侨葬礼仪式及祭祀共同祖先之普度胜会举办场所而被使用等），与庙相邻而建的中华会馆成为他们在日本进行各种活动时的重要交流场所。

聚焦他们所从事活动的今日状况的社会学、社会人类学、民族学方面的学者，将主要目光投诸日本社会族群问题上的研究非常之多，但似乎亦有必要关注与近现代相连的前近代时期的历史的连续性和变迁。从社会学、社会人类学方面开展的研究倾向于将对亲族结构及社会组织、华人交际圈、个性特征等问题进行宏观的把握和理解为主要目标，而本文所尝试的研究方法是以访谈调查为主，亦对个人信仰、精神层面予以重视的民俗学研究手法。

目前，在日本生活着 20 万华人华侨，其中约有 1 万人在神户维持生计，神户在关西华人华侨社会中发挥着中心作用。

神户港开放于 1868 年（明治元年）[①]，当年 6 月从长崎而来的数十名华人华侨到访神户，到秋天为止，240 名华人华侨逗留于此。20 年之后，1887 年（明治 20 年）以前于神户荣町形成了南京町，而作为他们交流场所的中华会馆也于 1893 年（明治 26 年）建成。中华会馆历经因战争而消失、重建而延续至今，战后，通过三江、台湾、福建、广东等五帮协同体制来进行管理运营。

为华人华侨修建公墓是他们居留神户不久之后的事情。1871 年（明治 4 年），宇治野村（现为中山手街 7 丁目）兵库县租借给他们 600 坪土地作为公墓用地。两年以后（1873 年），华人华侨又购入 1 627 坪土地，形成“中华义庄”公墓。此后，中华义庄于 1924 年（大正 4 年）迁移到现今所在地——神户市长田区滝谷町。

华侨移居神户之后，即便已经开辟了华人公墓，但因最初从中国来的第一代移民思念祖国的感情，按他们生前遗愿，很多华侨华人的遗体被送回家乡。载有棺椁的船被称为“归还船”，一年两次从日本返回中国。由此可知，

① 以下关于神户地区华人华侨社会的形成、华人华侨墓地——中华义庄、中华会馆的沿革等，均参照中华会馆编《落地生根　神户华侨与神阪中华会馆之百年》（2000 年，研文出版）一书。

中华义庄实际上是临时埋葬场所，最初仅仅作为棺椁临时安放地使用。

但是，由于经济方面的原因，并不是所有华人都可以实现这一愿望。另外在日本出生的第一代华侨华人的子女及其子孙的思乡之情不如第一代那样强烈，因此大多数关西华侨在死后被埋葬于中华义庄。中华义庄逐渐成为清明节等节日以家族为中心的华人华侨祭祀亲族祖先的场所，临时安放灵棺的小屋于1980年也被拆除。

在关西圈尚有隐元禅师于江户时代前期在京都开创的万福寺。今天京都也成为华人生活的据点，邻近万福寺建有主要埋葬京都华人华侨的"京都华侨陵园"，该华侨公墓建于1947年①。在此之前，神户的中华义庄是京都华侨的埋葬地。因清明节等祭日去扫墓路途遥远，为满足京都华侨的迫切愿望②，当地政府在万福寺建立了"京都华侨陵园"。

华侨在关东地区的据点为横滨。作为华人公墓的横滨市中区大芝台设立于1873年(明治6年)，过去埋葬在横滨外国人墓地的华人华侨被移灵于该地而成为公墓。和神户一样，正式名称为"中华义庄"，大约在20年之后的1892年(明治25年)因建于中华义庄内的"地藏王朝"让人备感亲切，从此在多数情况下用"地藏王朝"来指代整个墓地。

近世时期，在江户幕府闭关锁国政策下，作为与中国进行交易窗口的长崎的公墓历史更为久远，在稻佐的悟真寺设有唐人墓地。其中，现在可以确认的最早的古墓是1627年(宽永4年)建造的，可知其建于17世纪初期。与神户、横滨墓地的不同之处在于其大半都是唐人之墓，但当时与日本有贸易往来的荷兰人墓地也建于此。也就是说这里的墓地是"国际性墓地"(最早墓地是庆安2年，即1649年，一位名为布劳浩比乌斯的人的墓地)来自欧洲的死者也不得不一起葬在佛寺中的唐人墓地里的情况代表了当时日本政府对待外国人的态度。

以上对长崎、神户、京都、横滨等地的华人墓地的开辟情况进行了简要介绍，现在以华商为主体的华人依旧生活在这些地方。这些地方的华人墓地与日本人墓地有如下几点不同。

这些华人墓地在开辟之初是依照中国大陆一般的土葬之法进行埋葬的。而日本人在佛教传入的同时，在埋葬方式中就引入了火葬之法。当然，日本人中土葬习俗也长期存在，法律上虽然规定要火葬，但有的地方至今仍

---

① 据陵园入口处石碑文——1989—2004年"京都华侨陵园修建纪念碑"。

② 1936年(昭和11年)，在京都府知事铃木敬一向内务大臣潮惠之辅呈报的由京都华侨于万福寺举行普度胜会的公文《关于在日中华民国人的法事实行函件》里，记载着京都华侨因神户中华义庄相距甚远，望在万福寺附近开辟墓地为中心思想的迫切心愿。这一资料的复印本由陈正雄氏提供。

然延续土葬方式。

虽然日本和中国都传承了土葬习俗，但其埋葬方法却有很大差异，日本将棺木完全埋入土中。与此不同的是，在中国是向棺木覆土而葬。这一点可以从神户中华义庄、京都万福寺陵园的古墓形态中得到证明。一眼望去与日本的不同样态常常引起日本人的关注。

在不少华人墓地之中，要求同样依照日本法律火葬而将骨灰埋在地里。再在其上立石碑的形式与日本墓地几乎没有差别，但形式大多数是将墓碑立于中央，由“コ”形状的石栅栏（壁）所围绕，但也存在有少数具有倒 U 形石壁的中国墓型，对于日本人来说是十分罕见的形式。

除上述形态上的差异之外，从祭祀、信仰等视角来看，我们不能忽略的是，其供奉作为墓地土地神的“后土”“后土神”这一点，无论是在神户，还是在京都、横滨都是共通的（在长崎的唐人墓地是“土神”），但在墓地内所进行的祭祀方法及形式方面，也能看到各自的差异性。下面就从去年（2013 年）以来所调查的长崎、神户、京都、横滨等地的差异性，及其差异与华侨华人的信仰和家乡习俗之间存在的关系，抑或是于日本随年代推移而产生的变化等角度，对其民俗方面的特质进行探讨。

需要说明的是，本文中对中国墓地及下文所考察的祭祀祖先等民俗的理解，均是基于从 2012 年开始的对以出生于福建福清、现居住在神户的第一代华侨 ORS 氏（字母缩写据本人要求）、江祖顺氏为主的居住于神户、京都、横滨等地的华侨们进行的访谈调查。尤其是为神户、京都等地祭祀祖先所举行的“普度胜会”制作冥宅的 ORS 氏一直在致力于传授丰富的民俗知识，笔者从该氏获得了特别多的指教和启发。关于中国民俗的事例，如未作事先说明，均是 ORS 氏所讲授的福建福清的习俗。另外，在京都华侨陵园方面，从京都华侨第二代、其父出生于广东的陈正雄氏处获得很多的指导及启示。今后，有必要通过精细查询作为多数日本华侨出生地的广东省、台湾等地区的民俗，来探讨其对日本的影响，这非常具有可操作性。

“后土”是墓地祭祀的土地神。在福建地区建墓之际，要进行“破土”（亦称“动土”）仪式并供奉“后土”。

从这一点出发来考虑的话，其顺序是公墓开建之时就要供奉后土，而实际上，在横滨、神户等地的中华义庄，供奉着整个公墓的后土神。神户中华义庄的后土神是在墓地开辟后而立的，故需要再次考察其动机及意义。

一方面在横滨的公墓，从横滨中华义庄事务所内所贴的“中华义庄示意图”可以清晰看到，在最后面建有带屋顶的“本山后土之神”碑。在其左右两侧，并列建有 1923 年（大正 12 年）9 月关东大地震遇难者纪念碑。据推测，这一后土神是于 1873 年（明治 6 年），横滨外国人墓地迁移至此处时开始供奉的①。另在横滨中华义庄,地藏王朝建于中华义庄入口处,地藏王朝之门的右侧供奉有“门官土地福神”。这是管建房子的土地之神②,应与作为墓地土地神的后土区别看待。

图 1　横滨中华义庄,中央为“本山后土之神”(摄影: 松尾恒一,2014 年 6 月)

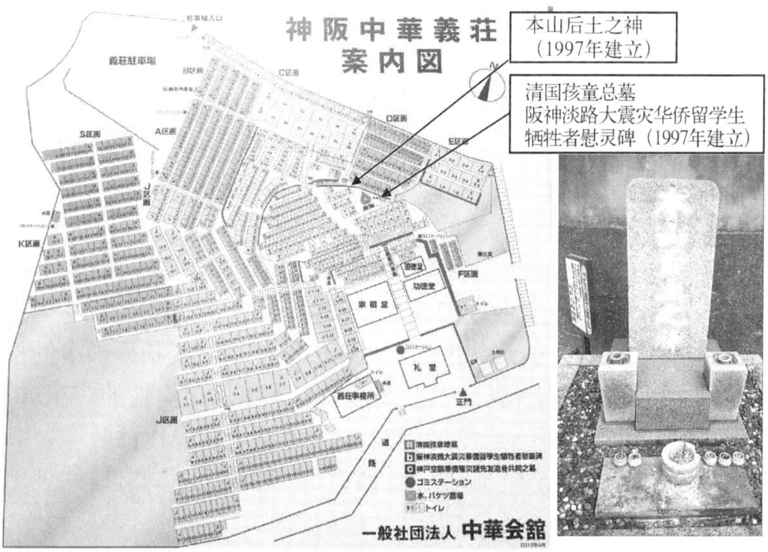

图 2　中华义庄示意图

① 另外,关于横滨中华义庄及横滨华人送葬仪式沿革、历史,参照《地藏王朝　横滨指定文化遗产　地藏王朝修复工程报告书》(财团法人中华会馆,1997 年)一书。特别是对弄清楚出生于广东、三江等地所进行的反映其出身地送葬方式的葬礼仪式及埋葬形式(岸上兴一郎《地藏王朝与其埋葬形式》)等方面,非常值得参考、借鉴。

② 参看川口幸大《村落之社会变化与作为祭祀空间之家的变迁》(Osaka University Forum on China “Discussion Papers in Contemporary China Studies”, No. 2010 - 17)。

图3 "后土"碑

其次在神户的中华义庄,现在大约在整个墓地中央位置建立了"后土"碑。此碑1924年(大正4年)在现今所在地的神户市长田区滝谷町开辟陵园之初尚未见,据说是半世纪之后的1976年由一个出身于广东省中山县的家庭所修建。在这一后土碑的稍前位置建有"光绪二十六年(1900年)'清国孩童总墓'碑"和"阪神淡路大地震华侨留学生牺牲者纪念碑"。

现今位于滝谷町的中华义庄最初在"右""左"区划进行修建。后来随着战后华侨定居成为常态,对墓地需求也相应增加,因此扩充了A至E区(1978年)及建成J区(1982年)。虽然截至目前仍在持续扩大,但是因其马上与周边宅基地的分界线接近(据2014年笔者调查),目前的规模已经达极限。另外,在开辟之初的"右""左"区划内,可看到相当数量的土葬墓地,但1970年以后新规划的区域内,基本上是收纳火葬之后的家族骨灰的家族墓地,各区域的大小、规格由中华义庄所制定的规章制度来进行管理(参看图3)。在京都制作墓石的石材店指定为万福寺管理下的两家石材店,在神户可以自由选择任意一家石材店,但在中华义庄事务所里放有大约3家左右县内石材经营者的有关墓石样式目录的宣传册,好像大多数都是从这些店家进行选择。无论是京都还是神户,都是日本的石材经营者来进行墓石的制作,也许正因为这样,一眼望去日本的公墓里的墓石都大同小异。

在战后A至E区的修缮过程中,后土神被立于旧区"右"区域内后方。在中国后土神的原始存在形态应是在选定墓地的同时而进行供奉的,但是对于该中华义庄来说,该公墓开辟后历经半个世纪,家乡的信仰、习俗才由同一国家出身的人带进来。另外,作为中华义庄,在地神堂所供奉的“土地公”——“福德正神”,亦可以说是将其视为整个陵园的守护神而存在的①。

然而,另外值得注意的是各家墓地内立有后土碑进行供奉的现象,在神户的中华义庄、附属于万福寺的京都华侨陵园两处当中,这一景象随处可见。这一事例在横滨的中华义庄当中,就笔者所确认的范围内,没能得到证实。我们可以确定的是,这一点是神户、京都华侨墓地的显著特征。

其形态在神户和京都均是顶部呈较缓的圆弧状,纵向呈长方形,刻有“后土”及立于墓碑的前方靠左,在这两点上几乎一致,但相对京都的刻字用朱色笔写成,而神户的多数是用金色笔写成,从中可以看到两地有所差别的地方。

至于说到扫墓,在一年之中 4 月的清明节成为几乎每家都要前来祭扫的最盛大的一天,这一点在长崎、京都、横滨的公墓是相同的。除此之外,一周年忌日来扫墓的情况也比较多,也能看到清明节之外的日子前来祭扫、献有鲜花的墓碑,这在长崎、京都、横滨都是相同的。另据调查在神户中华义庄,年末至正月前来祭拜的人亦不在少数(据于 2014 年 6 月笔者对中华义庄的调查)。

除现代冲绳地区之外②,在几乎整个日本列岛均能看到源于佛教的春、秋彼岸日及农历 7 月的盂兰盆节,一年共有 3 次。在与日本人结婚的华侨及三代、四代在日本出生的华侨之中,这些日本习俗被他们所接受,加上清明节,据说在彼岸日及盂兰盆节期间前去扫墓的家庭亦很多。

目前,笔者亲眼所见及调查的华侨清明节是于 2014 年京都华侨陵园的清明节。首先,各家在清早备好食物、鲜花等祭品。在自家墓地所在辖区内祭拜后土神的时候,在祭拜祖先之墓前向后土奉献祭品。之后,大约从 11

① 前揭注《落地生根　神户华侨与神阪中华会馆之百年》第五章《中华义庄与关帝庙》,314 页。

② 冲绳地区在琉球王朝时代,在技术、知识、信仰等方面受到明清时期的极大影响,以本岛为主的整个区域都过清明节。笔者亲眼所见及调查的是于 2011 年本岛丰见城的清明节及 2013 年八重山地区西表岛祖纳的清明节。西表岛的清明节当天,同一祖先的一族人跨越地区限制,甚至从岛内、冲绳本岛或本土前来祭拜,在祖先石碑前,以居住该地区一族的族长为首献上祝词。在日本本土于正月扫墓的地区很少,但在冲绳将农历正月十六称为“祖先的正月”,在墓前与祖先之灵及家人一起共饮共食,这一习俗极为可能是受来自中国的影响。另外在冲绳,为集体组织的农耕、捕鱼、海上安全向“御岳”祈祷及供奉家神的地面祭祀,多数仪式均是由被称为“瑙娆(巫女)”或“茨卡萨(祭司)”的女性司祭人或家里的女儿来进行,很有可能是因为深受中国影响而出现的、通过男性族谱来传承一族的祭祀形式和源于琉球王朝的、由女性来祈求集体组织的平安,这两个系统的并存,即探明中国大陆和日本本土影响的实际形态与琉球的独特性成为今后的研究课题。

图 4　2014 年清明节京都华侨陵园

点左右，万福寺僧侣在陵园入口处做法事，众京都华侨进行观礼。

所作法事为在入口前面以诵《三宝赞》为中心、分两次进行的法事。

第一次是在入口处的门前、面向墓地的正面设有祭坛，供有佛灯、纸钱（金箔纸、银箔纸）、猪、鸡、大虾、日本茶、日本酒（一升装）、罐装啤酒等，僧侣做法事。接下来是第二次，将祭坛移向右边，以左方为正面，做同一法事。在两次法事之中，以京都华侨总会会长及副会长为首的一众人等依次烧香、合掌祭拜。紧接僧侣所做法事之后，华侨们会在祭坛旁边烧纸钱，进而在供奉着杨柳观音的陵园入口右侧的汉松堂，准备有撤下来的供品及相当于供品标准的酒食，包括孩子在内的全体华侨同仁一起共享食物。

以上为仪式的简要介绍，那么，为何改祭坛方向呢？僧侣又为何分两次做同样法事呢？

第一次是向陵园墓地进行诵经，其是以祭拜祖先之灵并进行追悼为目的的意图十分明显。那么，变换祭坛方向所进行的第二次法事究竟意欲何为呢？关于这一点，实际上在万福寺的僧侣当中，除了认为其是依旧传承的惯例，对其含义、目的均没有明确的认知，但京都华侨之中的老年人说到了其中的含义。据他们所述，这第二次法事是为了祭拜陵园的土地神。

虽然在后面还会详细论述，但据在中国大陆地区一直生活到 30 至 40 岁的第一代华侨所说，后土神本来是祭祀于墓区之外的左后方（据 2013 年至 2014 年对神户第一代华侨 ORS 氏——1951 年出生于福建福清，2000 年来到日本——等出生于福建省的多数华侨所进行的听访调查）。

如果反复思考这些情况的话,在京都的老华侨们中间所留下的传说正说中问题的本质。将祭坛移向右侧,僧侣面向左方作法事,这个方向正是供奉后土神的方向。如前所述,在京都华侨陵园,虽说有在自家墓区内祭祀后土的家庭,但并没有供奉作为整个墓地的后土神。然而,在人们的意识里还深深留有对后土神的信仰,可以说,通过京都华侨和万福寺僧侣的协商才会如此改变祭坛方向并施以二次法事的可能性极高。

二、福建地区的墓地与后土——出生于福建福清的ORS氏①之记忆一

以上对横滨、神户、京都、长崎地区华人公墓的沿革、概要,特别是墓地土地神的"后土神"、"土神"进行了简单地梳理。

对埋葬有遗体、祭祀着祖先的墓地内的土地神的信仰,在日本并非完全不存在②,但却没有除祖先墓碑之外,还立有像"后土"这样的石碑,与祖先之灵一同祭祀土地神的事例,可以说,这是日本、中国在祖先祭祀、祖灵观等方面的比较大的不同之处。

中国的后土神信仰可追溯到公元前,例如,在《尚书》武成篇"告于皇天后土,所过名山大川"(后汉郑注"后土,社也"),另外,《周礼》春官大宗伯"王大封则先告后土"(郑注"后土,土神也"),可知作为土地神的"后土"信仰自古就有。

虽然我们有必要对这一信仰到底于民间在多大程度上被接受进行探讨,但在本文之中主要是对当代在日华人华侨的信仰形式进行考察。虽然笔者对日本的华人社会,特别是信仰、仪式礼仪方面的研究刚刚理出头绪,但目前为止已经反复多次对除了横滨华侨总会会长、京都华侨总会的第二代华侨陈正雄氏之外,对神户第一代华侨ORS氏、江祖顺氏,长崎第二代华侨郭定儀氏(长崎华侨总会事务局长,1937年出生)、二代华侨杨君子氏(1943年出生),还对京都万福寺、长崎稻佐国际墓地悟真寺、崇福寺、兴福寺的僧侣

---

① 郭玉聪,朱新建.在日第二代、第三代华侨华人的中国文化意向研究——神户华侨华人与在日福清华侨华人之比较[A].爱知学院大学教养部纪要[Z].2006,54(1).此文是基于对现在第二代、第三代占半数的神户华侨华人对祖国及家乡的意向及个性特征的综合性调查,非常值得参考。在考证本小节所提到的出生于福建福清第一代的ORS氏意识的共通性及偏差等问题上,该文提供了重要的信息。

② 例如,在深受被称为"伊弉诺Izanagi流派"的阴阳思想、密教、净土信仰等影响的高知县物部地区,由伊弉诺流派的祈祷师所进行的送葬仪式,在埋葬地作法事,用金钱从他界(净土)购买土地。参看松尾恒一《物部的民俗与伊弉诺流派》(吉川弘文馆,2011年)第二章第三节《物部的送葬习俗与伊弉诺流派的祈祷仪式》。

及工作人员进行了听访调查，尚未听到“墓地的土地神”之外的说法。

特别是第二代以后，即便是在墓地建立后土碑的人们或家庭成员，根本没有人对其信仰的含义及祭祀的必要性具有明确的认识，几乎所有人的认识都停留在没有从父辈、祖父得到特殊的教授或说明、仅仅只是传承而已的层面。

（一）长崎华人墓地与土神

前近代时期以来，从神户、京都、横滨至具有超过两个世纪华人社会历史的长崎，可以想到的是，始于华人墓地的、在墓地合并祭祀土神碑的习俗甚至扩展到日本人墓地之中，而不再询问华人、日本人之间的区别。在寺町的制作墓石的“横尾石材工业”石材店里面，圆形、象棋形等各种样品摆设在店铺前面。另外，在悟真寺的稻佐国际墓地旁边的石材店的广告板上，明确写有土神碑的价钱。

圆形土神……10 万日元/象棋形土神……5 万日元

虽然笔者也曾去这一石材店做过听访调查（2014 年 8 月），但并没有获得有关土神的特殊的认识及传承方面的信息，据说，墓地内的土神碑只不过是根据立碑人的需要而立的，仅此而已。从这一情况来看可以说，墓地内的土神祭祀作为长崎地区民俗而扎根下来，并流传至今。

以华侨为主的华人扫墓祭日是在清明节那一天来到祖先墓地前、献上供品，接着向土神献供品、祭拜，这是一般性的程序，但据说，对于这一顺序，大家并没有特别的意识（据对家族墓地位于崇福寺的华侨杨君子氏所做的听访调查。2014 年 8 月）。

长崎历史最为悠久的稻佐国际墓地由悟真寺进行管理，关于土神，做了如下的说明（笔者于 2014 年 8 月所做的听访调查）：在墓地建成之际，悟真寺的僧侣会在墓碑前进行将祖先之魂入葬的“开眼供养”仪式，作为其中的一环，会向土神行称为“向水”的洒水法事。原则上土神位于墓碑右侧，但因据墓地区划情况而建，并没有严格的规定。清明节扫墓之际，悟真寺的僧人会陪伴家属并进行诵经仪式。一般情况下，家属会先祭拜祖先之墓，然后祭拜土神，但对顺次并没有特别的规定。

（二）神户、京都的后土信仰

一方面据说，神户、京都的华人墓地（中华义庄、京都华侨陵园）在祭祀“后土”时，习惯上是于清明节先向后土神献花、香烛及供品，接着向祖先之墓献供品（据神户第一代华侨 ORS 氏、江祖顺氏、京都第二代华侨陈正雄氏的指教）。

下面本文想探讨的问题是，在如此情势下的日本，近代以后于长崎跨越了 3 个世纪、于近代开港通航的神户、横滨等地超过一个半世纪，在墓地祭祀“后土”、“土神”等民俗神行为在产生地区差异的同时，在近代社会究竟具有何种内涵及意义呢？本文很难得出具体结论，但作为一次考察的努力尝试,想一面介绍关于第一代神户华侨ORS氏自身对中国的后土及祖先祭祀的说明,以及对日本华侨墓地的后土的不同感受等方面的访谈记录,一面进行深入地探讨。

ORS氏于1951年出生在福建福清,因从事以神户普度胜会所用的冥宅为主的纸扎工艺而于2000年首次来到日本,2006年加入日本籍。本文之所以特别关注ORS氏讲述内容的原因,是由于其在对于神户、大阪华侨非常重要的祖先祭祀仪式——普度胜会上发挥了重要的作用。对于冥宅、地狱十王殿、金山及银山等普度胜会会场的布置建造来说,需要具有比一般人更多的道教、佛教等专门知识以及对家乡习俗的了解,ORS氏拥有这些方面的知识和精湛的纸扎技艺。

据说,以祭祀祖先为目的的普度胜会(文化大革命时期曾一度被禁)主要是在以下场合进行。

1. "不吉利""凶险"的时候,死者或病人很多的时候……召集全村人,举行普度胜会,对共同的祖先进行祭拜。63个乡一同在香灯寺进行。并祭祀孤魂野鬼等。近些年里,多数在香灯寺举行。一个村子里面的话,同姓(同族)人在祠堂举行。

2. "好事"之际的"普度胜会"、许愿……生意或投资成功,赚到很多钱的时候,在香灯寺举行。由道士或僧人进行宗教性质的祭祀活动。除此之外,据说在作为葬礼仪式的"拜忏"过程中(死者所犯之罪在来世进行悔改之意,亦称"忏悔""洗罪"),要在"丧主"家制作"冥宅""神殿",无论制作哪一个都需要与掌管祭祀仪式的道士或僧人商量,故而具备相当程度的宗教知识是极其有必要的。

在福建普度胜会如此这般地由同族人在祠堂里进行,但在日本,同乡会这一组织成为主体,可知其在生活于日本的地区性华人团体的交流方面发挥了重要的作用。这样一来,普度胜会并未成为福建地区一年之中的定例仪式,在福建福清的每个家庭里,于中元节(农历七月十四、十五日)有祭拜祖先的同时,也祭拜孤魂野鬼的习俗。据ORS氏的推测认为,这一习俗加之看到农历七月在日本全国所举行的盂兰盆节仪式,故在神户也开始于这一时期举行普度胜会①。

---

① 另外,在福建及今天多数地区,作为中元节活动之一,仍在进行"普度"仪式。据何彬《中国东南地区之民俗志研究——汉族的葬礼仪式、死后祭祀与墓地》(日本华侨社,2013年)一书所报告的内容(参看第二部分的第二章《"中元节"的主角》)。该书是通过作者亲身调查,介绍了很多关于高层住宅小区内的居民住户、家庭内部的中元节、普度仪式等的事例,从生活方式城市化过程中的民俗传承、变迁等视角来看,也是非常值得参考的报告书。笔者也想通过京都万福寺所保留的黄檗宗普度仪式和祭品、冥宅等装饰物的比较及相互之间的影响来进行考证。

京都万福寺的普度盛会于10月举行，现在京都华侨总会为主办方。据出身地为广东的第二代华侨陈正雄氏所说，过去该仪式的主要参加者是以沿街叫卖为主要生计的福建同乡会的人。万福寺带住宿设施，普度胜会期间要寄宿3天，另据陈氏所说，在此期间他们之间的交流带有如下的目的：1. 互通商业信息；2. 相互之间商量子女结婚、处对象等问题；3. 通过麻将等游戏活动来加深友谊。

这一普度胜会在日本的存在形式，即与同族人在祠堂一起祭拜祖先的形式相比而言，把中心放在和同乡一起发展生意上，这使我们不能忽视的一点是，在异国他乡即使是进行与家乡一样的仪式活动，也会发生内涵和意义的改变以及变迁。顺便说一下，以前的日本纸糊隔门工匠也会制作冥宅等物品，而ORS氏现在负责制作万福寺普度胜会的冥宅等物品，其在神户、京都地区华侨民俗活动中发挥着非常大的作用。那么，据拥有与福建祖先祭祀相关的丰富的宗教、民俗知识的ORS氏所述，其对神户中华义庄及京都万福寺华侨陵园的后土神祭祀方式感到极大的差异。

图5左所示的是两处墓地建立后土碑的标准位置，而据ORS氏及同为福建福清出身的第一代华侨江祖顺氏、第二代华侨石雅之氏（1942年生于神户，父亲生于福清，20世纪30年代来到日本，成为沿街叫卖布匹的商贩，祖父、祖母也生于福清）所述，图右是福建地区墓地中的一般化的墓地的配置图。

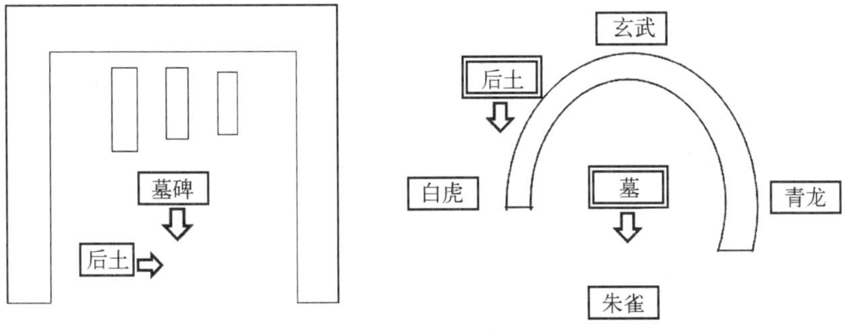

图5　后土碑位置图

据说，后土在福建位于∩字型外壁的左后方，与内侧墓碑一样朝向正面而立，这才是正确的。与此相对，在日本华侨墓地是位于コ字型区域内的中央处墓碑的左侧，据说有如下特点：1. 比墓碑稍微靠前；2. 并非与墓碑一样朝向正前方，而是靠区域内一旁的内侧，即朝向右方而立。以上两点是让人感到很大差异之处。

另外,在朝向正面而立于墓碑旁这一点上,多数长崎的“土神”与ORS氏及江祖顺氏所描述的一致。但是,据长崎华侨们及悟真寺僧人们所述,土神立于祖先墓碑的右侧才是正确位置(事实上,土神立于墓碑的右侧和左侧的数量是一样的,好像大多数人并不太在乎左边还是右边。)不过,长崎悟真寺的多数唐人墓地都是像日本人墓地一样属于コ字型区划,在区域内与祖先一并祭祀土神的墓之中,找到了一座规模比较大、∩字型墙壁围绕、在墙壁左外侧祭祀后土的坟墓(照片)。但是,在∩字型墙壁中央,祖先墓碑的右侧亦立有土神碑。

图6　地神碑位置图

在∩字型墙壁中央,祖先墓碑的右侧有土神碑

ORS氏在看到这张照片时,不论是∩字型区划,还是后土的位置,都与福建的墓地极为接近,但其还说到,在祖先墓碑旁边立土神碑在福建是无法想象的。

遗憾的是,无法确认该坟墓的墓志铭,也就无法确认是出生于何处的华人、何时建成等问题,但可推测其是最近10—30年内由第一代华侨所建的。在悟真寺、崇福寺、兴福寺的僧人及长崎华侨、长崎日本人等目前为止的调查对象当中,没有人既对墓地中的土神有所了解,又知道作为土地神的“后土”,据此可以推测的是,“后土”基本上在长崎没有扎根下来。悟真寺墓地中的祭祀后土的∩字型墙壁的墓地,应是一面依据家乡习俗,一面也受到长崎习俗影响而合祀土神的吧。

三、福建地区墓地的建造——出生于福建福清的ORS氏之记忆二

现在，日本华侨是在公墓内买入墓地，委托日本的石材店来建墓，而在福建地区墓地的建造是从选墓地开始的。

这里主要是为了能够与对移民地的华侨是如何一面停留在对内在化的家乡习俗的记忆之中，一面在异国他乡经营生活等问题的考察相连接，所以如下回顾ORS氏所述的关于墓地建造的过程①。

墓地有三代墓地、五代墓地等规模上的差异，从前在一般情况下是由左官屋，即现在的石材店来建造，一面与家主商量，一面画好图纸。建墓之地由风水师根据其出生日期及方位来确定。

动工之际，要先举行“破土”仪式，作为祭祀土地公——“后土”的开始，上香、献三牲供品、烧纸钱等。无论是三代墓地还是五代墓地，都要花费半年到一年的时间。在每月的2日、16日，工匠（左官屋或石材店）会为祭祀“后土”而上香、献三牲祭品。

如此完工之时，由道士挑选良辰吉日，作为庆贺仪式在上午由道士作法事，对墓地所在的山之后土、附近各个墓地进行祭拜，而且，当天晚上会邀请亲朋好友到家里举办庆贺宴。

以上简略地叙述了从墓地选定到完工的过程。这样的一个从墓地选定到祭祀后土的过程，至少在明代就已经出现了。《大明会典》卷一百《礼部》五十八“择地　祭后土”里，可以看到如下记载：

> 三月而葬。择地之可葬者。土色光润。草木茂蕨之处。即为美地。又须慎五患使他日不为道路。不为城郭。不为沟池。不为贵势所夺。不为耕犁所及。乃可。世人多狗俗师阴阳之说。既择年月日时。又择山水形势。以为子孙贫贱富贵寿夭贤愚。尽繁于此。至有终身不葬。或累世不葬。弃捐不葬者。悖礼伤义。无过于此。既得地。乃择日开茔域。祠后土。南向设神位。设盏注酒馔于其前。又设盥盆帨巾

① 对福建福州现存的从风水师选地到造墓的整个过程进行调查的论文中，有小熊诚《冲绳与福建的龟甲墓之对比——以外部设计的比较为中心》（国际常民文化研究丛书3《从东亚的生活用具、物质文化看比较文化史》神奈川大学国际常民文化研究机构，2013年3月）重要一文。与下面ORS氏口述的造墓过程基本上一致，但该文中没有关于后土或土地神的描述，故在当代福州地区墓地到底是否祭祀后土等土地神，对这一问题没有明确的回答。

于其东南。告者吉服入立于神位之前。北向。执事者在其后。东上。皆再拜。告者与执事者皆盥帨。执事者一人取酒注西向跪。一人取盏东向跪。告者斟酒反注。取盏酹于神位前。俯伏。兴。少退立。祝执版立于告者之左。东向跪读曰。维某年岁月朔日辰。某敢告于后土氏之神。今为某亲营建宅兆。神其保佑。俾无后艰。谨以清酌脯醢。祇荐于神。尚享。讫。复位。告者再拜。祝及执事者皆再拜。乃彻。遂穿圹。作灰隔。造冥器。刻志石。备大舆。作神主。以俟发引。

埋葬之地应在察看山水走势之后进行选择,另外,还对民间依据阴阳思想而选择建墓之地及日期,以及建后土祠的情况进行了表述。

在现在民俗行为之中委托风水师或道士,据阴阳学而选定墓地并祭祀后土的建墓方法,即埋葬死者及祖先祭祀、对作为坟墓所在地的土地神——后土的祭祀是无法切割的,我们能够认为这一想法在明代就已确立,并作为民俗行为而传承至今。

四、结语——作为华人华侨自我认同的墓地后土神

作为建造华人墓地的一环,为得到墓地所在地的土地神——后土的许可而对其进行祭祀,而且在墓地建造完成之后也要祭祀后土,从这一行为方式来考虑的话,原本的顺序应该是在公墓建造之时就祭祀后土,像横滨中华义庄那样立有作为整个陵园的后土的形式是合乎常理的。

然而,在京都万福寺的华侨陵园之中,虽然每家立有后土,但作为整个陵园的后土并不存在。

另外,神户中华义庄中的整个陵园的后土是在陵园建造之后,于 1976 年由出生于广东省的吴姓一家的施赠而立的石碑。

可是,在横滨中华义庄的后土碑的两侧并列有关东大地震纪念碑,另外,神户中华义庄整个陵园后土碑邻接着“清国孩童总墓”及“阪神淡路大地震华侨留学生牺牲者纪念碑”,将大家共同感受的大灾大难的历史记录并且记忆下来,亦成为共同纪念的标志。而且,由于公墓地理条件的制约,本来是建于区划之外的后土被建在了区划内等,虽然从对家乡习俗谙熟于心的第一代华侨角度来看,这些都看起来那么地不同,但现在新开辟的多数华人墓地还是将其立于区划之内。

3 代以后的华侨多数不会说汉语,另外,由于与日本人结婚,除了清明节之外,在春季、秋季彼岸日及盂兰盆节也会扫墓祭拜等,为数不少的家庭

亲近并接受日本的习俗。对后土的含义及其对于墓地的必要性等问题，很多华侨都没有没明确的认知，尽管如此，在神户、京都新建的墓地一并立有后土的事例也不少。对后土的含义及必要性认识不够的日本石材工匠及僧侣不会像福建地区那样在建造期间或墓地完工之际，举行祭祀后土及庆祝宴会，但可以说，他们在建造这样与日本决然不同的墓地及立后土碑方面的工作，为华人华侨同根同源的自我认同发挥了很大的作用。

历经前近代时期以来的数个世纪，在一直保持着中日交流活动的长崎可以看到日本其他地方没有的"土神"，在日本人墓地很常见。与外国的交流影响深至民俗层面的事例也多有介绍，在冲绳祭祀的称为"土帝君"也可被视为是通过与中国的交流而传入并扎根下来的土地神①。

另一方面已经查证的是，明、清时期与琉球之前的贸易往来十分繁盛，在作为大陆地区交易地的福州和北京以及福州至北京沿线残留有许多琉球人的墓地②。

华侨不仅仅是东亚，也往来于东南亚，在那里也信奉作为与祖灵相关的土地神——后土③，与当地习俗的混同及抵触、交流及平行等都是应该被追问的大课题。华侨们与移民地之间是带着何种关系来构建生产生活的，而且给移民地的社会及文化带来哪些影响……一系列问题作为生活层面、民俗学的课题亦显得尤为重要。

日本与中国的文化交流即使是从汉字的传入来算也已超过 1 500 年，在长期交流过程中，即便在日本国内接受影响的地区也存在差异性。而且，在日华侨因福建、广东、台湾等出身地的不同，其商业活动行为也有差异，据说，这在日本国内的社会组织、集体存在形式方面也有所体现。这样的存现形式的差异也极可能给对日本文化予以影响的一方造成差异。日本地域研究不仅要关注日本国内的差异性，也有必要引入国际化视野。

另外，我们能够想到，有关土地神的问题在中国与"社"及"社稷"等为国家统治服务的信仰和祭祀、仪式礼仪也会有所交叉，因此，今后亦有必要从链接民俗、民间信仰的宏观视角来进行相关历史方面的研究。

---

① 有关冲绳土帝君受中国影响，参看：窪德忠. 中国的土地公与冲绳的土帝君[A]. 立教大学史学会编. 史苑[Z]. 1977：37(2).

② 参看前揭注 10 小熊诚《冲绳与福建的龟甲墓之对比》。

③ 在中国近年有关研究中，发表过以柬埔寨华侨的土地神信仰和祖灵信仰为题的论文，如罗杨. 柬埔寨华人的土地和祖灵信仰——从"关系主义"人类学视角的考察[J]. 华侨华人历史研究，2013(1)：60－67. 其中也提及"后土神"。

杜诗序说[①]

［日］吉川幸次郎，孟伟译*

通过文学可以判断人生，或者说文学是人生的再现，亦或者把诗常常以自然风景为题材与人间也是自然的一部分一并思考，那么文学可以定义为对自然的再现。又因为语言艺术是文学最重要的性质之一，那么文学又可说成是语言的表现形式。这一年，我尝试为诸君讲解杜甫的诗。[②]

称杜甫为中国最伟大的诗人，是中国文学批评家的共识，也是中国社会的常识。在中国文学史中，唐诗是最优秀的，所谓李杜韩白，即李白、杜甫、韩愈、白居易四大家。但四大家中其余三家的名声都稍逊于杜甫。杜甫，可以说是最完美的诗人，最博大精深的诗人。四大家中李白与杜甫是盛唐的诗人，韩愈和白居易是中唐的诗人，韩白是中唐诗坛的代表，但他们都对杜甫的诗异常尊敬。韩愈在写给弟子张籍的诗《调张籍》中说："李杜文章在，光焰万丈长"，表示出对杜诗的万分推崇；白居易的《与元九书》，即写给诗友元稹的书简中亦评价：

> 又诗之豪者，世称李杜，李之作，才矣奇矣，人不逮矣，索其风雅比兴，十无一焉；杜诗最多，可传者千余首，至于贯穿今古，覼缕格律，尽工尽善，又过于李。

在原文中，白居易虽还对杜甫的诗如古代的《诗统》之诗一样缺乏讽喻思想表示遗憾，但这基于他的"诗必须为社会为君主服务"的特殊主张。虽然在白居易的信中含有不满，可还是对杜甫的诗表示了很高的敬意，而且把杜甫和李白并称，并在"尽工尽善"的评论中表露出李白远不如杜甫之意。

又，与白居易并称的诗人元稹，得到白居易的《与元九书》后为杜甫撰写

---

① 杜诗序说（译自《吉川幸次郎遗稿集第二卷》）[Z]. 东京：筑摩书房出版，1996.

* 吉川幸次郎：（1904—1980）字善之，出生于神户，日本著名中国文学研究者，中国文学研究第一人。由于他在杜甫研究中取得卓越成就，又被誉为日本杜甫研究第一人、杜甫千年后的异国知己。孟伟：1971 年 4 月生，辽宁省人，毕业于日本国立长崎大学，学术博士。现任山西师范大学戏曲文物研究所教师。

② 这篇文章是吉川幸次郎的课堂讲义，此句为吉川对讲义内容的介绍。

墓志铭，这是现存最古的杜甫传记，“则诗人已来，未有如子美者”，称杜甫为古今第一诗人，并在其后言及李白，附加对李白的优劣评价“则李尚不能历其藩翰，况堂奥乎”。这个墓志铭写在杜甫卒后40年左右，对当时称杜甫为前无古人后无来者的大诗人之见解给予定论。又晚于韩愈、白居易、元稹一个时代的晚唐诗人杜牧也有七绝诗《读韩杜集》，其诗云“杜诗韩集愁来读，似倩麻姑痒处抓”，用麻姑抓痒比喻读杜诗与韩文的感觉，意思是说常人想要表达却无法表达的东西，杜甫的诗和韩愈的文章却能表现得恰到好处、淋漓尽致。

虽然当时的有识之士如韩愈、元稹、杜牧等这样推奖杜甫的诗，但杜诗并没有被一般社会接受。因为当时的诗集中没有收录一首杜甫的诗。这可能是因为杜甫的诗比同时代的他人的诗卓越，超越他们太多的缘故。

到了北宋时代，杜甫“古今第一诗人”的称号已得到普遍认同。这是因为当时具有文化发言权的苏轼、王安石等具有影响力的人异口同声地推奖杜甫为“古今第一诗人”。“古今诗人众矣，而杜子美为首”是苏东坡的诗。(《东坡集》卷二十四《王定国诗集序》)“予考古之诗，尤爱杜甫氏”是王安石的诗。(《临川先生文集》卷八十四《老杜诗后集序》)近世的文学指导者这样评价杜甫，这个评价经过宋、元、明、清直至今日一直占有主导地位。文学革命以后，学界对一些过去的文学价值进行了重新评价。比如与杜牧的《杜诗韩集》并称的韩愈的文章，很久以来被推崇为长文之祖，文学革命后这一传统被推翻，受到了很多责难。然而到现在为止还没有听到对杜诗的批评。即使现在让中国人再重新对古诗的价值进行评估，认为杜甫是中国最伟大的诗人的意见也应该是最多的。日本的情况亦然，因为日本江户时期的儒学继承了中国的儒家思想，所以认为杜甫是“古今第一诗人”是无需多言的。

称杜甫是“古今第一诗人”这是众望所归、是常识、是名副其实的。纵观中国诗史，其他诗人的诗没有这样炽烈的感情和准确无误的表现。以前的中国文学批评家没有这样评价过杜甫，他们认为杜甫以前的诗人所具有的长处，全部被杜甫吸收为己有，即杜诗的集大成的特点是他的伟大的理由。例如苏东坡的弟子秦观的《进论》《韩愈论》(《淮海集》卷二十二)中记：

> 杜子美之于诗，实积众家之长……昔苏武李陵之诗，长于高妙，曹植刘公干之诗，长于豪逸，陶潜阮籍之诗，长于冲澹，谢灵运鲍照之诗，长于峻洁，徐陵庾信之诗，长于藻丽，于是杜子美者穷高妙之格，极豪逸之气，包冲澹之趣，兼峻洁之姿，备藻丽之态，而诸家之作所不及焉。

这是杜甫伟大的原因，而这种评价在元稹写的墓志铭中亦有：

> 盖所谓上薄风骚，下该沈宋，言夺苏李，气吞曹刘，掩颜谢之孤高，杂徐庾之流丽，尽得古今之体势，而兼人人之所独专矣。

包括《诗经》的风雅手法、《楚辞》的离骚体，从汉的苏武、李陵，魏的曹植、刘桢，宋的颜延之，梁的庾信、徐陵到初唐的沈佺期、宋之问等诗人各自独特的特征集杜甫一身。而且，白居易亦称杜诗“贯穿古今”。《新唐书》中关于杜甫传记则赞曰：

> 至甫浑涵汪茫，千汇万状，兼古今而有之。

这与白居易的看法相同。这些观点无不说明杜甫以前时代的诗只是在部分领域有所成就，而杜甫则把他们综合大成，使他的诗在所有领域都有所创见，这是杜诗的伟大之处。这种观点是用丰富性来判断事物的价值，这是非常中国式的判断。杜诗确实是具有这样的多元的丰富性，这一点不但能说明杜诗的伟大，而且贯穿杜诗的这种多元性的热情的炽烈程度，或者想要表达的情感与表现那种炽烈的热情的语言之间的紧密关系，也是古今独步。关于李白和杜甫的优劣，自元稹、白居易以来已成为不朽的话题，李白在表现情感的态度方面，丝毫不劣于杜甫，无论其表现的细腻性，还是表现的深刻性都可与杜甫相匹敌。只是在表现的准确度方面杜甫略胜一筹。李白的诗重在华丽，与其诗仙的称号相符，不但奔放不羁，而且所歌咏的感情题材，是在特殊境下的特殊人物才具有的。与之相反，杜甫的诗多以平凡人的经验为题材。在这一方面，李白的诗虽能够与读者产生共鸣，却不能如杜诗那样使读者积极主动地产生体验式鉴赏的欲望。从这一点来说，中国的第一诗人的桂冠自然是归杜甫所有。

又，如以李白为媒介来考察，可能会得出下面的结论。李白诗歌中的世界是古代的世界。其诗的题材不单单是描写神仙的世界，想要脱离无常的享乐的世界，向往不可知的世界。其诗整体氛围，表达的感情虽然清纯有力，可却是古代人所具有的那种清纯和力量，与我们的世界是有距离的。他的诗虽然与我们存在距离感，但是那种距离感相反引发了我们的好感。因为我们的生活中缺少古代人的那种力量，清纯和豪华，所以会把我们吸引到他的诗中去。可是，欣赏他的诗，我们就如欣赏一幅古画一样，我们不得不采用远远凝视的态度。

与之对比，杜甫的诗离我们更近一些。虽然是千年前的诗作，可是就如昨日创作出来的一样新鲜。他的诗一直与我们同步，但并不是这种特性就可以代表说明杜甫的所有诗。杜甫的诗就如文学批评家所评价的那样，他伟大的理由在于其诗蕴含着各种可能。其中就有古典的东西，也有我们感觉很难接近的东西，但也不是全部如此。大部分是如同昨日创作的诗一样，距离我们的生活很近，这才是杜诗的伟大之处。

换句话说，杜甫的诗不仅是中国诗歌的第一，更广泛地说，有可能成为人类的古典。这里所说的古典，不单纯指古书，也不是通过古代的感性，使人忘掉现世的东西，而是既兼具上述的古老，又能最贴切最确实地表现只有亲身经历才能够体会到的感受。这种贴切、确实的表现就是能够加深体验心灵深处的最确切的语言。杜甫的诗从这一层面来说，具有成为广泛的人类宝藏的性质。

虽然说杜诗是人类的宝藏、人类的古典，但他的诗仍然对汉语这种语言，特别是对音律性存在依赖。换句话说，杜诗是与中国汉语最和谐的诗。杜甫在中国能够获得“诗圣”的地位，重要的原因之一是，他的诗比李白的诗更具有中国特色，是最具中国特性的诗。由于这种特质，当把杜诗翻译成另一种语言时，诗中的感动一定会减少（磨灭）很多。对比来说，李白的诗译成另一种语言可能会更具魅力。事实上，在西洋更喜欢翻译李白的诗。可是，在读杜甫的诗时所体会到的感动，是可以与用英语读莎士比亚，用德语读歌德时体会到的感动并举的。说那是人类从古人的语言中体会到的最深的感动应该毋庸置疑，所以说杜诗是中国特色的诗与杜诗是人类的普遍的宝藏这一说法并不矛盾。

我的目标是尽最大可能分析说明杜诗的伟大之处，我的方法是以重要的作品为资料，从作品分析来说明读者应该从中体会到什么样的感动。因为文学鉴赏本身是非常主观的意识活动，所以从杜甫的诗中体会到的感动也因人而异。即使是同一个人，由于时间的不同也会有不同的感受，这也不足为奇。我认为，语言的表现，就如造型艺术的表现一样，素材的形状不能准确地传达创作者的思想，所以从形状体会到的感动是极其不定的。但也不是彻底的不确定，感动原因或性质是有一定的范围的。当超出这个范围的时候，人们的认识便产生差异。前人对杜甫的评价，也必定有很大的差异。我尽可能避开前人的评价的差异，在不定的感动中锁定感动的方向，并尽可能地接近杜甫的感受来分析，研究感动的性质。

要分析杜诗的感动，首先必须要探求产生感动的原因。

构成杜诗感动的要素之一是杜诗的题材所表现的内涵。“杜甫一生忧愁”，其诗正如评价所言，杜诗最多的题材是他自己的忧愁。即使是描写自然的诗，或他人的身世，或时事，无不被自己的忧愁所感染。重要的是，这种忧愁理所当然地深入到普遍的人性问题。只有这样杜诗才使更多人感动，这种结论显然是我们预期的。但是杜甫“一生”的“愁”随着环境的变化其程度有所不同,为了使从不同的诗中所体会到的感动具有正确的方向,有必要对杜甫随环境而变化的"愁"的程度进行考察。说"愁"的程度不同,主要可能是因为环境和心境的变化而有不同的感受。因为杜甫的传记比较粗略,对于考察这个问题所起作用不大。关于杜甫生平最早的记载是元稹写的墓志铭,可是那也只是简要的介绍而已。与之对比,不如说杜诗才是谱写杜甫传记的最重要的资料。所以,根据杜诗来探究杜甫的忧愁变化,然后再把结果还原到杜诗中进行考察,这一方法是最好的。至少,在信赖杜甫的人间性的条件下,采用这一方法是最明智的。而且杜诗的题材取材于身边事物也为这一方法提供有力的条件。

惯看宾客儿童喜
得食阶除鸟雀驯
细雨鱼儿出
微风燕子斜
画引老妻乘小艇
晴看稚子浴清江
老妻画纸为棋局
稚子敲针作钓钩
仰面贪看鸟
回头错应人

像这样的身边的自然和人事,古今相同,不需赘言。而杜诗被称为"诗史",像《哀江头》《哀王孙》那样,经常以历史事实为题材,所以如果对当时的历史不了解就无法充分的理解杜诗。但,因杜甫是伟大的诗人,他即使歌咏一次事实,也在诗中寄托了广泛的人生问题,所以即使不了解历史背景,这样的广泛的人生问题也会让读者产生感动。

构成杜诗的感动的第二要素是诗的语言。杜诗所产生的感动不仅产生于吟诵的事实,也即题材,因为这是非常笼统的说法。题材所产生的感动是由于表现那一题材的最合适贴切的语言而产生的。那么,能够表现的最合适贴切的语言是什么样的语言呢?要表现的事件和表现事件的语言之间没有丝毫缝隙的吻合。在这种情形下,语言的功能不仅仅是清晰地表现事件本身,更通过把与语言相吻合的事件作为语言的内蕴,使事件更充实、丰满,就如暗示词语本质内涵的最根本使用方法一样。即使是日常用语,也因为在诗中具有与事件最吻合的内蕴而放射光彩,从而使诗的题材更生动。这正与女子挑选衣服相似,如把诗人比作女子,诗的题材比作女子的身体,那么言语则是衣服。诗人选择与题材最贴切的语言的意识就如同女子为自己挑选合适的衣服,当女子选中最适合自己的衣服样式时,从服装的角度来说,是找到了最符合自己的身体,那么服装的美丽才能更好地展示,这也是女子的身体展示服装的最美好的一面,使服装的美更炫目。作诗的技术也同于此。语言是本来已有的普遍的存在。我们只能拿来使用,不是自己创造新的语言,这如同女子不可能自己漂染、制作衣服一样。即使思想的方向确定,语言也不可能直指其意。如果把它放在正确位置它便可能发挥其最大的功用,这是日常用语的特色。平凡的诗人的作品,放在正确位置的语言,因为与内容的衔接粗糙缓慢,语言要表达的真意不能完全发挥出来。相反,优秀的诗人,可以把语言的真意完全发挥出来。如果日常的语意是 X,那么诗人所用词语的意思必须是 X+a。作诗的技术就是对这些可以表示 X+a 意思的语言的排列,或者说是为了使语言具有 X+a 的涵义的排列。"菊の香や奈良には古き仏たち"[①]'菊香的奈良和奈良的古佛'。菊、奈良、佛都是日常用语,而句中其涵义是 X±a。诗人使用的日常用语的涵义是 X,没有±a 的本身涵义,而诗人赋予用语 X+a 的涵义,则是诗歌令人感动的重要要素。读杜甫的诗,如果不注意这一点,就不能捕捉到杜甫语言的真意,也就很难体会到杜诗的感动。

无论如何杜甫也是 1 200 年前的人物,(先天元年的 712—大历五年的 770),所以,他所使用的语言是 1 200 年前的语言,而现在很多已经成为死语。不如说 X+a,就是这一语言当时的普通的意思。换句话说,1 200 年前,语言的本身的涵义 X 也是很难捕捉到的。对于这样的语言,必须从杜甫的诗,或同时代的他人的诗中找出用例,对其进行归纳分析,首先推出其本身涵义 X。但也有一些是推断不出结果的,因为是 1 200 年前的词语,所以这在所难免。可是诗并不是都由那些难解的语言排列而成的,诗中所用词语的大部分是可以理解的词语。因此,我们读诗的时候可以产生共鸣。杜甫的诗具有高度的人间性,这种人间性是与我们的感情相通的。无论是难解的语言,还是不知原本真意的语言,它们的内涵都一定是可以和我们的感情对话的。相信杜甫与我们之间的相通的人间性,反复阅读其诗之后,词语的

---

① 菊の香や奈良には古き仏たち:日本著名俳句家松尾芭蕉的俳谐,载于江户中期的俳书《笈日记》。《笈日记》共三卷,各务支考(江户前至中期的俳谐师,蕉们十哲之一)编,1695 年成立。收录了东海、近畿芭蕉及其门下俳句 700 余,特别是以日记的风格详细记录了芭蕉的俳句、遗文及其临终前后的事迹等。(译意:弥漫着清净又高雅的菊香的奈良,从遥远的昔日开始就有很多慈眉善目的佛主坐镇于此。解说:菊香和古都的古佛之间微妙的、纤细的关系使人感知到古雅的诗的世界。)松尾芭蕉(1644—1694):生于日本三重县伊贺市。名宗房,号桃青、泊船堂、芭蕉庵、风罗坊等,自笔署名芭蕉。日本江户前期俳谐师,被称为俳圣。

本义会隐约浮出水面。即使是1200年前的语言,也没有必要踌躇、犹豫。特别是杜甫的语言,不但是很高的人间性所产生,像元稹写的墓志铭的“排比始终”那样,也有理论性的高密排列,而且这理论性对于诗的成立来说不但没有负作用,反而传递着正能量。通过理性和感性的融合,传递给我们的东西就非常可观。当然无论是对知识的直接把握还是直觉的感知,对其过分依赖是很危险的,所以必须尽可能地重视对数据的整理分析。在这方面值得庆幸的是最近燕京大学编撰了《杜诗引得》,此书对我的参考借鉴价值很大。

又,作为诗歌感动的要素,对语言的音调必须给予一定的重视。题材通过语言制造感动,是因为语言作为题材的音声象征对于解诗是至关重要的,因此对其必须给予重视。杜甫的诗在音声方面是非常敏感的。杜甫的律诗,是调和音声的抑扬顿挫的最后、最完美的完成。元稹所写的墓志铭中杜甫的长处,与“铺陈始终”并举的是“排比声韵”。换句话说,必须考虑到音韵的排比也是诗歌感动的要素之一。唐代的北方的音声已是很难知晓的,但用现在北京的音声诵读,也可以体会到音韵的奥妙。

虽然说感动的主要要素是诗的语言所表现的事件和表现事件的语言,但事件和语言的背后,在事件的选择和通过语言的表现这两个主体中潜在着杜甫的人格。所以要探究造成杜诗感动的要素,考察杜甫的人格这一过程必不可少。也就是说,要探究造成杜诗感动的要素,有必要研究以杜甫先天具有怎样的性格,后天受到怎样的教养,从而形成了怎样的人格为主要观点的传记。可是,以往的杜甫的传记,大部分都很简略,对于这个研究不起很大作用。如关于杜甫的最古的传记,是元稹所写的墓志铭,《旧唐书》的文苑传和《新唐书》的文艺传都是以元稹所写的墓志铭为主要资料的,关于杜甫的性格及教养的记述不详。与其用这些记述,不如用杜甫的1 500篇的作品,作品本身就是最好的传记。我的这个讲义想要采用的方法是从作品中归纳分析杜甫的性格及教养,然后把得出的结论再还原到作品中进行考察。杜甫是具有敏锐感觉的人物,无论在什么样的环境下,他都是极度的理想家。即使是在普通人能够感到满足的环境下,他也能立刻看出端倪,或者即使现实渐渐地靠近自己的希望,他却还会向往更高的理想。他看起来像是一个常常对现实感到不满足的极限人物。即使自己没有权势和地位,也对政治极其关心,这是他的特征之一。由于杜甫这样的性格,所以他的政论也是堂吉诃德式的,与实际的政治情势有很大的差距。《新唐书》的文艺传记载“好论天下大事,高而不切”。“高而不切”这一点对于杜甫来说,则是他作为诗人成功的原因。

更进一步说,人类和他所生活的时代是无法分离的,所以如果考虑杜甫的人格背后的东西，那么就必须考虑他所生活的时代的性格。关于他所生活的时代的资料很多，最主要的有后晋刘昫的《旧唐书》，宋欧阳修、宋祁的《新唐书》，司马光的《资治通鉴》，这些历史书资料性相当丰富，要读完就要有铁杵磨针的功夫，我现在正在阅读的是《旧唐书》。或者比较简单的是那珂通世博士[①]的《支那通史》的中册。关于时代的性格，我的考察大体是这样的，杜甫的前半生生活在玄宗时代，中世贵族文化虽然闪耀着最后的辉煌，但其体制中也隐藏着摇摇欲坠的不安定的火苗。杜甫的后半生生活在肃宗、代宗的时代，上一时代隐藏着的不安定渐渐变成现实，安禄山、史思明叛乱，揭开了从唐末到五代的以武力治天下的帷幕。这一骚乱，是具有唐代特色的东西向具有宋代特色转换的开始，或者广泛地说，是中世文化向近世文化转换的契机。关于什么是唐代特色，什么是宋代特色，什么是中世特色，什么是近世特色，内藤湖南博士的《中国近世史》[②]有详细论述。

通过上述方法，考察杜甫的诗产生的感动是我的第一目标。我的这个讲义还有另外一个目标。那就是探索杜甫的诗在中国文学史上的意义，换句话说是探究杜甫的诗在中国文学的发展方面起到的作用。

如前所述，中国的批评家，特别是唐宋的批评家，把杜甫融集以前的诗于一身，开拓了诗的全部领域这一点作为杜甫伟大的原因。这并非不是事实，可是对于杜诗是受以往的哪位诗人的影响，继承了哪位诗人的风格这一问题的批评很少。

但是，如上述那样，综合以往的传统来考察杜诗，总有些形而上学，而我所考虑的杜诗的文学史意义，则是在其他方面。那就是，中国的诗，到了杜甫发生了划时代的变化。中国的诗以杜甫为分界点，明显地分成两个时期，这是由于杜甫这个伟大的天才的原因。对比之下，李白可说是保守派，不如杜甫那样在文学史上有很大的意义。

第一个贡献是诗形的增加。杜甫以前的诗，或至少到六朝末的诗，大体是五言诗，而且可以说是只专心于没有句数限制的五言诗。杜甫不但在传统的五言诗方面取得了十二分的成功，而且还开拓了几种新的诗型，特别是在五言和七言律诗方面的完成具有很大的意义。律诗是在形式上具有约束性的诗。第一个约束是律诗由八句组成，中间的四句，或最少中间的四句，

---

① 那珂通世(1851—1908)：生于岩手县盛冈市。明治时代历史学者，东洋史学者，文学博士。1896 年任东京帝国大学文科大学讲师。致力于中国、日本、朝鲜的古代史研究，代表作《支那通史》。

② 内藤湖南(1866—1934)：生于秋田县。日本东洋史学者。名虎次郎，字炳卿，湖南是号，别号黑头尊者。最初为新闻记者，作为中国问题第一人活跃在大阪朝日新闻。一生访问中国 6 次，与罗振玉、王国维等清末学者及民国政治家熊希龄有交往。后成为京都大学教授，与狩野直喜共同开创京都学派。其《中国近世史》重要学说是以唐和宋为界对中国进行时代区分。

必须是对句,或八句全部受音律的约束,四声按照规则排列。这种诗形,严格地说,不是杜甫创造的。从唐初开始,已经出现这种诗形的作品,后杜甫的祖父杜审言在则天武后为政时期作为律诗的作者名声大振。

杜甫的诗就如他被评为"一生忧愁"一样,题材最多的是他自己的忧愁。在同一首诗中,叙事的成分很少,而抒情的成分,或说把直接抒发自己感情作为诗的中心是中国诗的普遍现象,杜甫的诗也同样,只是杜甫常常表现因自己的境遇而产生的悲痛的感情。至少,杜甫的杰出的诗是这样的作品。如《登高》。

登　高

风急天高猿啸哀
渚清沙白鸟飞回
无边落木萧萧下
不尽长江滚滚来
万里悲秋常作客
百年多病独登台
艰难苦恨繁霜鬓
潦倒新停浊酒杯

"万里悲秋常作客"忧愁中的旅途,又"百年多病独登台",与世俗无法兼容的孤独感,这是杜甫的一生也无法逃离的环境,或者说是在这种环境中产生的悲愁。而且在这首诗中,"风急天高"这样的天气中哀鸣的猿,清澈耀眼的沙滩上飞旋的鸟,萧萧落下的树叶,滚滚流淌的江水象征着永久延续无止尽的忧愁,或自己被忧愁吸收而成为忧愁的一部分。在这首诗中杜甫没有直接述说自己的忧愁,而是客观地述说自然景物,这自然点缀在原本忧愁的主题上面,甚至被忧愁感染从而成为忧愁的代言人。如《野望》。

野　望

清秋望不极
迢递起层阴
远水兼天净
孤城隐雾深
叶稀风更落
山迥日初沈
独鹤归何晚
昏鸦已满林

不只是自然，人事也常常作为悲愁的材料，作为象征点缀忧愁或被忧愁所染色。如《阁夜》。

阁 夜

岁暮阴阳催短景
天涯风雪霁寒宵
五更鼓角声悲壮
三峡星河影动摇
野哭千家闻战伐
夷歌数处起渔樵
卧龙跃马终黄土
人事音书漫寂寥

代表不安定时代的鼓角，从郊外的坟地传来悼念战死者的哭声，渔人和樵夫哼着夷族歌曲，秋天短时间的日照，寒夜中的雪景，三峡与上空悬挂的银河，都是悲秋的材料。悲秋的中心归结于"人事音书漫寂寥"。而且在结论之前叙述的是蜀军师卧龙诸葛亮，与在此地跃马扬鞭显神威而称帝的公孙述，一位是忠心之士，一位是乱世英雄，他们最终都成为一捧黄土，成为历史。

重阳节活动

2015 年重阳节，华东师范大学民俗学研究所的研究生们联合社区的义工们开展了对社区老人及退休教师的慰问活动。一茶、一花、一舞、一歌，构成了这个重阳节华彩的生活乐章，体现了文化遗产资源服务老年群体的职能。这是华东师范大学社会发展学院“传统节日文化校园传承”的系列活动之一。

摄影　游红霞提供

青年学者园地

兔儿神传说和信仰

冯　瑶[*]

摘要：明清时期出现了“兔儿神”传说和信仰。兔儿神传说和信仰成为同性恋群体进行权利诉求的重要资源，要义在于利用传说提高作为少数群体的同性恋的社会地位和社会认同度，不再受到歧视。随着时间的流逝，兔儿神传说和信仰表达的权利诉求逐步变迁，当今更多的是对爱情权利的诉求。

关键词：同性恋　兔儿神　身份认同

一、兔儿神传说的产生和发展

古代同性恋者在社会上遭受的种种歧视和痛苦使得他们迫切渴求一个心灵的避难所，由此造就了“兔儿神”传说和信仰。首次记载兔儿神传说的文字出现在清朝作家袁枚所著的《子不语·兔儿神》中：

> “国初，御史某年少科第，巡按福建。有胡天保者爱其貌美，每升舆坐堂，必伺而睨之。巡按心以为疑，卒不解其故，胥吏亦不敢言。居无何，巡按巡他邑，胡竟偕往，阴伏厕所窥其臀。巡按愈疑，召问之。初犹不言，加以三木，乃云：‘实见大人美貌，心不能忘，明知天上桂，岂为凡鸟所集，然神魂飘荡，不觉无礼至此。’巡按大怒，毙其命于枯木之下。
>
> 逾月，胡托梦于其里人曰：‘我以非礼之心干犯贵人，死固当，然毕竟是一片爱心，一时痴想，与寻常害人者不同。冥间官吏俱笑我、揶揄我，无怒我者。今阴官封我为兔儿神，专司人间男悦男之事，可为我立庙招香火。’闽俗原为聘男子为契弟之说，闻里人述梦中语，争醵钱立庙。果灵验如响。凡偷期密约，有所求而不得者，咸往祷焉。
>
> 程鱼门曰：此巡按未读《晏子春秋》劝勿诛羽人事，故下手太重。

---

[*] 冯瑶：华东师范大学中文系硕士研究生。此文在撰写于2011年的本科毕业论文基础上修改而成。

若狄伟人先生颇不然。相传先生为编修时,年少貌美。有车夫某,亦少年,投身入府,为先生推车,甚勤谨,与雇直钱,不受,先生亦爱之。未几病危,诸医不效,将断气矣,请主人至,曰:'奴既死,不得不言。奴之所以病至死者,为爱爷貌美故也。'先生大笑,拍其肩曰:'痴奴子!果有此心,何不早说矣?'厚葬之。"①

袁枚的《子不语》大约成书于乾隆五十三年(1788)前,其中的材料多数来自袁枚的亲朋好友口述,也有一小部分出自当时官方的邸报或公文,也有采用他人的著作。在《子不语》自序中,袁枚鲜明地提到了自己的创作主旨:"文史外无以自娱,乃广采游心骇耳之事,妄言妄听,记而存之,以妄驱庸,以骇起惰"②。根据《子不语》一书的性质,可推测"兔儿神"是真实地来自于民间的传说,而非袁枚本人所创作的文学作品,"兔儿神"这一信仰的构建和祭祀也都是真实存在的。

之后,在《闽杂记》卷七《胡天保胡天妹》中也出现了崇祀胡天保的记录,从另一方面说明兔儿神的祭祀崇拜曾真实存在于福建地区:

"省中向有胡天保胡天妹庙,男女淫祀也。胡天保亦曰蝴蝶宝,其像二人,一稍苍一少皙,前后相而坐,凡有所悦姣童,祷其像,取炉中香灰暗撒所悦身上,则事可谐,谐后以猪肠油及糖涂像口外。俗呼其庙为小官庙。……道光甲午,南海吴荷屋方伯访得其像,悉毁之,仍出示严禁,然民间尚有私祀者,盖庙祝据为利薮也,伤化导淫,大为风俗人心之害。"③

光绪五年林维丞编辑的《沧海拾遗》残本卷二十九中也出现兔儿爷传说:

"殷善,广陵之村丁也,年近十九,资质俊美,迥出尘表,高洁谦慎,众人所慕,殷善与驻防守军耿汉相识为友,两男之谊,结契深密,异于常交,有暇,每必陶然相守,欢颜爱乐,携手过市,密契投合,遂常情来不自禁耳,解衣共卧,深情密态,又忘忧结伴堑土,遍植幽兰为盟契也,秉烛论诗,达旦不眠,邻里村妇群窥同美焉。

① [清] 袁枚. 子不语[M]. 上海:上海古籍出版社,1986:485.
② [清] 袁枚. 子不语(序)[M]. 上海:上海古籍出版社,1986.
③ [清] 周亮工,施鸿保. 闽杂记(卷七)·胡天保胡天妹[M]. 神州:福建人民出版社,1985.

不测，忽有贼兵集结围城作乱，七日破城，驻军溃散，斩杀权贵者无数哉！贼王偏好男色也，纵欲爱着，遂将殷善强掳去矣。城中哀鸿惨绝，瘟疾四起，祸患连绵焉。数日，耿汉策马夜归城内，得闻己之密爱，日前被掳原委矣，退立惨然，惊愕甚怒，瞋目按剑，痛深骨髓，百虑交侵，掩泪无语矣。

夜半，耿汉独立庭中，望天祷月，求护殷善耳，忽有华光万丈照其庭庑，香风飒然，时秋初，残暑方甚，竟清凉虚爽，怪之，仰视夜空，五色光云沸涌缥缈，一神人冉冉而下，乃一俊秀少年也，仪貌堂堂，光彩溢目，此少年慷慨吐丹诚，谓曰：'吾乃月宫兔神也，亲降此尘寰，特来施赠捣药月饼，疗治瘟疾疫灾，又悯其耿汉至诚，故愿相助矣'。其邻里村民得知耳，惶骇且喜，皆往之顶礼求药，其饼甘香殊异，不可言说，凡有食者，体即康矣。月兔神人又遂将其两男园中盟契遍植之幽兰，皆数神变尽幻化纯金兰朵也，并嘱曰：'以满园金兰千两财物，捐俸贼军赎救殷善矣'。

事毕焉，耿汉殷善整衣顶礼泣谢，长跪启曰：'余二人有幸，忽接尊颜，又蒙恩助，今更恳祈诚祷月宫、兔儿爷神，悯垂听许，余二人永结相伴不离矣。'月兔神人即温颜慰语曰：'月光自然普照，吾听许尔等，终生厮守。'两男既蒙听许矣，欢喜踊跃不能自胜。忽有仙乐飘然，霞光瑞气，彩云遥覆，现一神人，自谓'姮娥古仙'也，容华端丽，仪貌和悦，踏云而来，从空降之，诸乡民惊睹悚然，神人对曰：'吾乃奉月宫之主太阴星君旨谕，特来恭请迎回月兔驾返广寒列班也'。忽见二神人共相凌云升腾无踪，乡里祷拜，奔走告知，遂于各地建兔庙礼奉矣。

耿汉殷善，相与偕老，共向五十二年余，食其贵禄也。"（《沧海拾遗》卷二十九）

上述传说糅合了为人间送药治疗瘟疫的月中玉兔——兔儿爷传说和保佑男同性恋的兔儿神传说，进一步发展了兔儿神信仰。

到了当代，兔儿神传说出现新的发展形式，在台湾电视剧《兔儿神弄姻缘》中，主角兔儿神就是掌管同性恋的神，其原型是只兔子，喜食胡萝卜。根据剧情设置，兔儿神还掌管着一个只存在同性恋的世界，这个世界中，所有的情侣都是男男相恋或女女相恋，而异性恋是被视为伤风败俗的丑事。这个电视剧所描绘的兔儿神虽然离最初的兔儿神——胡天保的形象更加遥远，但以新的传媒手段把兔儿神这一特殊的神仙带入普通大众视野之内，为同性恋的信仰崇拜进行了广泛的宣传和发展，让更多的人了解到兔儿神的存在。

二、兔儿神的形象符号分析

在上述兔儿神的一系列传说中,兔儿神的形象经历了“鬼—月兔—兔神”的变化过程。但是不管月兔还是兔神,都是从《子不语·兔儿神》的形象设定演变发展而来,而《子不语·兔儿神》中的胡天保,恰恰不是真的兔子。在明清时期,“兔”是同性恋的一种代称,例如清代康雍年间的艳情小说《姑妄言》卷七:“如今手头短促,不能相与那时兴的兔子了。”①以及《红楼梦》第75回写到:“你们这起兔子,就是这样专洑上水。天天在一处,谁的恩你们不沾,只不过我这一会子输了几两银子,你们就三六九等了。”②但值得注意的是,在同性恋的众多称谓中,为何单单选择“兔儿”作为神?分析《子不语·兔儿神》,兔儿神其实具有三重形象符号象征:一是同性恋的群体符号象征——“兔”,二是“兔儿”称呼下所特指的部分同性恋群体,三是《子不语·兔儿神》中的主角胡天保。这三重符号象征其实表现出的是同性恋群体潜在的权利诉求,即同性恋者的身份认同,以及自我需求和期待。

(一)“兔”与同性恋的关系

“兔儿”意思与娈童接近,多指同性恋中被动方。用“兔儿”作为同性恋的代称,表现出外界对于同性恋群体的一种主观印象,“兔”即同性恋的群体形象符号象征。兔子之所以会和同性恋有所联系,这中间有着复杂的过程。

首先,兔子在古代人眼中是一种雌雄莫辨的阴性动物。《木兰辞》:“雄兔脚扑朔,雌兔眼迷离,双兔傍地走,安能辨我是雄雌。”就在某种程度上表现出这种观念。而同性恋中的被动方又恰巧多具有阴柔的特点,因此兔子便逐渐被古人用来形容同性恋中的被动角色。

据资料记载,古人认为兔没有雄性,或者说雌雄同体,认为兔的繁殖方式主要为“舐毫而孕”“视月而生”“从口而出”,且“盖咀嚼者九窍而胎生,独兔雌雄八窍”,缺少生殖的阴窍。例如《博物志》曰:“兔无雄,望月而孕。中秋无月,是岁兔少。”《埤雅》记载:“兔口有缺,吐而生子,故谓之兔。兔,吐也。旧说:‘兔者,明月之精,视月而孕。’故《楚辞》曰:‘顾兔在腹。’言顾兔居月之腹,而天下之兔望焉,于是感气。《礼》曰:‘兔曰明视。’其以此欤。盖咀嚼者,九窍而胎生,独兔雌雄八窍。故《陶氏书》云:‘兔舐雄毫而孕,五月而吐子。’而里俗又谓:视顾兔而感气,故卜秋月之明暗,以知兔之多寡也。今

① [清]曹去晶.姑妄言[M].北京:中国文联出版社,1999:361.

② [清]曹雪芹.红楼梦[M].北京:中华书局,2010:849.

孔雀亦合。而先儒以孔雀闻雷而孕,则兔虽舐毫其感孕,则以月理或然也。月缺也,故其口缺。一曰:兔目不瞬视,(舐)雄毫而孕”。①

而且自古兔和月就常常被联系在一起,所以兔子也就具有月亮阴性的特点。最早的兔神话就与月相关,见于屈原《楚辞・天问》:“夜光何德,死则又育。厥利维何,而顾菟在腹。”兔子被认为是“明月之精”,《曲礼》曰:“兔曰明视。”

其次,明末出现的指同性恋的“卯孙”一词,与兔有一定联系。“卯孙”也是对同性恋者的一种称呼,例如《宜香春质》第二回中:“太子掌管一切,卯孙、儒释道三教、江湖漂相、龙阳、伏童、门子、小官,作异职事,有情者册人爽利,快活窟无情者打入流落。”和《弁而钗・情烈记》的第二回:“文生曰:‘静言思之,男行女事,抱愧欲死,惟兄怜而谅之,勿以卯孙视我也。不觉潸然泪下。’”“卯”,《说文》解释为:“象开门之形。”也解释为:“器物接榫的地方凹入的部分”由此可推测出“卯孙”暗指同性性关系中处于被动位置的人。而在十二地支和十二生肖的对应关系中,“卯”和“兔”恰好是相互对应的。这样一来,人们由卯孙可以自然地联想到兔子,兔子又恰好是雌雄莫辨的阴性动物,于是兔子便也成为同性恋的代称。“同性恋被称作兔子的更直接原因,是由于‘卯孙’一词发挥了居间作用。”②因此,兔子成为同性恋群体形象的符号象征。

(二)“兔儿”的身份认同

相对于同性恋的其他称呼来说,以“兔”作为同性恋的代称这一用法出现较晚,最早的记载是清代康雍年间,也不如“小官”“龙阳”那么通用。那么为什么最初的传说中把“兔儿”作为神?“兔儿”特指同性恋中的被动角色,所以我们可以判断,兔儿神最初的构建代表的更多是同性恋中被动方的利益,“兔儿”是同性恋被动方的自我认同。

同性恋中的被动方受到社会歧视的状况更加突出。被动方的压力来源于社会,也来源于自己的罪孽感和羞耻感。例如《阅微草堂笔记》卷十二《槐西杂志》中一娈童慨然曰:“吾日日荐枕席,殊不自觉。昨寓中某与某童狎,吾穴隙窃窥,丑难言状,与横陈之女迥殊。因自思吾一男子,而受污如是,悔不可追,故愧愤欲死耳。”在《弁而钗・情贞纪》中的赵王孙失身于于风翔后,认为自己的耻辱“虽决江河,莫可洗濯”。所以从心理需求来看,比起主动方,被动方更加渴望保护,更加需要心理慰藉。

同性恋以“兔儿”为神,是因为这个群体认为“兔儿”与自己有着相同的

① [宋]陆佃.埤雅(释兽)[M].杭州:浙江大学出版社,2008:19.

② 张杰.趣味考据——中国古代同性恋图考[M].昆明:云南人民出版社,2008:228.

特性。这种心理即是著名的“心理防御机制理论(psychological defense mechanism)”中所说的“幻想”代替性防卫机制。“幻想”是指当人无法处理现实生活中的困难,或是无法忍受一些情绪的困扰时,将自己暂时离开现实,在幻想的世界中得到内心的平静和达到在现实生活中无法经历的满足。① 所以兔儿神的建构其实是同性恋群体在社会和超我的责难下,利用幻想心理机制得到的一种满足。也就是说,最初构建“兔儿”为神,是同性恋群体对“兔儿”身份的认同,兔儿神是为了实现在社会上地位更低下的被动方的利益。

身份认同(identity)包含身份、认同两重含义②。“身份”是社会成员在社会中的位置,表现为一种规范或角色,一种个体或群体的认同③④;“认同”则揭示了相似与差别的关系,是一种同化与内化的社会心理过程,是维系人格与社会及文化之间互动的内在力量⑤。认同一般包括自我认同——个体依据个人的经历所反思性地理解到的自我,和社会认同——个体认识到他属于特定的社会群体,同时也认识到作为群体成员带给他的情感和价值意义。

人是符号化的动物,人的自我意识自然要用符号形式表现出来。“兔儿”就是同性恋中的被动群体的自我认同,他们构建“兔儿”神以代表自己这个群体:处在社会和感情中的劣势地位——胡天保以低微的身份爱巡按大人而不得;经历不幸——“巡按大怒,毙其命于枯木之下”;同性恋行为出于真实感情——“一片爱心,一时痴想”。“兔儿神”的建构是基于同性恋对自己的群体特性的清醒意识,一个典型的中国古代社会的同性恋被动方群体,而非虽有同性恋行为,实质为双性恋的主动者。

(三)胡天保的形象特点

将历史人物作为崇拜的对象,在中国古代信仰中很常见。例如木匠将鲁班作为自己的行业神祭祀,妓女把管仲作为行业神祭祀,商人把关羽作为财神祭祀。在我国同性恋的历史上,也不乏著名的历史人物,比如深得宠爱的龙阳君、董贤,富有文采的庾信,但是这些人物都没有成为同性恋信仰崇拜的对象。这是因为胡天保作为兔儿神的具体形象代表,表现出同性恋群体的诉求。

---

① 郭本禹等.潜意识的意义——精神分析心理学[M].济南:山东教育出版社,2009:55.

② 刘婧,王伊欢.同性恋者身份认同研究综述[J].中国农业大学学报:社会科学版,2011,28(1):131-139.

③ 张静.身份认同研究[M].上海:上海人民出版社,2006:4-5.

④ 潘绥铭.当代中国人的性行为和性关系[M].北京:社会科学文献出版社,2004:203.

⑤ 沙莲香主编.社会心理学[M].北京:中国人民大学出版社,2002:57-69.

首先，故事发生的地点——福建值得注意。福建自古同性恋现象比较多见，“从来女色出在扬州，男色出在福建，这两件土产是天下闻名的。”①福建的海寇同性恋是福建男风的重要组成部分，被称为“海兔”。福建男风流行程度高与其独特的人文地理环境有关。福建人靠海吃饭，常常出海，而出海时长且无女人随行，所以产生境遇型同性恋的机会大大增多。再加上福建交通闭塞，与中原地区文化在变迁上难以同步，受中原文化影响较少，自成一体。这很可能是龙阳君、董贤之类历史人物无法进入福建地区的信仰崇拜的原因。对于中原文化没有认同感的福建人民，自然也不会对中原的历史人物成为神有认同感。

其次，胡天保的形象建立对于同性恋群体地位的提升具有积极作用。根据根纳普的“过渡仪式”理论，所有的通过仪礼都具有三重结构：第一阶段是与原有的状态、地点、时间或地位的分离；第二阶段是过渡阶段，处于一种模棱两可的状态之中；第三阶段是经过重新整合后的人。② 兔儿神传说正好具备转换仪礼的叙事构架：胡天保在社会中受到苦难，求爱不得反而被打死——与原有的状态分离；死后在冥界做鬼，遭到嘲笑，“冥间官吏俱笑我、揶揄我，无怒我者”——过渡阶段；最后被阴官封为兔儿神——重新整合后的形象。经过这一系列的转换礼仪，同性恋的形象符号代表——胡天保有了新的地位，某种程度上也就象征着同性恋群体有了新的社会地位。社会地位的提升正是同性恋群体最大的权利诉求，希望被尊重、被认同正是他们的最终目的。

当然，兔儿神并不是唯一受同性恋群体信仰的神灵。清代不题撰人所著的《野叟曝言》六十六回记录了夏相公信仰。袁枚《子不语》中还记载了另一段传说“双花庙”，也与同性恋信仰有关。既然同性恋信仰的传说不止一个，是什么原因使得同性恋群体选择利用兔儿神传说作为自己权利诉求的载体？《野叟曝言》中虽然对夏相公的祭祀场面描绘得十分详细，但是没有叙述夏相公本人的传说事迹，仅以“夏相公就是夏得海，他是好南风的祖宗”作为交代。比起《兔儿神》中胡天保一系列跌宕起伏的经历，《野叟曝言》中的夏相公不具备传说所特有的传奇性，而传奇性也正是传说的魅力所在，是传说能够传播深远和扩大影响的重要要素。所以在得到人们的认可和关注，利用传说资源扩大影响力方面，兔儿神传说显然更加合适。《子不语·双花庙》和《兔儿神》，两者都表现出希望同性恋群体得到社会认可的态度。《兔儿神》希望社会“无怒我者”，《双花庙》中“汝何由知我为恶少年乎？汝父

① 李渔．连城璧（申集）[M]．上海：上海古籍出版社，1992．

② 董晓萍．传说研究的现代方法与现在的问题[J]．民族文学研究，2003(3)：3－13．

母官,非吾奴婢,能知我二人枕被间事乎?”表现出诉求重点——并非同性恋就是淫秽可恶的。这两则传说都由袁枚记载在《子不语》中,对于传说的传播都具有积极意义,传说流传的越广泛,得到认同的面积就越大,就越利于同性恋群体表达权利诉求。两则传说存在一个重要的不同之处:胡天保是阴官所封之神,具有神权;而《双花庙》中的两少年只是“邑人怜之,为立庙,每祀必供杏化一枝”。这些微的不同,也许就是兔儿神更受到同性恋群体欢迎的原因。因为神化、抬高胡天保,使得兔儿神更容易被广大社会群体和上层社会接受,达到对同性恋改观、尊重的目的。而且《兔儿神》传说展现的痴情更符合清代文学中对于“真性情”的提倡。表达出渴望同性恋之“情”被理解的诉求,比起《双花庙》,《兔儿神》传说更有助于同性恋群体形象的建立。

三、兔儿神传说权利诉求的变迁

兔儿神传说在反映福建男风的同时,表达了同性恋群体的权利诉求。以动态的眼光来分析兔儿神传说和信仰的建构,可以看到它背后的权利诉求随着时间变迁的过程。

《子不语·兔儿神》传说是以“兔儿”为符号的同性恋群体的利益诉求和叛逆行为。《兔儿神》传说的要义就是同性恋群体中被动方摆脱歧视,在社会上得到尊重和认可,“无怒我者”。兔儿神传说的后续发展也主要是围绕这一诉求展开的。

清光绪五年林维丞编辑的《沧海拾遗》的“兔儿爷”传说中,可以说是糅合了老北京“兔儿爷”传说和《子不语·兔儿神》传说。与北京兔儿爷传说极为相似。

> “有一年北京闹瘟疫,玉兔下凡给大家治病,由于它一身白,谁都不让它进门,它只好去庙里借来神像的盔甲,打扮成男人的样子。为了尽快给更多人治病,玉兔将马、鹿、老虎等各种动物当坐骑,跑遍了京城内外。瘟疫消灭后,玉兔回月宫了。后人感其恩德,每到农历八月十五那天,家家都要供奉它,给它摆上好吃的瓜果菜豆,以感谢它给人间带来的吉祥和幸福。”①

“兔儿爷”传说与《子不语·兔儿神》传说最大的不同就在于,兔儿神由

---

① 赫连晏.中秋将至话兔儿爷[J].商业文化,2009(9):62.

胡天保这一人神变成了广寒宫的月兔神，保护同性恋之爱也不再是神的主要任务，送药祛除瘟疫才是神的本职。《沧海拾遗》中以早已存在的神——月兔神来保护和帮助受难的同性恋人，实质上是表达神权对同性恋的认可和接受。传说以神对同性恋的接受为凭依，来提高同性恋群体的社会地位，免除人对其的歧视。并且，传说中“携手过市”“邻里村妇群窥同羡焉”等表述把同性恋置于一种正常状态，避开不谈同性恋行为被歧视的现实状况，是在通过传说把同性恋行为合理化。传说中所保护的对象也是有选择性的，两情相悦的同性恋者感动上天、得到庇佑，再次从“情”的角度为同性恋者辩护的同时，潜在表达出一种观念和诉求——只要是真挚的感情，都应该受到保护和尊重。

到了当代，台湾电视剧《兔儿神弄姻缘》中的“兔儿神”的出现，引起新一期对同性恋的传说和信仰问题关注的浪潮。但故事最终还是以两段异性恋的结合为结局，以珍惜眼前的缘分为主要表达思想。这样的剧情设置是一种双赢的考虑，既拿同性恋的传说和信仰——兔儿神作为噱头，引起话题和社会各群体的关注；同时讲述的却是一段珍惜缘分的异性恋故事，不至于引起社会主流群体的反感。但是同性恋的信仰被当代的新媒体所接纳和宣传，无疑是兔儿神传说和信仰崇拜的进一步发展，而且电视剧中所宣传的，感情和缘分不受性别的阻碍的中心思想，也表达出当代同性恋者的权利诉求。当代同性恋者所面对的主要反对和歧视是对同性恋的存在是否合理的质疑，而《兔儿神弄姻缘》中宣扬的感情和姻缘是没有性别界限的这一情本主义思想，恰恰回答了这一质疑。

如今，虽然同性恋群体仍然被排斥在主流社会之外，但是其境遇已经发生很大的改变，有些国家也已经把同性恋婚姻合法化。兔儿神崇拜的热潮再次掀起，其权利诉求也有所改变，更加多样化。当代台湾有兔儿神庙供奉兔儿神，据法师卢威明透漏，建立兔儿神庙的想法，就是根据《子不语》中兔儿神传说而引发的。台湾的兔儿神庙是一间两层楼的透天屋，兔儿神的牌位就在二楼的一间小房间中。进了兔儿庙之后，必须尊称他“大爷”，信徒先在金纸上面写好自己的名字、住址及出生年月日，然后焚香祈求，希望“大爷”赐他一个好男人。如果够诚心，连续掷出三个“圣筊”，代表大爷愿意给你一个姻缘符，晚上睡觉时，将这道符放在枕头下，睡前专心冥想自己的愿望，兔儿神就会帮忙。兔儿神庙也正在筹划同志恋人的结婚祈福仪式，希望未来能帮同志们举办婚礼。现在同性恋群体在信仰兔儿神时，主要是希望通过兔儿神的保佑得到好的姻缘，表达的是对感情权利的诉求。

从本文所分析的兔儿神传说和信仰表达的权利诉求，我们可以看出同性恋群体是如何一步步利用传说资源表达权利诉求的：1. 利用传说资源构建良好的群体形象，通过提高符号象征的地位，以达到提高少数群体形象和社会地位的作用;2. 在传说的传播中，与各种文化要素相互融合，以得到更广大的社会认同度。

四、结语

对于和社会主流观念相背离的同性恋群体来说，兔儿神传说和信仰既是一种精神的寄托和美好的愿望，也是对社会观念的一种积极反思，是自身权利诉求的表达。在中国古代，同性恋群体社会地位低下，备受歧视。所以同性恋者通过兔儿神形象的建构，以及兔儿神传说的选择和发展，集中表现提高同性恋的社会地位和认同度、免除歧视的权利诉求。随着时间的流逝，兔儿神传说的权利诉求也逐步改变，当今最主要表现的是对感情权利的诉求。

由口头的传说资源发展到具体的信仰崇拜，兔儿神庙的建立在很大程度上加强了同性恋群体的内部认同和外部认可，塑造和强化一个群体的信仰象征，实际上也是塑造和强化一个群体的社会地位。

盘古神话的母题探析

——以《三五历纪》《五运历年纪》文献为依据

谢灵君*

摘　要： 妇孺皆知的盘古神话，被公认为是中国文明史的发端，并有“自从盘古开天地，三皇五帝到如今”之说。本文以《三五历纪》《五运历年纪》等文献为依据，从作为自然人的思维机制和作为社会人的民族文化视角出发，围绕盘古神话所包含的两大母题——“宇宙之卵”和“垂死化生”——分别进行探析，并以盘古出生至盘古死亡的生命历程为纵向结构铺开，从而展现盘古神话与中华民族文化存在着根与源的关系。

关键词： 盘古　神话　母题　民族

引言

万建中先生在《民间文学引论》中将神话定义为：“是借助于幻想和神化的手法，采用文学的形式——诗歌或散文——表达出来的原始时代的人们对自然的奥秘、社会人文情况、人类本身以及人们在生产生活中的原始知识的一种积累和解答。其思想是建立在原始仿生观念、原始宗教观念和原始哲学观念的基础上的。”①而盘古神话作为我国民族创世神话的典型代表在我国流传广泛，被排在古史的最前端，无论是知识分子还是田间老农都能讲出一二，且有“自从盘古开天地，三皇五帝到如今”之说。现今关于盘古神话的记载，主要有书面文献和民间流传两支。上古的文献记载，现存主要以三国时期徐整所著《三五历纪》，以及其姊妹篇《五运历年纪》、南朝任昉的《述异记》为主。民间流传则以神话传说，历史遗迹为多。如湖北神农架流传的《黑暗传》、盘古兄妹成婚等，遗产遗迹如河南省桐柏泌阳地区、壮族来宾市的盘古庙会，这足以见得盘古神话在民间流传的广度和深度。尽管国人普遍认可盘古作为始祖神开天辟地的历史地位，但关于盘古神话起源、族属等

* 上海社会科学院文学研究所 2014 级民俗学专业研究生。

① 万建中. 民间文学引论[M]. 北京：北京大学出版社，2006：110.

问题仍然争论颇多,主要有外来说和本土说。持外来说的观点主要以印度说为主,而本土说分支则更为复杂,根据地域不同有南方说、中原说、苗蛮说等。由于民间关于盘古神话的活态传承如口头传说歌谣庙会等处于不断变化更替的状态,并且学术界对于盘古神话起源的争执也尚无定论,本文暂且不讨论仍在民间保有的活态传承,而仅以徐整的《三五历纪》《五运历年纪》等文献为依据,从盘古的神话母题入手,理解原始神话思维古朴的审美和超拔的想象,探寻民族文化最早的萌芽,以及其中所蕴含的民族性格的形成。

母题是指能在文化传统或文学作品中单独地存在,同时也可以被频繁地重复在不同文本之中,它们是构成神话作品的根本元素,这些元素虽然数目是有限的,但通过排列组合的顺序不同,便可以构拟出无数新的作品。神话母题往往能够表现出一个族群共同体的集体意识,并且随着历史的积淀,其中一些母题由于其具有的广泛的典型性而逐渐成为这个区域群体的文化标识和象征。利用母题研究,可以将神话分成结构或单元,从而更好地深入理解。盘古神话中包含两大母题,即"宇宙之卵"母题和"垂死化生"母题。这两大母题是世界性母题,在各国各民族的神话中均有体现,一方面盘古神话的两大母题与不同民族的神话母题表现出相似性,比如古埃及人认为,生出天地的太阳神拉是从鸟蛋里孵化出来的与盘古神话中的"鸡子"不谋而合,但另一方面,它在我国的历史发展中不断积淀,受到社会状况、地理环境、传承方式、民族自身特点等影响表现出独特的个性,浸染着特殊的民族文化和民族感情。

一、从盘古诞生看"宇宙之卵"母题

现今保存的盘古神话的"宇宙之卵"母题因徐整的著作已经失传,仅记载于欧阳询主持编纂的《艺文类聚》,其卷一引徐整所著《三五历纪》:"天地浑沌如鸡子,盘古生其中。万八千岁,天地开辟,阳清为天,阴浊为地。盘古在其中,一日九变,神于天,圣于地。天日高一丈,地日厚一丈,盘古日长一丈,如此万八千岁。天数极高,地数极深,盘古极长。后乃有三皇。数起于一,立于三,成于五,盛于七,处于九,故天去地九万里。"

从思维机制上看,"宇宙之卵"母题包含着两方面内容,一是神话思维对世界起源的混沌无序,二是卵生神话的类比思维。盘古神话开篇即是"天地浑沌","浑沌"两字直接表达了先民对这个世界起源的理解,实际上暗指人类精神起源于混沌。在尚无法认知世界的时代,混沌是人类文化的起点,是人类对体验的自我描述。"在神话的思维结构中,思维的主体与思维的对象在一种虚幻的关系中合为一体，人与万物交感，万物与人同灵，思维主体与对象处于含混不分的心理阶段。所以，神话之观不仅是天人同一的，而且是物我同一、心物同一的，它常常不自觉地将通过直观摹写和直觉体悟获得的实的经验，与通过主观投射和想象幻化获得的虚的经验混在一起，使神话之象，神话之意和神话之情显得神秘和奇异，不可捉摸，这是神话的无序与无律。”①原始人对于空间的概念没有受到圆规、直尺等现代测量仪器的精密规定，对于空间概念自然是非理性的，不能用现代人的圆或方来表达。与现代几何空间、知觉空间的科学抽象所不同的是，神话中的空间概念是一种特定的具体的空间，或者说是感觉空间的视觉形式。因此，神话中将“天地混沌”比作“鸡子”。“鸡子”就是指鸡蛋，也就是把天地比做一个卵状物，这是原始先民们的象征性思维方式和共同的心理结构的表现。先民们在观察到鸟类、爬行类动物的生殖繁衍均是从卵状物中脱生，而人类女性受孕后腹部也会鼓起，因此先民凭借着自身直观类比的原始思维，认为宇宙及万物的起源也是从一个鸡蛋一样的卵状物中脱生出来，故而有“天地浑沌如鸡子，盘古生其中”之说。与此类同的创世卵生型神话不仅在我国少数民族，在世界各地如希腊神话、芬兰史诗《卡勒瓦拉》中也均有出现。壮族《姆洛甲》中描写“宇宙中旋转着一团大气，越转越快，最后变成一个蛋的样子”，同样属于卵生型创世神话。而当今各地的生育习俗中仍有送红蛋的礼节，并有以双数代表女孩，单数代表男孩的讲究。因此，蛋也是一种象征着超自然的生殖力量。

从民族文化视角来看，“宇宙卵”母题与中国文化元素息息相通。在商代传说中有简狄吞燕卵而生契，到汉代，我国古代天文学家张衡提出“浑天说”，在《张衡浑仪注》中解释，“浑天如鸡子。天体圆如弹丸，地如鸡子中黄，孤居于天内，天大而地小。天表里有水，天之包地，犹壳之裹黄。”古人的宇宙观与“宇宙卵”母题不约而同，都认为宇宙是浑圆一体的。陈建宪先生在《神祇与英雄》中也进一步指出，“宇宙之卵”母题在中国哲学中体现为太极阴阳学说。盘古神话提及“阳清为天，阴浊为地”即轻而澄澈的阳气上升成为天，厚而浑浊的阴气下降成为大地，便是“一阴一阳”之谓道。与宇宙之卵的设想不约而同，太极图以圆来象征宇宙与和天象，圆内即以两条黑白阴阳鱼交错游转，白色的鱼表现出动态的、阳性的一面，象征着天；而黑色的鱼象征着阴性、静态，代表地。两鱼交错缝合，头尾相接，看似静止又仿佛不断轮转运动，故而认为盘古神话的“卵生母题”有着中国元典哲学的意义。其次，盘古神话作为民族精神的象征，其开天辟地的方式包含着这个民族在其发

---

① 邓启耀. 中国神话的思维结构[M]. 重庆：重庆出版社，1992：256.

源时就隐隐透露出的行为方式和思想方式。这是与西方开天辟地神话所迥然不同的民族精神,是典型的中国式精神。在希伯来人的《旧约·创世纪》中记载了上帝创造世界的过程:“神说,要有光,就有了光。神看光是好的,就把光暗分开了。神称光为昼,称暗为夜。有晚上,有早晨,这是头一日。神说,诸水之间要有空气,将水分为上下。神就造出空气,将空气以下的水,空气以上的水分开了。事就这样成了。”在《圣经》的开篇里,上帝创造了阳光、空气、动植物、昼夜、海陆、人类等,世界的种种现象和物质被神按照自己的意愿轻松地创造出来。西方的神被描述成了翻云覆雨的造物主、缔造世界的能工巧匠,好像只需一个神的出现就可以创造出天地间的万事万物。然而,不同于西方神话开天辟地的轻松,东方盘古开天辟地的过程则耗时费力,历经了一万八千岁,且一日九变,使用天斧劈开混沌,充分展现了中国人叙事感情的从容与和缓,以及注重实际,勤于实干的精神,强调了中国传统的庄严理性和温柔敦厚之美,而《旧约》中的创世神话则偏重于浪漫、神秘、理想和感性。这是中国民族精神从根源上便不同于西方的体现。盘古神话浸润着中华民族的人格理想,农业生产在中国占有举足轻重的地位,“面朝土地,背朝天”农耕色彩自然渗透到中国神话里。中国人务实勤劳、自强不息的传统最早便可从上古神话中看到端倪。

二、从盘古死亡看“垂死化生”母题

“垂死化生”母题出现在清代《绎史》中,其卷一引用《五运历年纪》曰:“天气蒙鸿,萌芽兹始,遂分天地,肇立乾坤,启阴感阳,分布元气,乃孕中和,是为人也。首生盘古,垂死化身;气成风云,声为雷霆,左眼为日,右眼为月,四肢五体为四极五岳,血液为江河,筋脉为地里,肌肉为田土,发髭为星辰,皮毛为草木,齿骨为金石,精髓为珠玉,汗流为雨泽,身之诸虫,因风所感,化为黎氓。”此外,《博物广志》卷九以及《述异记》中也记载了,盘古死后,身体的各个部位化为世间万物,他吐出的气成了天上的风和云,发出的声音成了震耳的雷霆,他的左眼变成了太阳,右眼变成了月亮,四肢五体变成了四根撑天的柱子和五座高山,他的血液变成江河,筋脉变成了山脉和道路……盘古以自己的死亡开辟了一个全新的世界,引出了“垂死化生”母题。这个母题不仅在我国神话传说中出现,而且在世界各地的神话中均有提及。

从思维机制上看,上古初民们对自然现象无法解释而产生的盲目崇拜以及对于繁衍生命延续后代的强烈渴望是“垂死化生”母题产生的内在根源。先民们观察到“阳光每天都要消失,植物生命每逢冬季即告枯萎,人类的生命到一定期限也要完结。但是，太阳会重新升起，新的一年又将来到，新的婴儿也要问世。或许在这个生命世界中，想象的最初，最基本的努力，所有宗教和艺术的根本要旨，都在于从人的死亡或日月年的小事中看到一种原生的衰亡形象，从人类和自然的新生中看到一种超越死亡的复活形象或基型”。[①] 于是人们将发现的规律现象不自觉地移植到自然界里的动物、植物以及无生物，并把人的各种特征幻想性地赋予神祇，借助于想象，认为盘古并非一般意义上的“死亡”，而是化生出万物，万物与人体器官相比附，从而获得新生。这里的“万物”，是指人类当时条件下所能认识到的万物，风云、雷霆、日月、山川、河流、星辰等。盘古用自己的牺牲为世间建立起了新的秩序。从天地混沌到分化出万物，是一种逐渐开始有序化的过程。尽管在神话的思维符号和思维程序中，象征、隐喻、自觉、模糊等特性不能产生类比、推理等逻辑思维，但盘古化生万物意味着在原始人的思想里已经开始感知世界的存在，这本身就标志着人类思维的进化。“万物化生”并非是此前没有万物，而是人类并没有感知到它们的存在，更不会去追溯它们存在的来源。不仅如此，初民们觉察到世间万物在形态、功能、样貌等方面有所相似，试图依赖单纯的直觉感悟将可对应的事物归为一类，如气息与风云对应，日与月因同人类的眼球相似而对应，鲜血与江河同为液体状，故而对应，如此种种。“用象征的方式对人体及其自然社会进行分类而构建的序，它虽然以一种虚幻的、无法实现的形式表现出来，但对于早期人类的思维的序话程度却有不可轻估的作用。”[②]

从民族文化视角来看，其一，盘古神话的“垂死化生”母题与老子在《道德经》中提出的“道法自然”观以及汉代董仲舒所倡导的“天人合一”思想有异曲同工之妙。盘古大神出生于浑沌的元气之中，并成长在其间，最终又化身于苍茫天地、山川江河之中，他并没有真正死亡，而是将他身体的各个部位均成为自然的所属，一方面，强调人与自然有着共同的规律性，相互对应，人应遵循自然繁衍生息的原则。另一方面，“自然”意思也指“自然而然”的状态，即是一种没有遭受外在强制的力量作用而呈现的过程和形态。以一种自始至终循环往复的方式辗转轮回在人、地、天、道与自然这五个不同层面中，不断递进。盘古的死亡也暗示着新的开始，死即是生，生即是死，不断运行又不断返回自身，终而复始，起点与终点相互交错，“独立而不改，周行而不殆”，循环往复。其二，盘古的“垂死化生”中显示了时间、空间及力的崇

① 关长龙. 中国日月神话的象征原型考述[J]. 浙江大学学报：人文社会科学版，2003，33(3)：98－108.

② 邓启耀. 中国神话的思维结构[M]. 重庆：重庆出版社，1992：268.

高。盘古的诞生是以时间的巨大跨度、空间的厚重感暗示盘古最终的顶天立地,并且这种力的展示并非破天而出,而是以蕴藏的方式。但是与其相对比,盘古的死,则伴随着顷刻间雷霆的震荡、四极五岳的隆起、江河的奔腾。生与死,缓与疾,集聚蕴藏与顷刻毁灭的对比,这是何等的惊叹,何等超拔、宏大的想象!这将盘古神话的崇高美展现得淋漓尽致。其三,宇宙创造了盘古,而盘古作为人文主义的象征化生出天地万物,为人世间建立了最早的自然秩序和自然法则,盘古是人类自身的放大,是"天地之间人为贵"精神的展露,但同样也是人类试图主宰自然却又在自然力面前屈从的选择。盘古的牺牲精神是中华民族文化精神的典范。他以有限的生命对抗无垠的宇宙,将九万里巨大的体魄奉献给开天辟地的伟业,用毁灭换得世间的美丽新生,充满了浓郁的悲剧色彩。除盘古神话之外,如夸父逐日、精卫填海、共工怒触不周山等都展露了中国古代神话的这种悲剧精神,它是激励我们的先民走过漫长而艰辛的远古时代的精神动力,也是我们中华民族精神文化的不可分割的重要一块。

当然,同样不可否认的是徐整《三五历纪》和《五运历年纪》中记载的盘古神话受各方面因素的影响,已并非完全是原汁原味的原始状态。比如"天日高一丈,地日厚一丈。盘古日长一丈。如此万八千岁。天数极高。地数极深。盘古极长。"显然已经受到后世文人的改动,这种层层推进与严密的逻辑联系已然超过了原始神话所应有的单一、朴陋的思维模式,以及其受神秘互渗思维所支配的原始先民所能达到的清晰程度。"盘古在其中,一日九变"等,"九"在这里指多次,在中国古代,九为阳数,是中国汉族的圣数崇拜,多用此表示至尊之意,这是后世文化所影响。此外,盘古神话的哲学色彩比较浓厚,受后世文化的影响,把其追认为三皇五世之始也是后来才有的观念。但是我们并不能因此而否认盘古神话的真实性,也不能动摇盘古作为中华民族始祖神的地位。从中华民族对盘古神话的接受认可程度,以及神话传说在民族后世发展的状况,同文化传统融合的程度来看,盘古神话已经扎根于国人的民族心理之中,"宇宙之卵"和"垂死化生"母题在盘古神话中的重要性不容置疑。

结语

荣格曾提出"集体无意识"学说,认为在每个人的记忆的深处都积累着属于种族的心理经验,每一个人不仅仅是一个个体的人,更是种族的人。自民族起源发展到现今,在每一个个体的无意识记忆里,民族世世代代传下来的心理遗产随着时间的发展而积淀下来，这种代际间传承的心理经验不仅仅是属于个人的，而更是属于群体所共有的、全民族的，是一种独特的“种族记忆”。母题便是这种“种族记忆”的典型表现，它是人类共同的记忆遗留，它属于整个人类，但对于每一个民族而言，地处不同的区域，经历不同的历史发展，神话母题更多地印刻着属于这个民族所独有的文化痕迹，它是群体意识的产物，是群体创造的反应，它表达的是在一定生活集体里个体所共同的渴望、恐惧、希冀、祈求、宇宙观、价值观等，并将这种无法捕捉的心理感受世代传承，自觉或者不自觉地，成为了民族的象征。因而盘古神话作为民族的源头经过历时历代的演变和发展，自然已不能单纯定义为某一族或某一地区的神话，一方面，中华民族的合流是由各种各样散漫孤立存在的民族单元，经过交往、汇合、采借、互补，同时也存在着割裂和消亡，进而构成的一个多元统一体。盘古神话长时间在中国本土文化的浸润下，已深刻地染上了中华民族所特有的价值观。“各族人民就在这种文化认同中，不断地增强着自身的凝聚力，这亦是盘古神话流传千年而不衰的精神核心，正是这一核心，让盘古神话在流传过程中，不断地吸纳不同时代的精神元素，在不断地完善，不断地发展”。① “宇宙之卵”和“垂死化生”母题作为人类最早最有影响的精神活动，不仅对中华民族文化史上的各类文化现象产生深刻的影响，并且还提供了一个独特的方式来贴近生活，感悟生命和认识自然，它使我们摆脱目前的思维方式，站在多元一体格局的中国国家高度，回溯人类社会最初的开始去理解人之所以为人的本真，探求中华民族的艺术、宗教、哲学、风格、习惯乃至整个民族价值体系的源流。

参考文献：

[1] 孔刃非、杨娟娟：《中国上古神话的原型分析》，江西省社科课题研究成果。

[2] 叶舒宪. 中国神话哲学[M]. 西安：陕西人民出版社，2005.

[3] 陈建宪. 神祇与英雄：中国古代神话的母题[M]. 生活·读书·新知三联书店，1994.

[4] 李滟波. 中国创世神话研究评述[J]. 上海师范大学学报：哲学社会科学版，2006，35(5)：84－88.

[5] 叶舒宪. 中国神话的特性之新诠释[J]. 中国社会科学院研究生院学报，2006(5)：71－77.

[6] 万建中. 神话的现代理解与叙述[J]. 北京师范大学学报：社会科学版，2009(1)：74－79.

[7] 叶舒宪. 中国圣人神话原型新考——兼论作为国教的玉宗教[J]. 武汉大学学

① 潘瑜. 浅论盘古神话的母题魅力[J]. 今日南国(理论创新版)，2008(3)：92.

报：人文科学版，2010(3)：277－286.

[8] 覃乃昌. 追问盘古——盘古神话来源问题研究之一[J]. 广西民族研究，2007(4)：117－128.

[9] 张启成. 论盘古创世神话的根和源[J]. 贵州社会科学，2005(6)：61－63.

中原地区回族婚庆习俗探析

——以河南省武陟县王李庄为个案

程姗姗*

摘　要：婚姻与家庭是社会系统的有机组成部分，是社会运行的基础。回族作为一个群众性信仰伊斯兰教的民族，其民族婚俗文化既继承了伊斯兰教规教义，也在民族形成和发展中吸纳了其他兄弟民族文化。河南省武陟县王李庄回族民众传承百年的婚庆习俗，既表现出了明显的中原地区文化地域共同性特征，又呈现出了伊斯兰文化影响下的回族民族差异性特征。这对武陟县的数百年来回汉民族关系的和谐发展与回族文化传统的发展起到了重要的作用。

关键词：回族　婚庆习俗　文化融合

婚姻是人类社会发展到一定阶段的产物，是组成家庭和社会的基础。人类的婚姻结合可被分为社会习俗认定的和法律认可的两种，不管哪种习惯认可下的婚姻，都有着自己特殊的通婚规则和礼仪制度。中国 56 个民族，都有其绚烂辉煌的文化，尤其是汉族博大精深的儒家文化，被其他民族的文化或多或少地采借或吸收。儒家文化下的姻亲缔结崇尚"六礼"之规，纳采、问名、纳吉、纳征、请期和亲迎贯穿着整个婚礼过程的始终，每个环节所特有的习俗惯制千百年来影响着人们的婚礼顺利进行，形成不同的婚姻习俗。回族结婚大致上也要经历上述六个过程，所不同的是结婚当天所特有的仪式环节宗教意义更为浓厚。

一、河南省武陟县王李庄基本状况

武陟县是焦作市少数民族人口较多的县之一，少数民族约有 12 525

* 程珊珊(1991—)：女，回族，河南焦作人，上海社会科学院文学研究所民俗学硕士研究生；研究方向：都市民俗学、民俗文化产业。

人,占全县总人口的 2%;少数民族中,回族人口最多,有 11 911 人①。县城内的回族主要分布在木城镇王李村及街道周围,其余则散居在其他乡镇,呈现出“大杂居、小聚居”的特点。武陟县木城镇下辖 5 个农民街,胜利街居委会管辖整个王李村,在五街之中具有重要作用。王李村内从清真一街到清真六街,共六条街道,全部为回族而无其他民族居住,约有 3 000 人,占全县城回族人口的 1/4。王李村西南村口清真寺附近寨河街、西街为回汉杂居地段,村北沁河路附近多为汉族且与回族友好交流互动频繁。王李村回族传承百年的婚庆民俗正是自身伊斯兰文化与中国儒释道本土文化相互交流融合的结果。

为对武陟县回族独特的婚俗文化深入研究,2015 年,我们对王李庄一位回族男性李先生的婚礼进行了全程跟踪调查,并结合访谈资料,以期能更好地解读中原地区回族的婚俗文化。

二、王李村回族独特的婚俗现象

结婚是人生大事,因而有很多的讲究。婚礼总是充满欢乐和喜庆,但因文化传统不同,各民族又拥有自己独特的婚俗仪轨,从而形成了多姿多彩的婚俗文化。王李村回族民众的婚礼严格遵照伊斯兰教规教义进行,形成了与当地汉族婚俗同中有异的现象。

回族婚俗最具文化特色的是结婚当天,不仅规模大、场面隆重,更是回族家庭成员间团聚、交流、缅怀祖先,教职人员布道讲经、增强民族凝聚力的最佳时机。结婚当天所展现出来的婚庆活动更是伊斯兰文化与中国本土文化相融合的结果。

(一) 婚礼前的民族文化活动

民族文化是各民族在历史发展过程中所创造和发展的具有本民族特点的文化,代表着其民族的思维方式和生活习惯。王李村回族民众婚礼前的民族文化活动,是其独特生活方式和行为习惯的表现。

1. 宴席准备

回族崇尚清洁,除了遵守所备物品为教义规定清真食品外,其宴席准备人员也要做到“洁净”。回族是小团体的聚众民族,亲戚关系网密而紧切,往往是一家有事八方支援,真正地应了那句“天下回回是一家”(改为书面语)。有婚事的主家,一般是男家置办宴席时,邀请亲朋好友和邻里帮忙。宴席的

---

① 武陟县人民政府网站数据:http://www.wuzhi.gov.cn/

帮厨主要是人到中年的女性，她们帮厨时必须“带水”，即“小净”[1]，武陟县地区的回族称为“冲”而不言“洗澡”。穆斯林相信真主喜爱清洁，“冲”是带有浓厚宗教意义的，即为了消除不洁而带“伊玛尼”（意为“信仰”），和单纯的洗澡完全不同。李先生家住王李村，来帮厨的除了他自己的姑母、姨母、婶伯母等亲戚外，还有热心的街坊邻居。他们帮厨之前在自家都做了“小净”，帮厨时头戴盖头，以示尊重。

2. 花车装扮

王李村回族结婚与汉族或其他非穆斯林民族很大的一个不同是，新人迎亲车队的装饰贴“经字”、不挂红绸、不带其他文字内容。迎亲车队车的品牌、数量和装配根据男家财力而定。部分家产丰厚的回族家庭的迎亲车队排场很大，多数婚车为宝马、奥迪等名车，装扮价格在 2 000—5 000 元之间，车队多数为 20—30 辆不定。每辆车前车窗都要贴一张 30 厘米见方的红底鎏金呈菱形的“经字”。以前婚用“经字”多是寺内德高望重的阿訇手写，数量较少；现多从伊斯兰用品商店购买，美观大方且方便。“经字”内容多为“清真言”，既标明了自己穆斯林的身份，也表明这对新人缔结婚姻是遵循了安拉的前定，奉安拉之名而举行婚礼，带有宗教性质，同时也是一种民族婚庆标识。李先生家跑客车经商，在当地属于大户。结婚雇用的迎亲车队有 30 辆之多，除婚车为宝马外，其余为奥迪 A8。婚车外围铺满玫瑰、百合等鲜花、车头另加新婚玩偶装饰，除此之外和剩余其他车辆一样，前车窗贴“经字”。

（二）婚礼前的宗教文化活动

宗教文化是人类社会发展到一定阶段的产物，它对人们的思想意识和生活习俗等方面产生重要影响。宗教文化活动是宗教文化的外在表现，是人们精神生活作用于物质生活的结果。王李村回族民众婚礼前的宗教文化生活，反映的是回族民众在伊斯兰文化下的一种独特生活方式。

1. “走坟”缅怀祖先

武陟县回族结婚也是一个缅怀祖先、感知祖先的时刻。伊斯兰教主张两世吉庆，相信人除了今世外还有“后世”，认为人死后是去“后世”的，家中亡故的“先人”们已到“后世”去了。武陟县有专门的回族公墓，在县城沁河路小原村口东 100 米左右。近年来面积也在逐渐扩大，由原来的十几亩变为现如今的二三十亩。回族结婚当天，男家要邀请清真寺有威望的阿訇、

---

① 小净（Wudud'）伊斯兰教净礼之一。阿拉伯语“渥都”的意译，波斯语为“阿卜代斯”（Abdast），即冲洗身体部分部位。根据《古兰经》的规定：“信道的人们啊！当你们起身去礼拜的时候，你们当洗脸和手，洗至于两肘，当摩头，当洗脚，洗至两踝”（5：6）。

“海里凡”[①]随家中男性,主要是新郎爷爷辈、父亲、叔伯辈、堂兄弟等直系男子,一起“走坟”,一般开始于上午9点大约在10点结束,女家不需要走坟。回族“走坟”又叫“游坟”,与汉族“上坟”方式类似,但内容却有很大不同。回族走坟是到家族亲人坟前吊念,是感知的行为。先知穆圣说:“走坟能促使人记想后世。”回族去走坟的人,必须“大净”[②]保持身体清洁。男子带礼拜帽、穿长衣裤、穿袜不露脚趾;女子装饰更为严格,除面部和双手外其他均为羞体要遮盖不能外露。走坟时,如果时间允许,男方会要求阿訇为家中每一逝去的亲人“开经”,即阿訇念诵古兰经文,回族穆斯林生活中常念“平安经”和“恕饶经”。阿訇站在坟前先为亡人念古兰经文求真主把塞瓦布(回赐)归于亡人,念经时不可说话,其他人跪下听经,但下跪是为听真主的真言而跪,绝不是为亡人而跪,如果意念给亡人下跪,在世人的“伊玛尼”(“信仰”)会受到伤害。开经结束后阿訇念“阿米乃”[③],其他人接“都阿”,[④]对手默念完自己的心愿、祈求后,双掌自上而下“抹脸”口诵赞主词,礼即成。每位亡人坟前礼制一样,直至结束。回族走坟和汉族很大的一个不同是,不带饮食、纸钱等到墓地,不献鲜花、送花圈于亡人。圣训规定,墓地是回族受教育的地方,不可模仿外教人的一些行为以淡化自己的民族身份。新郎迎亲之前最重要的事情就是“走坟”,在武陟县回族民众中,家家如此,无一特例,表现了回族民众对祖先亡人的感知和对他们深深的怀念以及对现实的感恩之情。“走坟”同时也是回族再教育、受启发、激励人心的事件。

随李先生一起走坟的有其爷爷、爸爸、叔伯及其堂兄弟,阿訇、海里凡、清真寺主寺乡老们与受邀参加婚礼的男性穆斯林,并无女性参与。他们大多穿黑白两色服装,头戴白色礼拜帽,到墓地念诵古兰经再受教育。

2. “完乜贴”

伊斯兰教用语“乜贴”(Niyyah),汉语可理解为“心愿”“愿望”“决心”“期待”等的意思。“完乜贴”就是把履行善功的意图通过具体的行为(捐赠或施舍)来实现。“完乜贴”是“走坟”回来后进行的,一般“走坟”时的男性阿訇和海里凡都会参加。婚礼上“完乜贴”多数在男家举办,当地很少出现在女家办的情况;男方家人的直系男子是主要参与者,同时还要邀请清真女寺有威望的女阿訇们来参加。“完乜贴”的方式是设席款待清真寺阿訇、海里凡以及前来祝贺的宾客们,也是当地回族异于他民族所特有的文化现象。武陟

---

① 海里凡:即阿訇的学生、替位者和接班人,是伊斯兰教培养的职业宗教者。

② 大净(Ghusl)伊斯兰教净礼之一。阿拉伯语“涯斯勒”的意译,原意为“洗浴”“洗涤”,即冲洗全身。据《古兰经》“如果你们是不洁的,你们就当洗周身”(5:6)。

③ 阿米乃:也读作阿敏(Amin),为伊斯兰教用语,意为“祈主准我所求”。

④ 都阿:Du ‘a’,伊斯兰教功修和礼俗用语,意为“祈祷”。

县王李庄是县内经济富裕地，民众家境相对殷实，男子结婚基本都要“完乜贴”，而在县城外农村居住的回族有的则不办“完乜贴”。“完乜贴”定性不定量，根据自身条件和当地习俗而定。李先生家境殷实，准备了 60 桌“完乜贴”席，当地普通人家一般在 40 桌左右。每桌配备 18 道菜，牛羊鸡鱼荤素冷热搭配均匀，均价 200 元/桌。王李村“完乜贴”多由村里买木木（人名，回族王李村回族结婚餐席的主要负责人）掌勺，李家付钱请她，80 元/桌。所以单论一场“完乜贴”，李家花费 1.5 万—2 万元人民币。

（1）“完乜帖”时的服饰。民族服饰内容是每个民族民族文化的历史标记，也是该民族的文化象征。王李村回族“完乜帖”所穿衣物服饰是当地回族集体意识的“原始心象”，体现出来当地回族的精神风貌，与其独特的伊斯兰教信仰密切相关，具有重要的宗教学意义。伊斯兰教认为，故意暴露身体是一种魔鬼般的丑恶行为。参加“完乜贴”的男女，整体要求干净、卫生、遮羞体，因为回族民众崇尚白黑，偏爱绿色，教义规定禁止偶像崇拜，来参加“完乜帖”的男子大多身穿黑白衣裤，头戴三色不一的礼拜帽；女子戴各色盖头，身穿无动物或人物形象的衣裤，谨遵教义。然而近几年来，在外务工、求学人数增多，远离家乡，人们的宗教意识已远远没有老人们那么浓厚，“完乜贴”时衣物装扮，参差不齐可见一斑。阿訇、海里凡和乡老们在周五“主麻日”（聚礼日）、开斋节、古尔邦节等圣纪节日、阿訇为亡人开经时有穿“准白”和戴“戴斯塔尔”（意为“缠头巾”）的习惯，被认为是模仿伊斯兰圣人的一种圣行。但由于其穿戴不便，所以阿訇外出很少有这样的装扮。李先生家走坟时，开经阿訇、海里凡们穿教门普通衣物，并没有穿“准白”戴“戴斯塔尔”。这在当地也是常见的一种现象。

（2）“开经”。“开经”是当地回族的普通叫法，除走坟外，“完乜帖”时也会出现，由请来的男女阿訇们共同完成。“开经”前每个宴席桌上的男女都会往桌子中间放数额不等的“开经钱”即“开经乜帖”，这些乜帖要作为阿訇的宗教活动的酬劳，或者捐给清真寺作为集体性的乜帖，是参加者通过舍散钱财完成心愿的另一种方式。乜帖的数目一般不多，很多是礼仪性质的。当地回族给家中已逝亲人求“恕饶”、给健在亲人求平安时，会专门去清真寺礼拜或者请某个阿訇替自己“开经”，再或者选择家中亲人逝世的纪念日举行“完乜贴”等都可。结婚当天“完乜贴”的“开经”对普通宾客来说也就不是那么重要了。

阿訇们开完经，家中会有一男子在院中吆喝一声“阿米乃”以致在场全部人员都能够听到，包括小孩在内的回族穆斯林摊开双手、手心向上于胸前接“都阿”。阿訇“开经”后大家一起接“都阿”，各自心愿不同、祈求不同，无须做统一规定。如此这样的“开经”接“都阿”要进行两次，第一次为阿訇为逝去亲人开的“平安经”，第二次是阿訇为自己开的“恕饶经”，具有一定宗教文化意义。仪式结束之后进入宴席。

李家“完乜帖”在走坟之后,男女清真寺阿訇和海里凡都来参加,受邀参加的宾客也有300多人。阿訇、海里凡、乡老们在李家堂屋坐下后,李母一桌桌收“开经乜帖”,每人多少不做规定,一般5元、10元居多,也有不少20的。除去儿童等无需出“开经乜帖”的人,每桌能收上20—30元不等。李母将收上的“开经乜帖”交由清真寺管账乡老,之后开始开经。“开经乜帖”一部分赠予阿訇、海里凡,剩余留作公用。

(三)婚礼中的证婚仪式念“尼卡哈”

“尼卡哈”为阿拉伯语音译,意为“婚约”。念“尼卡哈”为回族经堂语,指由阿訇诵经举行的婚礼仪式。王李村回族念“尼卡哈”多在男家举行,而且不需要多么复杂的程序。我们的调查,李母在堂屋摆一张方桌,桌上放置装满枣子、瓜子、花生、核桃等喜果。李父请来清真寺的杨阿訇过来当证婚人,李先生及家人父母、妹妹等居左、李妻及兄长、弟弟居右,夫妻两人面朝西端坐在阿訇面前,其他人则在后排或周围站立。回族人认为,真主在西方,他所带来的吉庆也来自于西方,所以新人证婚要面朝西边。同时在场所有人男戴礼拜帽女戴盖头,不可偏废。

仪式开始前,先由杨阿訇祝新人新婚快乐,然后问李、李妻经名(回族穆斯林出生时都有自己的一个经名,即阿拉伯名,俗称“家名”)问完后,阿訇要开始念证婚词,证婚词的汉语内容为:

> 婚姻是至尊的安拉的命令,圣人穆罕默德(愿安拉赐他安宁)的圣行,众学者(愿安拉怜悯他们)的决议,是男女双方喜悦的事情。今天,你们举行婚礼,并且具备了两个当事人的证婚人和法定的聘礼,你们愿意结为夫妻吗?……

夫妻两人同意。杨阿訇开始用阿拉伯语念《古兰经》有关经文,并用汉语讲解其大意,告诫李、李妻从今天起开始已为人夫为人妻,应严守教门规矩,爱护对方、尊敬老人、团结邻里、和睦相处等。之后阿訇念祝贺词,汉语内容是:

> 安拉啊!求您让这个吉庆的结合成为两世幸福的阶梯和夫妻互助的起点。安拉啊!求您让他们俩团结一心,正如阿苏莎和使者穆罕默德、法图麦和可敬的阿里团结一心一样。

结束后杨阿訇念“阿米乃”,新人包括在场宾客接“都阿”做祈祷,最后念清真言和作证词。礼毕,杨阿訇将桌上放的喜果扔向李妻和众人,意为“撒喜”，祝愿新人能够早生贵子，家庭和和美美。

三、王李村回族婚俗文化特征及其原因

王李村回族婚俗在整体上表现出的是对传统伊斯兰教规教义的严格遵守，但活动细节上又不可避免地受到当地汉族文化的影响和熏陶，即表现出了明显的民族差异性与文化地域共同性的特征。形成这样独特婚俗特征有着深刻的内在原因。

1. 民族性和宗教性

伊斯兰教对回族的影响所形成的文化认同根植于人们的文化系统、价值观念、生活方式，内在于同族人的自身心理和人格结构中，并使他们自觉循之以评价事物，规范行为。当地回族大杂居、小聚居的民族分布状况，和围寺而居的民族居住习惯，使得伊斯兰在王李村民族文化和宗教生活中有着深刻的文化印记，即表现在世俗性与神圣性的统一上。正如，婚俗这种世俗生活必不可少地要受伊斯兰教的影响，且伊斯兰教文化渗透到了回族婚俗文化的整个过程中。

武陟县城内最大的男女清真寺——胜利街清真寺就坐落在王李村内，每天前来礼拜做功课的人不计其数。从晨礼到宵礼，一天的五次礼拜清真寺都会定时广播通知，从不间断。当地男女清真寺的阿訇都曾专门学过《古兰经》，甚至会讲阿拉伯语，有着扎实的伊斯兰文化和宗教知识基础，每周“主麻日”聚礼的讲经更是吸引县内不同地方的回族穆斯林来寺内做礼拜听经学习，在传经布道上，很大程度上加深了人们的宗教信仰观念。伊历斋月，开斋节、古尔邦节或其他回族宗教节庆时，当地回族民众相约到清真寺参加聚礼，到墓地为亲人走坟，置办节日吃食，场面隆重而宏大。回族宗教节庆不仅是亲情的传递、凝聚力增强的表现，更是宗教信仰文化的传承。王李村回族聚居生活在一起，传承下来的婚丧嫁娶、聚会节庆等礼仪习俗使他们形成了共同的伊斯兰文化认同。

2. 文化融合性

民族文化融合是指：“两个以上的民族或其一部分，在长期的交往过程中，各自具备了对方的一些民族文化特点，但是各自的民族共同体并没有发生变化的现象。”①王李庄处于中原儒家文化的核心区，回汉民族交往互动中文化相互吸收、渗透形成的文化融合现象在回族婚俗文化中表现明显。

---

① 李龙海. 民族融合，民族同化和民族文化融合概念辨正[J]. 贵州民族研究，2005，25(1)：14－17.

例如王李村回族结婚吹洋鼓洋号、放礼炮的喜庆现象就是借鉴当地汉族结婚放鞭炮、请乐队演奏而进行的别样改进。伊斯兰教义规定,回族结婚是不放鞭炮不吹奏鼓乐要异于外教人士。王李村回族同胞在结婚时严格遵守教义,但为了增加婚礼气氛,人们采取一些变通的方式进行娱乐。礼炮和洋鼓洋号就是很好的选择。当地回族所用的"礼炮"严格意义上来说是属于"电子礼花"中的手持礼花,或拧或按,可以发射,材质为纸制品,虽有声响但却和鞭炮完全不同,彩色的纸片从空中飘落更有天女散花的效果,近来被人们所喜爱。洋鼓洋号也是当地回族结婚时多数用来增添婚礼气氛的活动。聘来演奏的人大多是县文艺团退休的女干部。演奏队伍最主要的作用是助兴,王李村回族结婚迎亲车队按惯例要绕县城主街道走一圈,洋鼓洋号走在队伍前列,吹吹打打,吸引人们的注意力。婚礼当天,规格 60 cm×80 cm、8 支装礼炮 6 箱,主要用于迎亲和接亲两个环节。洋鼓洋号队每人一天 50 元,管饭管接送,请于婚庆公司,服务于娶亲环节。这些民俗事象的吸收、变异都是伊斯兰文化与儒家文化尤其是汉文化相摩擦产生的火花。

4. 经济社会发展对婚俗文化变迁的影响

武陟县与郑州隔河相望,是通往郑州的"东大门",交通位置十分优越。便利的交通促进人口大幅流动,潜在着巨大的商机。武陟县位于黄河北岸,地处豫北怀川平原,属于温带大陆性气候。王李村回族正是在这样优越的自然环境下,繁衍人口,发展经济,带来丰富而多元的地域文化。王李村的回族民众,主要跑客车,线路以郑州—焦作、焦作—武陟等中短途为主;从事商品例如水果、服饰等买卖,摊店集中经营在木城镇东大街老城区人口最密集地区;农牧产品销售,主要在兴华路供销大厦商品批发区大棚内等。回族善于经商,做生意积累起来的财富使得当地回族民众可以随心所欲按照自己的宗教习俗来举办婚礼。"完乜贴"档次较高,办起来是要花费一定钱财的。当地回族大多数有能力可以做到。

表 1　当地回(王李村为主)汉普通居民经济数据统计表(平均估算值)

	收入/年(元)	房屋样式	建筑花费(元)	有车比例(%)
回　族	15 万—20 万	2—3 层楼房	20 万—40/万	65
汉　族	10 万—15 万	1—2 层平/楼房	20 万—35/万	40

表 2　王李村回族与乡镇回族"完乜帖"经费比较　　单位：元

王李村	杨　庄	圪垱店	小麻村
1.5 万—2 万	0.8 万—1.5 万	1 万—2 万	1 万—2 万

5. 党和国家民族政策的有利保护

民族平等、民族团结、各民族共同发展是当下解决我国民族问题的基本原则和根本政策。“十八大”以来，党中央更加重视促进少数民族及民族地区社会发展。2014 年两会期间，国家主席习近平在“加快发展是促进民族团结进步的要义”主题会议上讲话指出：“增强团结的核心问题，就是要积极创造条件，千方百计加快少数民族和民族地区的经济社会发展，促进各民族共同繁荣发展。”[①]武陟县政府将民族文化和经济建设始终放在地区发展首位，从而使得当地回汉和谐和睦发展形成良好局面。

区域管理上，县政府专门成立了胜利街居委会作为县内 5 条主管街道之一，选回族群众自己作为胜利街书记。文化教育上，少数民族中考、高考的加分政策以及贫困补助、助学贷款等都在本县认真贯彻实施；县城公办学校如武陟县第一中学内开设回族清真窗口，保障了穆斯林同学的正常饮食。经济保护上，沁河路北花坛附近回族商店、饭店林立，政府颁发卫生合格证书、工商营业执照并定期检查。风俗延续上，伊斯兰教法规定，实行土葬，小原村村口附近的回族公墓正是当地政府批示建造的。这都在一定程度上促进了民族关系，稳定民心，使人们长久居住于此并合理开展民族宗教活动，按照自己的风俗习惯行事。在党和国家民族政策的有效实施下，当地回族经济和科学文化事业得到了快速发展，各民族之间建立了平等、团结、互助的新型社会主义民族关系，正实现了各民族共同繁荣发展。

四、总结思考

在围绕确立婚姻关系而发生的一系列仪式、程序中，不可避免地自然而然地渗透着一个民族或社会的人生观、道德观、审美观和独特的价值取向。这一系列仪式、程序世代相沿则成为一种历史文化传承，变为婚俗，每个民族或社会的婚俗都构成其整体文化的一部分。“回汉杂居地的回汉民族在长期而频繁的民族文化交流、经济交往过程中，相互学习、相互促进，民族间的服饰、饮食、风土人情等方面趋向一致，形成了适应当地经济生活的地域文化。”[②]武陟县木城镇王李村回族结婚当天婚俗和节庆活动是伴随当地回

① 习近平 2014 年两会期间，“加快发展是促进民族团结进步的要义”主题会议上讲话。

② 张俊明. 回汉杂居地区民族文化融合现象解读——以宁夏固原市彭阳县白阳镇为个案[J]. 西北民族大学学报：哲学社会科学版，2006(6)：70－73.

族及其民族文化的形成而形成的,是伊斯兰婚姻制度和中国传统文化共同影响下的结果,所表达和体现的是当地伊斯兰信仰的人生观和价值取向。了解和掌握当地婚俗对于回族民俗文化研究是很有帮助的。

南京剪纸[①]传承人访谈及相关思考[②]

张　裕　朱玫洁

时间：2015年10月6日下午
地点：南京博物院非遗馆剪纸展台
访谈对象：南京剪纸传承人，“金陵神剪张”第三代传人——张钧
访谈人：上海社会科学院2015级研究生张裕、朱玫洁

问：这些剪纸作品生动俏皮，仿佛与常见的窗花剪纸有所不同，您能跟我们讲讲吗？

答：是的，这就是南方与北方剪纸的不同了。北方剪纸图案对称，先将红纸数次折叠再剪出图案；而南方剪纸则不折叠，是在单层红纸上剪出图案，这样，南方的非对称剪纸相比北方的对称剪纸就更显灵动了。大家常常将剪纸理解成窗花，其实比较片面，年节窗花是剪纸艺术的一种功能体现，而剪纸艺术的表现形式则远远不止窗花一种，窗花只是剪纸的一个品类，两者不能划等号。

问：原来是这样，同一种艺术在南北两地生发出了不同的地域特色。类似展台上这些裱框作品，现代这些活泼的剪纸图案常被用作装饰品，这是否也是古时剪纸的主要功能呢？

答：不是的，现代剪纸常常用于室内家装、礼品馈赠、艺术欣赏，装饰功能是比较突出的。但在过去，剪纸图案常常用作绣样儿，多用作旧时女子刺绣的轮廓底样，将剪纸作品缀在布上，按照剪纸的图案刺绣，最后剪纸绣没于针脚中，绣品完成后再过水揉漂，将覆于丝线下的剪纸图样洗化。所以说，在古时，剪纸有着很强的实用功能。

问：时代变迁风习演进，传统艺术的功能特性也悄然变化。您家族中的剪纸艺人号称“金陵神剪张”，请问“神剪”大名缘何而来？

---

① 南京剪纸与云锦、仿古雕并称南京三大宝。南京剪纸2008年入选第一批国家级非遗名录扩展名录。2009年，包括南京剪纸在内的中国剪纸入选联合国教科文组织的“人类非物质文化遗产代表作名录”。

② 该访谈是张裕、朱玫洁在南京博物院调研中偶然遇到南京剪纸传承人后即兴所做。

答: 剪纸是我家中的祖传手艺,到我已是张氏剪纸第三代传人了,爷爷张吉根,父亲张方林都是南京剪纸界名震一时的手艺人,2013 年央视春晚结束时屏幕图案就是我父亲 2004 年创作的一组十二生肖剪纸,父亲退休后,我也多次受邀代表南京剪纸艺术出国交流展示。不敢说全国,在南京剪纸行里,我们家的剪纸手艺是数一数二的,所以才有了"金陵神剪"的称号。

问: 家传剪纸手艺一脉相承,又在传续中不断发扬光大。展台上的一些剪纸作品很有新意,您能跟我们讲讲吗?

答: 这些剪纸全部都是原创作品,一部分自传统文化中的吉祥寓意取材,比如:富贵牡丹、蝶恋花、福(蝙蝠)寿(寿桃)图等等,但具体的剪裁图案是完全原创的。还有一部分,剪纸创意也是原创的,比如,2009 年的时候,我们设计制作了剪纸"猫头鹰",近年来国内服饰家居中非常流行的猫头鹰图案,就是始自我们的剪纸创意作品。再比如,这一幅《安居乐业图》,也是我们的创意作品,图中鹌鹑与菊花,取谐音"安(鹌)居(菊)乐业"之意,寓意是非常和美的,而且在从前的剪纸作品中从未有过,都是原创创意。

问: "金陵第一神剪"果然名不虚传,承继传统,有所创新。那么像这些原创创意剪纸有没有申请相关的知识产权保护呢?

答: 我们有自己的 Logo,也是一幅剪纸图案,左上方是一支红梅与剪纸剪刀,右下方是黑色剪纸"张"的汉字和拼音。但是,申请知识产权保护却是件很难实现的事了。首先,一个作品花一笔申请费,这么多件,专利申请费本身就是个问题;其次,就算申请到专利,市场利益驱动还是会发生侵权行为,平时就需要投入精力,不断监测市场,了解是否遭到侵权,侵权行为出现后,诉讼解决托个一年半载,耗时长费力多,即使胜诉,赔个一两千元,还不够讨气的。不仅钱财还有精力损耗,都是我们耗不起的。所以,通过知识产权保护剪纸作品是我们没办法考虑的。

问: 请问现在张氏剪纸的年产数量有多少呢?

答: 年产数量并不多,你可以看到,展台上的这些作品,基本就是今年所剪的 1/2 到 1/3 了,大概有一二百件。因为是纯手工作品,没法大批量生产,所以产量有限。

问: 那您是否考虑过提高产量规模生产呢?

答: 仔细看你会发现手工的剪纸作品没有两件完全一样的,即使图案相同,线条、大小也是各有千秋。剪纸要是规模生产的话也就是产业化的路子,一是用机器代替手工,这样所有剪纸都会一模一样,也就失去了手艺本身的美感与内涵,或者是组织工人建立生产线,这样的话,剪纸本身的艺术质量就无法保证,所以产业化路子可能并不适用于剪纸手工艺。

问: 您这一代的张氏剪纸共有多少人传承人呢? 是否收徒呢?

答: 大概十几个人吧，这一代的张氏剪纸艺人主要是家族中我的堂姐妹。不收徒弟，剪纸本身挣钱不多，而且当学徒也是很辛苦的。学徒大概要经过3年没有工资的勤学苦练，才能学会全套剪纸手艺。现在社会，有谁会愿意来学剪纸当学徒呢？再者说，即使愿意学，我们也不再收徒了。因为之前收过一个徒弟，手艺学得差不多，可以入行剪纸了，他却选择放下手艺去超市工作，那培养教导他的精力就是白费了，现在就不再收徒了。

问: 那您是否考虑开办培训机构呢，既能满足市民兴趣又能增加个人收入？

答: 从前我也担任过一些少儿培训机构的剪纸老师，给一些钱，然后教小孩子剪纸，感觉没什么意思，无心兼任手工艺教师，也没考虑过自己办培训机构，自己办的话，是要投入很多精力的。现在，我在日常工作之外，节假日需要出展台，有时受邀参加一些国外交流活动，也无暇自己开办培训机构，所以不考虑参与或开办培训机构。

问: 那么南京博物院非遗馆这个展台是只有黄金周才有吗？参展需要交费吗？

答: 是的，节假日人流量较大观展人数较多，所以展台基本只有节假日才有。这边参展是不用交费的，展位免费，他们(博物院)还给我们一些补贴。剪纸作品的销售收益归个人所有。

问: 现在您家中制作的剪纸作品的主要客户是哪类群体呢？有出口销路吗？

答: 占小部分的零售剪纸一般销售给参观展览的市民，批量购买的大客户还是政府，主要是政府一次性大量采购剪纸作品，用于外事礼宾。出口销售也有的，基本上也是由政府提供外销的渠道信息，我们不会自己出去主动寻找出口商贸资源，精力、时间上做不到。

问: 剪纸作品主要靠政府订货来拉动销售，那么冒昧地问一句，您现在收入状况怎么样呢？

答: 收入分为两部分，一部分是政府补贴，政府安排手艺传承人入职国有单位①，每月有固定工资收入；另一部分是剪纸作品的销售收入，多售多得，但也是有政府扶持，比如南京博物院这里的展台是不收费的，有时政府还会提供一些外销资源信息等。

问: 那么政府补贴经费的额度有多少呢？

答: 政府发放的固定工资保障基本生活没有问题，但比起政府拨款支持手艺人自己开办工艺公司来说，就没有多少了。比如说开公司的政府拨

① 从访谈对象所提供的名片来看，这个单位就是南京市工艺美术总公司。

款可能有五六十万,但是在正式单位工作的可能只有两三万年薪,十分之一都不到。

问: 那您为什么不开办自己的工艺品公司呢?

答: 自己开公司虽然拨款多,但是开支也大。开公司需要场地租金,雇佣管理员工,计缴税费等,方方面面劳神费力是很麻烦的。对于我们来说太费心,不想开办公司。

问: 商人开公司拓市场,手艺人安心做手艺。您怎么理解非遗呢?

答: 你说非遗是什么?依我看,没人做的事情就是非遗,没有人愿意做,它才能受到政府的扶持保护,成为非遗。你可以看看我们用的裁剪纸张,这些都是40年前的手工纸,是我爷爷当年购买储藏传下来的。这种纸颜色鲜艳纸质厚密,不掉色不染手的。你再看看现代产出的纸张,纸质轻薄疏松,沾手掉色,色泽远没有四十年前的手工纸深重艳丽。像这些快没有了的东西,就是非遗。

问: 如果40年前的手工纸用完了,您用什么来剪纸呢?

答: 用完了就没有办法了,也只能用现代产的这种红纸来剪了。

问: 原材料的供应青黄不接,那么下一代传承呢?您会有意培养家中后辈承袭剪纸手艺吗?

答: 小的时候作为一种兴趣爱好,会给小孩在日常生活中灌输教授一些剪纸技法,更多一些潜移默化的言传身教吧。长大了还是看后辈自己的志趣,如果对剪纸手艺有兴趣,愿意学习承继祖业,自然很好。如果他无意将剪纸作为职业,有了其他的职业取向,也不会强迫他来剪纸。

问: 童年积极培养,成年顺其自然。那您呢,作为张氏剪纸的第三代传人,您有过其他行业的工作经历吗?还是始终埋头剪纸艺术呢?

答: 我的本科专业是广告设计,大学毕业后一直在电视台工作,后来才进入了剪纸行,在父亲60岁退休时,我接替了他的剪纸工作。传统手工艺工作与现代职场工作是有很大不同的,手艺人成不了暴发户,手艺工作也更加辛苦。平时,上班族每周双休朝九晚五,下班就可以休息了;手艺人白天上班,晚上也没法休息放松,还要继续学习创作剪纸作品。逢年过节,大家都放假休息与家人团聚;手艺人要参加展览活动,有时出国交流,春节也只能一个人在异国他乡度过。以剪纸为职业也是很辛苦的。

问: 促使您从电视台工作转行剪纸的原因是什么呢?为什么选择放弃专业相关的媒体工作从事剪纸呢?

答: 人们的普遍印象中,手艺的传承人大都是年逾不惑的老人,我相对年轻,很多人问过我这个问题,我觉得是有一种使命感吧。算上我,张氏剪纸有三代传人,而追根溯源,家中这门剪纸手艺实际历经了五代传承,第一代的剪纸艺人是我爷爷的外婆马老太，第二代传人是我爷爷的舅舅马志宏，第三代是我爷爷张吉根，第四代是我父亲张方林。我父亲视力渐衰，60 岁退休，手艺却无人承继，名噪一时的“金陵神剪”势渐衰微，甚至眼看就要走入绝境。内心有一种强烈的使命感驱使着我，承继父辈衣钵，成为张氏剪纸第五代传人，将这门剪纸手艺传承下去。

问：您从事这门手艺，内心有什么感受呢？是有一点委屈不情愿还是很恬淡怡然呢？

答：成为了一名剪纸手艺人，我觉得内心还是非常放松的，虽然工作也有辛苦，但内心还是很轻松自在的，基本生活没有问题，平时还有机会参加一些出国交流活动，到处走走看看，是很开心的。

对南京剪纸艺人张钧的访谈，既使访谈者扩充了见识，也引发了一些思考。

同根共源的剪纸艺术在南北两地生发出不同的地域特色，北方厚朴南方灵俏，展现了不同的创作技法与审美情趣；时代变迁，传统手工艺发生了功能变化，剪纸由从前的实用底样儿变成了今天的装饰摆件；市场追逐利益，剪纸创意抄袭易保护难，社会尚未形成较强的知识产权保护意识与保护氛围，相关规定建立易施行难；剪纸作品纯手工创作年产有限，批量生产又难以保证艺术质量与手艺内涵，鱼与熊掌难兼得，经济收益与剪纸手艺间相对平衡的点尚待探寻；唤起传承人后辈内心的使命感，是家族内剪纸手艺传承的关键所在，形成重视精神世界与传统文化的社会土壤，是非遗能够得到持久性保护的关键所在。

“没人做的事情就是非遗，没有人愿意做，它才能受到政府的扶持保护，成为非遗”，这句话一方面体现了手工艺人对剪纸艺术发展衰微现状的警觉与深刻认识，另一方面体现出政府对民族传统文化的重视：假期安排展览、提供外销渠道、大量订购消化、政策帮扶资金补贴、文化名片出国交流，一系列的举措足见对非遗保护的投入之巨。

从手工艺原料的青黄不接到手艺人的承续单薄，整体性保护原则提倡已久，但距离非遗保护生态链的真正形成尚有距离。手工艺原料保持传统的高品质，有利于提高作品本身的艺术价值，有利于传承人创新手艺技法，高超的手艺反过来增加了作品价值，这就有利于引导社会资金流入剪纸等传统艺术领域，有利于一流原材料的生产制造。手工剪纸的艺术魅力确实非常动人，但现代人对手工艺有兴趣者寥寥，有兴趣也仅是乐于欣赏而不愿作为职业。现代剪纸手艺的传承方式仍是旧式家族内部传承，从一个侧面表现了根植于自给自足农耕文化的封闭性，敝帚自珍，孤芳自赏，视家传手艺为安身立命要事,不收外徒,而家族子弟却不一定最具创作才华,家族传承不利于成长出真正的民族艺术大师,在心态上少了一些开放性。“张氏剪纸”给属于全民族的剪纸艺术,属于江苏省的六大非遗南京剪纸,打上了浓厚的家族烙印,有利于产生品牌效应增加家族利益,却在文化上少了一些共享性。传统手工艺剪纸要萌发新生机,形成心态开放、文化共享的社会土壤至关重要。

附:南京剪纸传承人谱系

第一代马老太(爷爷的外婆)
第二代马志宏(爷爷的舅舅)
第三代张吉根(爷爷)
第四代张方林(父亲)
第五代张钧(儿子)

后　记

《民族民间文化论坛》是上海高校及国内外的一批学者于2008年创办的一个学术集刊，由海上风民族民间文化网络论坛担任主办单位，香港世纪风出版社出版，田兆元担任主编，国内外知名学者刘锡诚、宋兆麟、王文宝、王孝廉、罗永麟先生，以及美国印第安纳大学的教授均为该刊写稿支持，几年来，集刊对民族民间文化传播与研究，学术新人培养，均有所贡献。

为了进一步弘扬民族文化精神，提高民俗学民间文学等学科的学术研究水平，扩大民族民间文化研究的学术影响和社会影响，集刊将转到上海社会科学院出版社出版，由上海社会科学院文学研究所和华东师范大学民俗学研究所联合主办，内蒙古民俗文化研究基地、上海大学民俗文化研究中心、贵州大学民族学人类学研究中心等单位协办。新集刊由文化部民族民间文艺发展中心李松主任、上海社会科学院文学研究所荣跃明所长和内蒙古师范大学校长杨一江教授担任编辑委员会主任，复旦大学特聘教授纳日碧力戈担任集刊学术委员会主任，国内外知名专家担任本刊顾问和学术委员。

集刊拟定主要栏目有：文化遗产研究、民间文艺研究、城市文化研究、海洋文化研究、草原文化研究、山地文化研究、域外学术研究、青年学者园地等，集刊围绕以上专栏内容，强化生态文明对话、文化遗产保护、文化产业开发等要点，并辟出学术专辑，刊载重大项目重大成果，追踪社会热点和学术热点。欢迎国内外学者赐稿，支持本刊发展。

本辑出版得到了华东师范大学社会发展学院、上海社会科学院文学研究所资助，特致谢忱。

本集刊只接受电子投稿，来稿请寄：mzmjwhlt@126.com，来稿一经采用，即付薄酬，并赠送本集刊2本。

本集刊编辑部地址：

1. 上海市东川路500号，华东师范大学人类学与民俗学研究所，邮编：200241，联系人：王均霞，email：mshk1982@126.com

2. 呼和浩特市昭乌达路295号，内蒙古师范大学科研处，邮编：010022，联系人：扎格尔，email：shidazhager@163.com

3. 上海市中山西路1610号9楼，上海社会科学院文学研究所，邮编：200235，联系人：黄江平，email：hjp@sass.org.cn

《民族民间文化论坛》论文规范

一、关于标题、摘要与关键词

1. 标题宜揭示主题和表达论文主要内容，可以增加副标题进一步揭示主题。不宜使用描述性标题，要以体现学术色彩为主。

2. 论文需有200字左右的摘要，摘要需明确概括地表达全文主要内容，使人通过摘要即知晓论文主旨。

3. 论文需要3～5个关键词。

二、作者介绍

在标题下，提供作者信息：单位、姓名。如：某某大学，某某某。以＊号标于姓名后，于当页下＊号后注明作者姓名、出生年月、性别、单位、职称、联系email. 如：**方茗(1967—)：男，某某大学教授。Email：fming@126. com**

以上内容请同时提供英文文本，单独作为一个文本置于论文的末尾。即包括：**标题、作者介绍、摘要、关键词四个部分的英文文本。**

三、内容：论文一般不低于3 000字，不超过15 000字

四、关于引文注释的规定

论文系作者独立研究完成之作品，无任何违法、违纪和违反学术道德的内容。为便于学术交流和课题报告的规范化，论文采用以下规定。

注释置于页下(脚注)，注释序号用①、②、③……标识，每页单独排序。文献基本代号为：参考文献(即引文出处)的类型以单字母方式标识：M——专著，C——论文集，N——报纸文章，J——期刊文章，D——学位论文，R——报告，S——标准，P——专利；对于不属于上述的文献类型，采用字母"Z"标识。以上标识以括号标于文献题名之后。

1. 著作

标注顺序：责任者与责任方式/文献题名/出版地点/出版者/出版时间/页码。如：**赵景深. 文坛忆旧[M]. 上海：北新书局，1948：43.** 引用翻译著作时，将译者作为第二责任者置于文献题名之后。

2. 期刊

标注顺序：责任者/文献题名/期刊名/年期(或卷期、出版年月)/起止页码。如：**何龄修. 读顾诚《南明史》[J]. 中国史研究，1998(3)：167－173. /田兆元. 关注非物质文化遗产保护背景下的民俗文化与民俗学学科的命运[J]. 河南社会科学，2009，17(3)：4－7.**

3. 报纸

标注顺序：责任者/篇名/报纸名称/出版年月日/版次。早期中文报纸无版次，可标识卷册、时间或栏目及页码(选注项)。如：**李眉. 李劼人轶事[N]. 四川工人日报，1986－8－22(2).**

4. 未刊文献

(1) 学位论文、会议论文等　标注顺序：责任者/文献标题/论文性质/地点或学校/文献形成时间/页码。如：**方明东. 罗隆基政治思想研究(1913—1949)[D]. 博士学位论文. 北京师范大学历史系,2000：67.**

(2) 手稿、档案文献　标注顺序：文献标题/文献形成时间/卷宗号或其他编号/藏所。如：**党外人士座谈会记录[Z]. 1950,7. 李劼人档案,中共四川省委统战部档案室藏.**

5. 转引文献

无法直接引用的文献,转引自他人著作时,须标明。标注顺序：责任者/原文献题名/原文献版本信息/原页码(或卷期)/转引文献责任者/转引文献题名/版本信息/页码。如：**章太炎. 在长沙晨光学校演说[A]. 1925,10. 汤志钧. 章太炎年谱长编(下册)[M]. 北京：中华书局,1979：823.**

6. 电子文献

电子文献包括以数码方式记录的所有文献(含以胶片、磁带等介质记录的电影、录影、录音等音像文献)。

标注项目与顺序：责任者/电子文献题名/更新或修改日期/获取和访问路径/引用日期。如：**王明亮. 关于中国学术期刊标准化数据库系统工程的进展[EB/OL]. 1998－8－16. http://www. cajcd. cn/pub/wml. txt/9808102. html,1998－10－4.**

五、参考文献格式

1. 连续出版物　作者. 文题[J]. 刊名. 年,卷(期)：起始页码—终止页码.

2. 专著(或译著)　作者. 书名[M]. 译者. 出版地：出版者,出版年.

3. 论文集　作者. 文题[A]. 编者. 文集[C]. 出版地：出版者,出版年.

4. 学位论文　作者. 文题[D]. 所在城市：保存单位,年.

5. 报纸文章　作者. 文题[N]. 报纸名. 出版日期(版次).

6. 在线文献(电子公告)　作者. 文题[EB/OL]. http://……,日期.

7. 光盘文献(数据库)　作者. 文题[DB/CD]. 出版地：出版者,出版日期.

8. 其他文献　作者. 文题[Z]. 出版地：出版者,出版日期.

多种参考文献以[1][2][3]……形式单列成行标出。

图书在版编目(CIP)数据

民族民间文化论坛.第五辑/田兆元主编.—上海：上海社会科学院出版社，2016
ISBN 978-7-5520-1383-2

Ⅰ.①民… Ⅱ.①田… Ⅲ.①民族文化—中国—文集 Ⅳ.①G122-53

中国版本图书馆CIP数据核字(2016)第086740号

民族民间文化论坛(第五辑)

主　　编：田兆元　扎格尔　黄江平
责任编辑：王晨曦
封面设计：周清华
特约编辑：位秀平
创意设计：闵　敏
出版发行：上海社会科学院出版社
上海顺昌路622号　邮编200025
电话总机021-63315900　销售热线021-53063735
http://www.sassp.org.cn　E-mail:sassp@sass.org.cn
排　　版：南京展望文化发展有限公司
印　　刷：上海天地海设计印刷有限公司
开　　本：710×1010毫米　1/16开
印　　张：17
字　　数：300千字
版　　次：2016年6月第1版　2016年6月第1次印刷

ISBN 978-7-5520-1383-2/G·547　定价：69.80元